中国企业
跨国并购整合研究
基于生物免疫类比视角

Research on the Chinese Manufacturing Enterprises' Overseas Mergers and Acquisitions Based on an Organizational Immunity Perspective

M&A

赵剑波 伍春来 杜德斌◎著

经济管理出版社
ECONOMY & MANAGEMENT PUBLISHING HOUSE

图书在版编目（CIP）数据

中国企业跨国并购整合研究：基于生物免疫类比视角/赵剑波，伍春来，杜德斌著．
—北京：经济管理出版社，2019.10
ISBN 978－7－5096－5178－0

Ⅰ.①中…　Ⅱ.①赵…②伍…③杜…　Ⅲ.①企业兼并—跨国兼并—研究—中国
Ⅳ.①F279.214

中国版本图书馆CIP数据核字(2019)第245611号

组稿编辑：申桂萍
责任编辑：梁植睿
责任印制：黄章平
责任校对：王淑卿

出版发行：经济管理出版社
（北京市海淀区北蜂窝8号中雅大厦A座11层　100038）
网　　址：www.E－mp.com.cn
电　　话：(010) 51915602
印　　刷：北京晨旭印刷厂
经　　销：新华书店
开　　本：720mm×1000mm/16
印　　张：12
字　　数：229千字
版　　次：2019年10月第1版　　2019年10月第1次印刷
书　　号：ISBN 978－7－5096－5178－0
定　　价：58.00元

联系地址：北京阜外月坛北小街2号
电话：(010) 68022974　　邮编：100836

内容简介

近年来，中国经济突飞猛进，中国制造企业规模不断扩大，竞争力不断提高，为应对“国际竞争国内化，国内竞争国际化”的新局面，大量中国制造企业“走出去”并购国外企业或者计划“走出去”。在“走出去”的中国制造企业中，企业并购的成功率不高，至今也不见提高，这是长期以来一直困扰学术界和企业界的一大问题。本书以四个中国制造企业的海外并购案例为基础，采用与医学器官移植类比的研究方法，探索全过程以整合为中心，同时整合现有各学科研究成果的全新企业并购理论。通过类比，本书重新定义了企业并购时的结合潜力、战略匹配性和组织匹配性等概念，把传统的并购后整合阶段区分为整合和整合后管理两个阶段，整合后管理可以分为抑制型和耐受型。本书的研究结果表明，并购整合必须同时做好组织整合和环境整合，耐受型整合后管理有望取得比抑制型整合后管理更好的绩效。**并购后整合及整合后管理是中国制造企业海外并购过程中最薄弱的环节，最高领导者的重视和参与，以及降低身段主动适应对方有助于并购后整合工作的开展。**

目　录

第一章　绪论 …… 1

一、研究背景 …… 1
二、研究方法 …… 5
三、研究视角 …… 7

第二章　文献综述 …… 12

一、器官移植及组织免疫研究 …… 12
二、经济学对企业并购的研究 …… 19
三、金融学对企业并购的研究 …… 20
四、战略管理对企业并购的研究 …… 23
五、组织理论对企业并购的研究 …… 32
六、人力资源管理对企业并购的研究 …… 38
七、企业并购研究综述 …… 44
八、中国企业海外并购研究 …… 47
九、现有理论的启示 …… 51
十、小结 …… 53

第三章　基于组织免疫和医学类比的理论构建 …… 54

一、类比研究方法 …… 54
二、概念发展 …… 57
三、研究假设 …… 68
四、理论模型 …… 72

第四章　多案例研究方法与过程 …… 76

一、案例企业选择 …… 76

二、案例研究过程 …… 87
三、相关保障措施 …… 90

第五章　中联重科并购意大利 CIFA 案例研究 …… 92

一、资料来源 …… 93
二、并购过程 …… 94
三、小结 …… 110

第六章　金风科技并购德国 VENSYS 案例研究 …… 112

一、资料来源 …… 114
二、并购过程 …… 115
三、小结 …… 126

第七章　TCL 并购法国汤姆逊彩电业务案例研究 …… 127

一、资料来源 …… 128
二、并购过程 …… 129
三、小结 …… 136

第八章　上汽集团并购韩国双龙汽车案例研究 …… 138

一、资料来源 …… 139
二、并购过程 …… 140
三、小结 …… 147

第九章　跨案例比较研究 …… 148

一、跨案例分析框架及案例总结 …… 148
二、跨案例比较分析 …… 153
三、比较分析的结果 …… 156

第十章　研究结论与创新 …… 160

一、结论及启示 …… 160
二、理论创新及局限性 …… 165

参考文献 …… 168

后　记 …… 184

第一章 绪论

一、研究背景

（一）现实背景

中国是一个发展中国家，工业基础和高新技术与发达国家相比存在较大差距；另外，虽然中国的自然资源总量居于世界前列，但是人均资源占有量大多数处于很低的水平，满足不了经济和社会发展的需要。经济发展和资源占有的现状决定了中国企业除了创新和发展，还需要“走出去”利用他人的资源和市场。只有“走出去”，才能充分利用国内、国外两个市场和两种资源，弥补国内资源和市场的不足，促进我国在全球范围内进行经济结构优化和战略性调整，确保国民经济的可持续发展；只有“走出去”，我国企业才能在更大范围、更广领域和更高层次上参与国际经济合作与竞争，在激烈的国际竞争中发展壮大。

目前，社会各界已经广泛地认识到，对外直接投资是中国企业成长的一个必不可少的阶段，也是企业培养全球竞争力的必要条件。在这种共识下，我国政府大量鼓励以获得国际先进技术、管理经验和战略资源为目的的对外直接投资，为其提供税收、贷款等各种优惠，以促进和便利企业对外扩张（王志乐，2007），受益的企业包括海尔、联想、京东方等。正如 Deng（2004）指出的，在很大程度上，是中国政府规划了中国企业对外直接投资的结构。

中国企业想要购买国外的资源和技术，可是别人的东西是不会拱手相赠的，存在政治、经济、文化和技术等各种壁垒。尽管困难重重，还是有大量中国企业实施或者正在实施“走出去”战略，积极通过合资和并购等多种方式走出国门。金融危机之下，一些国外企业经营困难、资本缩水，中国企业境外投资并购优质企业、资产的机会增多，成本降低，交易条件改善，出现了“走出去”的良机。资金充裕的中国企业有了更多的机会以合适的价格取得需要的战略资源、先进技术和研发能力，甚至国际品牌和国际销售渠道。但是，机会是不会自动变现的，国际市场上出现了收购技术和资源的良机，中国企业是否能够把握住呢？

目前，国内学者似乎正在达成一种共识——政治制度、民族文化和企业制度等方面的差异等可能是中国企业在海外收购时处于不利地位的重要原因（张建红、卫新江等，2010），尤其是资源和战略性行业的海外企业是不可能卖给中国企业的。但是，在“共识”达成的同时，却接连有国内企业（包括央企和民企）成功收购海外战略性资产和技术的案例发生。例如，2005 年 10 月 26 日，中石油获得加拿大当地法院正式批准，以 41.8 亿美元的收购总价成功收购哈萨克斯坦 PK 石油公司（Petro Kazakhstan，PK）100% 的股权，改写了中国公司海外并购的最新纪录；2006 年前后，中国化工接连收购安迪苏公司、凯诺斯公司和罗迪克公司，三家公司都是具有战略意义的企业，中国化工因此奠定了在全球化工行业的地位。

显然，“共识”和事实之间不尽一致。那么，怎样才能使中国企业“走出去”更顺利呢？

（二）理论背景

长期以来，对并购的理论研究一直都有很多视角，例如，战略管理、经济学、财务管理、组织理论和人力资源管理等。其中，战略管理把并购当作一种多元化的方法或者资源获取的方法进行研究，同时关注不同类型并购的动机（Ansoff et al.，1971；Walter & Barney，1990）以及它们的并购绩效（Lubatkin，1987；Seth，1990）；经济学则强调规模经济和市场影响力之类的因素是并购的动机所在，学者的研究大多数采用会计方法来评价并购绩效（Ravenscraft & Scherer，1987），不能区分这种绩效到底是不是因为有了并购整合才获得的；财务管理主要基于股票市场的数据来研究并购的绩效（Jarrell et al.，1988；Jensen & Ruback，1987），关注预期的股票市场反应是否实现，强调预期而不是实际获得的利益；组织理论主要关注并购后的整合过程（Pablo，1994），重点包括文化冲突（Nahavandi & Malekzadeh，1988）和冲突解决（Mirvis，1985；Blake & Mouton，1985）；人力资源管理对并购的研究则强调心理学问题（Astrachan，1990）、有效沟通问题（Schweiger & DeNisi，1991）和并购怎样影响员工职业生涯的问题（Hambrick & Cannella，1993；Walsh，1988）。

尽管上述各个学科之间的研究不相互排斥，但是相互之间的衔接也十分有限。这种各个学科研究之间的割裂状况阻碍了更全面的并购研究的出现。这种研究视野的局部性还导致尽管关于并购的研究很多，但是对于到底是什么因素影响了并购成败的理论解释一直都没有令人信服的结果（Rikard & Sydney，1999；Chatterjee et al.，1992；Haspeslagh & Jemison，1991）。第一，经济学家和财务管理学者对并购绩效的总体判断是相互矛盾的，前者认为并购的总体绩效欠佳，而后者则认为总体绩效理想（Caves，1989）。第二，经济学和财务管理方面对并购的研究都忽视了组织整合和员工反应对并购可能产生的重大影响（Schweiger & Walsh，1990），这两个领域对并购的研究都隐含这样一个假设：并购后的整合过程都没有差异也无关紧要。而事实上，很多的并购价值都是在并购后的整合过程中创造的（Pablo，1994）。第三，战略管理和产业组织理论强调并购企业之间的战略关系，而金融理论不考虑不同并购案例中并购企业间的战略关系（Lubatkin，1983）。第四，无论是战略管理、经济学还是财务管理，它们对并购的研究都忽略了组织和人力资源方面的问题，而人力资源问题是并购整合过程的核心问题，可以对并购的成败产生重大的影响（Chatterjee et al.，1992；Datta，1991）。第五，组织理论和人力资源领域对并购的研究则大多数没有考虑战略管理和财务管理领域的研究成果（Schweiger & Walsh，1990）。

支离破碎的并购理论研究现状急迫要求出现一个综合性的理论研究框架。有一些研究人员已经开始做一些把不同领域的研究综合起来的尝试，例如，Haspeslagh 和 Jemison（1991）把组织整合和战略结合联系到一起研究，Buono 和 Bowditch（1989）把组织整合和员工反应结合起来研究，Chatterjee 等（1992）则把组织整合财务绩效联系起来研究。Datta 等（1992）通过对 41 个案例研究的综合分析发现，同时考虑整合类型和诸如相关性之类的战略性因素能够更好地解释为什么不同的并购取得的绩效不同。

在此背景下，Rikard 和 Sydney 于 1999 年提出了一个真正整合的并购研究模型。在该整合模型里，Rikard 和 Sydney 把战略结合问题、组织整合问题、雇员反应问题和并购绩效问题综合到了一个模型中，也就实现了战略管理、经济学、财务管理、组织理论和人力资源管理等多种理论视角的整合。Rikard 和 Sydney 的研究模型使企业并购研究朝着整合的方向迈进了一大步，给后来的研究指明了一个有前途的方向，但是仍然有很多可以完善提高的地方。

（三）研究对象

中国企业的“走出去”问题范围十分广阔，包括国际贸易、单独投资建厂、合资建厂和并购等多种国际经济活动。根据黄新颖和吴天乐（2008）的统计分析，现阶段中国企业的海外并购多数集中于资源采掘产业和技术密集型产业，并购的目标主要是获得资源、资产、品牌、市场和技术。资源行业是事关国家经济安全的战略性行业，中国自身也对外资有很多准入限制和特殊的制度要求，受政治影响较大。为了排除政治因素的影响，本书选择非资源类企业的典型代表——制造企业的海外并购作为研究对象。之所以要研究中国制造企业的海外并购，理由如下：

首先，中国制造企业海外并购实践正在蓬勃发展。中国的工业基础和高新技术与发达国家相比存在较大差距，制造企业普遍相对缺乏专有技术、管理诀窍、营销知识、分销渠道、品牌和创新能力等战略资产。通过有针对性的成功并购，中国企业可以获得这些战略资产，提高国际竞争力。

其次，中国制造企业海外并购案日益增加的同时，成功的概率却未见提高。海外并购案日益增加说明越来越多的中国企业开始用海外并购的方式来参与国际竞争，以适应经济全球化和中国经济快速发展的需要。由于中国目前是全球经济的"火车头"，是全球最大的市场之一，从资源基础观的角度讲，现阶段中国企业海外并购应该是具有一些客观优势的，不应该逊于其他国家企业的跨国并购。因为国外企业被中国企业并购，成为"中国企业"后，从资源利用角度讲，双方都会发生本质的变化。在中国企业获得国外企业资源的同时，对方也获得了中国企业的资源，其中就包括适应中国国情的能力、在长期经营过程中建立的国内商业网络等只有通过并购等高度资源获取模式才能获得的资源。这种资源获取的相互性，可以成为中国企业并购那些想进入中国市场的外国企业的重要筹码，提高并购成功的概率。

很多学者在政治制度、民族文化和企业制度等客观差异上寻找中国企业海外并购失败率偏高的原因（张建红等，2010；徐强，2009；宾建成，2009），也有学者从中国企业自身战略和策略的失当这些主观的因素入手研究中国企业海外并购成功率不高的原因。有了上述认识后，中国企业海外并购成功的概率仍未见提高、仍然保持较低的水平，则说明我们需要更多的思考，现有的答案还不能很好地解决存在的问题。

再次，中国制造企业的海外并购作为一种并购类型有其自身的特点。与发达国家的跨国公司进行的跨国并购相比，中国制造企业的海外并购有其独特之处。一方面，中国制造企业普遍对外并购的"软实力"弱，表现为企业缺乏跨国并购和跨国经营经验、技术相对落后、品牌影响力小、国际化人才短缺、员工素质短期内难以适应跨国经营的要求，这就导致企业和工作人员都不能很好地进入角色，也不能高效地与对方打交道。另一方面，中国制造企业又"独具魅力"，表现为：①中国企业有巨大的国内市场做依托，和中国企业合作可以借机开拓中国市场；②中国企业有充裕的资金保障。正是基于上述原因，李俊（2009）把中国制造企业的海外并购叫作逆向并购。

最后，提高中国制造企业海外并购的水平，提高并购成功率战略意义重大。改革开放以来，中国经济取得了长足的发展，经济总量规模已跃居全球第二，成为全世界的制造中心。在取得这些骄人成就的同时，中国经济还存在巨大的不足，那就是在国际分工格局中处于很不利的地位，缺乏自主知识产权，扮演的只是生产者、提供廉价劳动力的角色，从而出现了“中国出口 10 亿双袜子换不回一架波音飞机”的局面。中国几十万人的工厂生产一年下来，利润近乎为零，提供技术和标准的欧美企业却能够坐收几十亿美元乃至上百亿美元的利润。为了改变这种不利的局面，我国于 2006 年提出了自主创新战略，表示要迈入创新型国家的行列，明确要以创新作为发展的驱动力。

自主创新战略是国家战略，但企业才是战略的承担者和实施者。作为世界的制造中心，中国制造企业贯彻落实好自主创新战略的意义尤其显著。自主创新战略要求中国制造企业自力更生，增强自己的市场竞争力，在产品开发上摆脱传统的模仿或者跟随战略，加强研发，争取在产品结构、性能或生产工艺等关键技术上不断有所突破和发展，获取领先地位，并最终通过知识产权保护成为标准的制定者。

欧、美、日等世界主要经济体都明白自主创新的重要战略意义，都把自主创新提高到了国家战略的层面。所以，中国的自主创新战略不但要关注自主创新，更要重视自主创新的水平，只有全球领先的创新成果才能改变中国企业和中国的国际地位。但是，中国制造企业终究普遍比别人晚起步几十年至上百年的时间，在很多方面存在很大的差距，尤其是软件方面。完全靠自己摸索积累达到世界领先的水平，既有可能行不通，也有可能不经济。海外并购不但能够在短期内把自己拉到国际水平，与竞争者处于同一起跑线，还能够起到知己知彼的作用，从而在全球的创新竞争中胜出。

鉴于上述原因，笔者把中国制造企业的海外并购作为本书的研究对象。本书的研究对象是中国制造企业的海外并购。从字面看，它有三方面的含义。首先，它是一种企业并购；其次，这种企业并购的主体是中国制造企业；最后，这种企业并购是跨国的。由于中国制造企业的海外并购首先仍然是一种企业并购行为，它必然会服从企业并购的一般规律。也就是说，现有并购研究的一般成果都适用于本书研究对象，本书研究可以在既有企业并购研究成果的基础上展开。

二、研究方法

本书主要采用了生物类比、案例研究和理论演绎的研究方法。其中，生物类比和案例研究在本书中有着特别的重要性和地位，所以将在第三章和第四章中以较大的篇幅专门介绍，在此只做简单介绍。

（一）生物类比

企业理论是一个多视角和多范式的研究领域（Schultz & Hatch，1996），可以借鉴其他学科的研究，也包括生物学（David，2001）。类比是一种认知和理解组织特定现象的方法，被用来表达不同的理论视角。类比能够促进不同领域学者之间的相互启发，有助于形成假设。Schon（1993）和 Weick（1989）都认为，类比是“对世界产生新视角的过程”。与之相似，Soyland（1994）提出“类比是用来指引和开启一个新的研究方向的工具”。Cornelissen 等（2008）更是认为，“类比把人类的实践和想象连接了起来，能够指导人类的感知和对现实的解释，有助于我们想象并形成目标”。Morgan（1997）认为，大多数企业理论和定义都能和具体的类比联系起来。目前，最常见的企业类比包括机器、有机体、大脑、文化等。前三者就是与“物”的类比，都是借鉴自然科学。

王以华、吕萍等（2006）通过与生物免疫类比提出了组织免疫理论。本书将继承和发展组织免疫理论，进一步把企业并购与医学器官移植过程中的生物体免疫现象相类比，寻求有意义的理论发现。本书实质上是组织免疫理论从基础理论向应用理论转化，试图运用组织免疫理论解决企业管理过程中的实际问题的一种尝试。

（二）案例研究

案例研究特别适用于对某一主题的早期研究或者对那些早有研究的主题提供一个全新视角的研究（Eisenhardt，1989）。通过案例研究，人们可以对某些现象、事物进行描述和探索，也可以建立新的理论，或者对现存的理论进行检验、发展或修正（孙海法、朱莹楚，2004）。通过对研究对象尽可能直接地进行考察，结合对以前相关研究的审查，案例研究可以让研究者建立起对研究对象比较深入和全面的理解。

通过案例研究构建理论一般围绕相互矛盾或者似是而非的现象展开。通过调和不同的案例现象、不同类型的数据以及不同的研究者来进行研究，此外还要调和案例和文献之间的矛盾。

本书主要使用案例研究来验证通过生物类比得出的结论，但是不限于验证，还会从案例中获得一些理论的启发。现有研究和案例之间的矛盾线索将成为本书研究中类比研究方法重点解决的问题。

（三）理论演绎

理论演绎是本书研究的出发点。笔者通过对文献的整理和综合分析，了解过去、展望未来，较好地掌握了企业并购以及并购后整合领域的既有研究成果。理论演绎启发了笔者的研究思路，为研究设计和理论构建提供了线索和基础。

三、研究视角

（一）医学免疫的视角

所谓“免疫”，顾名思义就是免除瘟疫。医学免疫是指人体免疫系统识别自身与异己物质，并通过免疫应答排除免疫原性异物以维持机体生理平衡的功能（杨黎青等，2003）。人体对各种外来异己具有识别、记忆和排异的功能，同时具有免疫稳定和免疫监视功能。免疫是人体的一种生理功能，人体依靠免疫功能识别“自己”和“非己”成分，从而破坏和排除进入人体的抗原物质以及人体自身的损伤细胞和肿瘤细胞等，以维持人体的健康。人体系统作为世界上最精妙的开放、复杂、巨系统（钱学森，1988），其各子系统（含免疫系统）的调节都是自动实现的，其精准程度无以复加。科学巨匠钱学森敏锐地于 20 世纪 80 年代就发现了社会生活各领域学习借鉴人体工程的巨大意义，开创了人体工程学。

2006 年，王以华等借鉴生物医学的知识、概念和相应的理论框架，使用类比的研究方法，提出了组织免疫理论。组织免疫理论认为，组织免疫是组织识别外部和内部异己，排除威胁因素并产生记忆，从而维护组织健康的能力，企业、行业乃至国家等都存在类似生物体免疫的组织免疫能力（王以华、吕萍等，2006）。目前，组织免疫理论研究在向健康、动机和认知能力（杨震宁，2009；赵剑波，2011）等基础理论方向发展的同时，也有人试图把它用于解决企业管理过程中的实际问题（李之政，2010；高晓丹，2010；许晖、纪春礼等，2011）。

经过 100 多年的发展，医学已经证明器官移植的决定性因素是免疫排斥反应。早在 18 世纪就开始有人尝试器官移植，但是直到 20 世纪初期才有成功的案例。由于当时人类对医学免疫还认识有限，不懂得从医学免疫出发进行移植物选择和免疫抑制，这些早期的移植器官多因排斥反应而不能长期存活。随着免疫学的不断进步，人类认识了排斥反应发生的免疫学机制及其抑制方法，从而实现了移植器官的长期有效存活。

从组织免疫的视角看，企业并购就是企业间的“器官移植”。器官移植是用别人的器官替代人体的原有器官或组织，从而恢复人体的正常状态。企业并购则是让原本不属于自己的客体企业进入并购主体企业的体系之内，发挥一定的作用，实现一定的目的。异体器官移植时由于供体的移植抗原不同于受体，必然发生移植排斥反应。企业并购时，企业也容易受到“感染”。并购意味着两个原本独立的企业融合成一家，双方都会出现含有对方“企业基因”的因素进入己方的情况。事实上，对方“企业基因”就是己方企业的“异己”（王以华、吕萍等，2006），与生物医学上的“异己”具有对应关系。管理学界把企业并购与“免疫”相联系也是由来已久，在已查阅到的文献中，Davis 和 Stout 最早于 1992 年就在并购研究中使用了“免疫”这个概念。他们提出：“大型企业会设法防止被收购，而政府制定的公共政策剥夺了这种特大型企业曾经享有过的免疫力。”相比于 Davis 等（1997）对并购过程中的组织免疫研究得更系统更全面。De Geus 认为企业像人体一样，需要一个能够正确处理不同类型的入侵者的免疫系统。他还认为，并购后整合意味着外来的组织、观念和价值观等侵入企业组织，使企业受到“感染”，其症状包括：双方互不信任、各自都把对方看作与自己不相干的实体以及动员免疫系统抵御来自对方的文化等。

本书研究将在组织免疫的基础上，进一步通过与医学免疫类比对企业并购进行研究。全过程和全方位分别指并购事件的纵向和横向，是指本书研究的对象；理论整合是指研究领域和研究范围的整合。组织免疫和医学免疫则是本书研究的分析工具，本书研究中的所有结论和发现都是使用组织免疫理论以及与医学免疫的类比对相关现象进行剖析的结果。

（二）全过程整合视角

组织整合是指并购相关的两家企业之间的相互作用和协调的程度，通常是并购过程中的一个重要考量指标（Pablo，1994；Buono & Bowditch，1989）。传统概念里把组织整合分为两方面的内容：一是并购双方企业之间的相互作用，包括结构重组和资源调配等；二是专门的整合人员和过渡团队等人员为提高并购双方相互作用的质量而进行的协调工作（Rikard & Sydney，1999）。组织理论和人力资源理论指出，两家企业战略结合的潜力不会自动实现，协同效应的实现程度取决于完成并购交易后对新组织的管理情况（Datta，1991；Hunt，1990）。

上述观点都是关于组织整合的典型理论，也是占据主导地位的并购整合理论。在这些主导理论之外，有学者做了其他一些探索性的研究，最主要的特点是把组织整合从“并购后”扩大到“并购过程中”。例如，Davy 等（1988）、Cartwright 和 Cooper（1992）的研究。

Davy 等（1988）以期望理论解释并购背景下的员工行为，认为员工期望收益决定员工行为。换言之，员工会对自己从特定并购得到的收益有一个预期，该预期会激励他们有针对性地采取行动。如果预期收益是正的，他们就会拥护支持并购；如果预期收益为负，而且得不到正规渠道的信息修正，则员工们会无法维持正常的工作心理状态，进而组织承诺程度降低、工作满意度下降、离职意愿增加，最终影响工作绩效。

Cartwright 和 Cooper（1992）认为，模糊信息和不确定的预期结果会导致员工生产力的下降。并购期间，关于为什么要出售企业，员工通常是一无所知的。他们经常通过新闻媒体或通过公司内部传播的谣言得知一些关于并购的事情，这就可能导致被曲解的或者与并购意图背道而驰的、非建设性的信息广泛传播。并购企业管理者必须在整个并购期间保持连续倾听，与被并购企业员工持续沟通，并尽可能地获得准确而且广泛的信息。具有大量信息可利用后，管理者应该将这些可利用的信息及时地传递给被并购企业的员工，以免发生误会等曲解信息的现象，尤其所有关于解雇和精简规模的信息应该尽快传递，以便减缓雇员的忧虑情绪、减少谣言的传播，以便员工能够正常在企业工作。

Barnett 和 Pratt（1988）从变革的角度指出，并购意味着组织变革，造成员工抵制的因素总共有以下八种来源：①职业生涯的不可控，并购后整合导致的组织结构调整以及可能产生的裁员和工作变动让员工缺乏安全感，感到权力被剥夺；②人际关系损失，企业内的非正式关系可能因并购而受到影响；③地位的损失，指企业内部权力距离等微妙关系发生变化的可能，例如，职称发生改变，尽管工作性质依旧，却导致组织成员对此的不同解释；④经济损失，担心失去工作或因为组织扁平化使升迁的机会减少等；⑤失去稳定，企业过去不曾经历过如此巨大的变革，一旦被并购，员工普遍难以接受；⑥不适应，并购后需要学习新东家的企业制度和规范，让员工在短期内很难适应；⑦突然因素，因为没有预料到并购的发生，没有做出反应必需的预警时间，让目标企业员工产生抗拒与排斥的心理；⑧现实的威胁，指并购后的组织变革措施对员工处境所造成的其他实际威胁。

员工的抵制大多数不是在并购以后才产生的，只不过集中反映在并购后的整合过程中而已，最严重的情况就是因为员工的强烈抵制而导致不能达成并购交易。通常情况下，收购企业不止一家，被收购企业对收购企业是存在选择余地的。被收购企业的管理层和员工出于对企业持续发展和就业稳定等的关注，在选择接受的收购企业时，必然会考虑收购企业入驻后对自身发展的影响问题。如果他们预判潜在的收购企业并购他们的企业后不能整合成功，那么他们就会想法设法拒绝该企业。不能达成并购交易可以视同为一种早期的整合不成功。

综合上述结论，现有的企业并购研究最多涉及“并购过程中的整合”，即认为在并购谈判阶段就必须开始考虑整合问题，直到完成整合。反观器官移植，应对排斥反应是贯穿始终的。排斥反应在移植物选择阶段就是考虑的重点，在完成器官移植以后，直到受体生命终止，都必须维持对免疫排斥反应的控制。受此启发，本书认为，完成整合只是取得了短期的阶段性成果，对应于病人手术出院。受病人出院以后的日常生活中都必须持续控制排斥反应的启发，本书认为并购过程还存在整合后管理的阶段。全过程组织整合与传统整合理论的区别如图 1－1 所示。

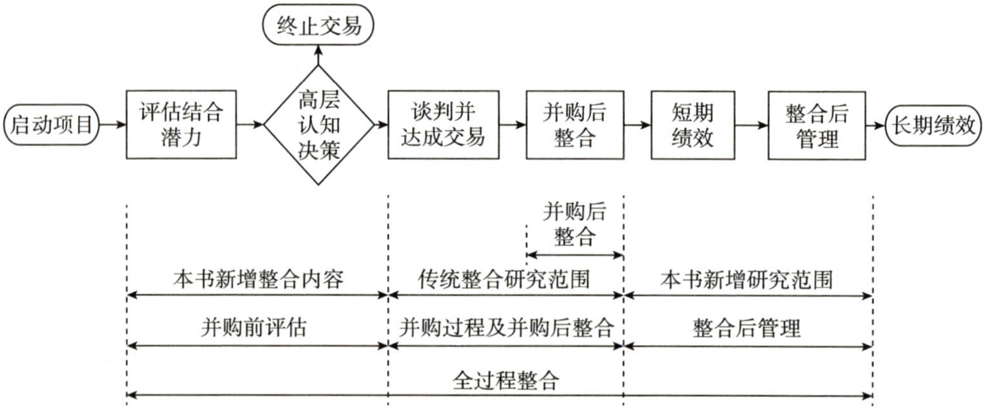

图 1－1　全过程整合示意图

（三）全方位整合的视角

如果说全过程组织整合是从时间维度要求并购管理者从筹划并购开始就围绕最终的整合展开工作，是纵向的，那么全方位整合则是横向的，不但关注企业内部的整合，还要关注企业与外部环境的整合。长期以来，并购后企业内部的整合得到了充分的重视，理论成果丰硕，不乏典型的成功实践案例。但是，企业本身以外，包括与价值链以及外部环境的整合还没有得到足够的重视（Kim，1999）。

一个企业本身的状况固然很重要，但是，如果它在价值链上某一活动的优势在并购后新的价值链上不能充分发挥体现出来，发挥作用，就必将影响并购的效果。企业的竞争优势不仅来源于价值链上的活动，更来源于各价值活动之间的联系。价值链上任何活动的优势都不是独立存在的，它必然要受到价值链上其他活动和外部环境的影响。所以，如果忽略双方价值链整合的效果，只关注目标企业本身的状况，必将不能做出正确的并购决策。与外部环境的整合主要指处理好与外部利益相关者的关系，获得他们的理解和支持。Clemente 和 Greenspan（1997）认为，并购过程中公司很容易因内部混乱而耗尽元气，而能取得长远成功的能力常常来自外部，来自那些冒着最大损失风险支持公司的利益相关者。如果忽略了他们关心的问题，导致他们抵触并购，则并购必将失败。

本书将从全方位的视角，把中国企业海外并购过程中的组织整合和环境整合都纳入研究的范畴。

（四）理论整合的视角

由于 Rikard 和 Sydney 的整合模型能够整合战略管理、经济学、财务管理、组织理论和人力资源管理等多种理论视角，为企业并购研究指明了一个有前途的方向，本书将以该模型为参照，对他们的思想在批判继承的基础上加以扬弃。

本书对 Rikard 和 Sydney 整合模型的分析和批判都将建立在组织免疫理论以及与医学器官移植类比的基础之上。De Geus 和王以华等的研究表明，用组织免疫和类比的方法研究并购问题是可行的，而且有希望取得有意义的成果。

事实上，并购是一个牵涉战略管理、经济学、财务管理、组织理论和人力资源管理等多领域的现象，如果只从各自领域进行局部的单方面的研究，是不可能很好地理解其本质的。一起并购的战略动机可能源于通过实现组织和人力资源的整合而获得的潜在利益，最终的并购绩效受潜在利益、组织整合和人力资源整合等上述全部因素的影响。所以，本书将继续沿着整合战略管理、经济学、财务管理、组织理论和人力资源管理等多种理论视角的方向进行。

第二章 文献综述

医学器官移植免疫和组织免疫是本书用来和企业并购进行类比的“母学科”，因此本章第一部分将对相关知识做一个概要性的梳理和总结，以便构建理论时有足够的“母学科”知识的支持。此外，鉴于本书研究的目的是用组织免疫这一全新的视角来研究企业并购问题，为了与现有并购研究形成联系和对比，同时寻求整合现有并购理论的机会，本章将用较大的篇幅对现有各学科对企业并购的研究进行回顾。

一、器官移植及组织免疫研究

（一）器官移植免疫研究

1. 器官移植概况

动物机体的器官丧失功能后可以通过器官移植重建其生理功能。人类早在18世纪就开始进行了器官移植的尝试，但是直到20世纪初才有人成功进行了肾的移植手术。20世纪40年代以前，器官移植排斥反应的机制一直不明。直到英国科学家Medawar（1945）应用家兔皮肤移植实验模型进行了系列研究，证实了移植排斥反应本质是受体免疫系统对移植器官的免疫排斥反应。进一步的研究证明，引起小鼠移植排斥的主要抗原是存在于第17对染色体上的主要组织相容性基因复合物（H－2）编码的抗原（龚非力，2003）。

上述移植排斥的免疫学基础研究大大促进了临床器官移植的发展。一般将器官移植分为自体移植、同种移植和异种移植（龚非力，2003）。在人的同种移植中，同卵双生个体之间，由于遗传背景完全相同，互相移植的器官不会受到排斥；临床上进行的器官移植主要是遗传背景不完全相同的同种异基因移植，一般会发生排斥反应。

1954 年，美国医生 Murray 在同卵双生姐妹之间进行的肾移植获得了成功，取得了长期生存。此后，许多同种异基因肾移植也获得成功。目前，肾移植已是临床治疗晚期肾功能衰竭的主要手段。1956 年，美国医生 Thomas 第一次成功给一位白血病患者进行了骨髓移植。目前，异基因骨髓移植已成为许多临床疾病，包括遗传病和血液系统疾病的重要治疗方法。Murray 和 Thomas 的工作标志着器官移植已成为临床疾病治疗的重要手段，在医学发展史上具有重要意义。为表彰他们的贡献，诺贝尔基金委员会把 1990 年的医学奖授予了他们两人。

20 世纪 60 年代后期起，由于 HLA 配型技术①和免疫抑制药物的应用，临床器官移植成功率得到了大幅提高。除原有的肾移植和骨髓移植外，肝、胰、心、肺以及心肺联合移植也都相继在临床上实施。20 世纪 80 年代以后，由于环孢素 A 及 FK－506 等高效免疫抑制剂进入临床应用，进一步提高了移植器官的存活率，使临床器官移植进入了一个新的阶段。

2. 器官移植排斥反应的类型②

器官移植过程中的排斥反应有宿主抗移植物反应和移植物抗宿主反应两大类，分别为受体对移植器官的排斥反应和移植器官对受体的排斥反应。

（1）宿主抗移植物反应。

受体对供体组织器官产生的排斥反应称为宿主抗移植物反应。根据移植物与宿主的组织相容程度，以及受体的免疫状态，宿主移植排斥反应主要表现为三种不同的类型。

1）超急排斥反应。超急排斥反应一般在移植手术后 24 小时内发生。目前认为，这种排斥反应主要是由于 ABO 血型抗体或抗Ⅰ类主要组织相容性抗原的抗体引起的。如果受体曾经多次接受输血、妊娠或曾经做过某种同种移植，其体内就有可能存在这类抗体。肾移植后，这种抗体就会结合到新肾的血管内皮细胞上，通过激活补体直接破坏靶细胞，或通过补体活化过程中产生的多种补体裂解片段导致血小板聚集和中性粒细胞浸润，并使凝血系统激活，最终导致严重的局部缺血和移植物坏死。一旦发生超急排斥反应，就没有有效的治疗方法，导致移植失败。通过移植前 ABO 血型配型及 HLA 配型筛除不合适的器官供体，可以预

---

① HLA 为人类白细胞抗原（Human Leucocyte Antigen）的简写。在人类白细胞、血小板、脏器组织的细胞膜表面有同种异体的组织相容性抗原。HLA 复合体就是人类的 MHC（Major Histocompatibility Complex，意指主要组织相容性复合体）。MHC 是指脊椎动物某一染色体上编码主要组织相容性抗原、控制细胞间相互识别、调节免疫应答的一组紧密连锁基因群。此类抗原存在于细胞表面，无器官特异性，不同个体的抗原特异性互不相同，但同卵双生动物除外，它们的抗原特异性是完全一致的。HLA 是一类糖蛋白，以整合蛋白质的形式存在于淋巴细胞、血小板及精子的质膜上。HLA 抗原可刺激机体产生 HLA 抗体。

② 本部分医学知识根据龚非力主编的《医学免疫学》（2003 年版）归纳整理。

防超急排斥反应的发生。

2）急性排斥反应。急性排斥是排斥反应中最常见的一种类型，一般于移植后一天到几个月内发生，比较迅速。细胞免疫应答是急性排斥反应的主要原因，CD4 +T（TH1）细胞和 CD8 + TC 细胞是主要的效应细胞。即使通过了移植前 HLA 配型，而且使用了免疫抑制药物，仍有 30% ~50% 的移植受体会发生急性排斥反应。但是，大多数急性排斥反应可通过增加免疫抑制剂的用量而得到缓解。

3）慢性排斥反应。慢性排斥反应一般在器官移植后数月至数年的时间内发生，主要病理特征为移植器官的毛细血管床内皮细胞增生，使动脉腔狭窄，并逐渐纤维化。慢性免疫性炎症是导致上述组织病理变化的主要原因。目前，临床上对慢性排斥反应还没有理想的治疗措施。

（2）移植物抗宿主反应。

如果免疫攻击方向是由移植物针对受体，即移植器官中的免疫细胞对受体的组织抗原产生免疫应答并引起组织损伤，则称为移植物抗宿主反应。发生移植物抗宿主反应需要一些特定的条件：①受体与移植器官之间的组织相容性不合；②移植器官中含有足够数量的免疫细胞；③受体处于免疫无能或免疫功能严重缺损状态。移植物抗宿主反应主要见于骨髓移植后。此外，脾、胸腺移植以及免疫缺陷的新生儿接受输血时，均可能发生不同程度的移植物抗宿主反应。

急性移植物抗宿主反应一般发生于骨髓移植后 10 ~70 天内。实验表明，如果去除骨髓中的 T 细胞，则可避免移植物抗宿主反应的发生。这就说明，骨髓中 T 细胞是引起移植物抗宿主反应的主要效应细胞。但是，临床观察又发现去除骨髓中的 T 细胞后，骨髓植入的成功率也下降，白血病的复发率，病毒、真菌的感染率也都升高。这又说明，骨髓中的 T 细胞有抗白血病的作用，可以压倒残留的宿主免疫细胞，避免宿主对移植物的排斥作用；还可以在宿主免疫系统缺失重建过程中发挥抗微生物感染的作用。因此，选择性地去除针对宿主移植抗原的 T 细胞，而保留其余的 T 细胞，不但可以避免移植物抗宿主反应，还可以保存其保护性的细胞免疫功能。

3. 器官移植关键要素①

器官移植的目的是让移植物基本替代原有器官或组织的功能，从而恢复人体的正常状态。前文提到过，除了同卵双生，世界上没有遗传基因完全相同的动物，因此，异体器官移植时供体的移植抗原必然不同于受体，也就必然发生移植排斥反应。移植物是否能够存活的关键在于防止或减少受体对移植物的排斥反

① 本部分医学知识根据利迪亚德所著《免疫学》（2001 年版）归纳整理。

应。为了实现这一目标，医学上主要采取两类措施：一是在移植前通过组织相容性试验选择供体器官，使其移植抗原尽可能地与受体的抗原相匹配；二是在移植后注意控制患者的免疫状态——排斥反应，通过应用免疫抑制剂适当地抑制受体对移植物产生的排斥反应。医学实践表明，器官移植有四个决定性因素：移植物选择、器官保存、外科技术和免疫抑制。其中，器官保存和外科技术不属于免疫学的范围，但是同样是器官移植成功的决定性因素，甚至是先决条件。只有从外科技术上实现了器官移植，才可能发现免疫排斥反应相关的问题。

（1）移植物选择。

移植物选择的前提是功能匹配，不能心脏不好却去找个肾脏。在功能匹配的前提下，医学、免疫学匹配是器官移植成功的关键。选择理想的供者，使移植物尽量与受者免疫学匹配，可以降低排斥反应的发生率和反应程度。医学上把移植物选择的标准归纳为以下几类：

1）一般要求。移植物选择的一般要求是指与免疫无关的一些对供体器官的要求，包括：①移植物本身必须是健康细胞、组织或器官，在形态和功能上都没有发现异常；②供者无传染病或相关感染、无代谢疾病和恶性肿瘤（原发性脑肿瘤除外）；③供者与受者的年龄应相仿，供者应小于受者，尤其生命器官移植时，供者年龄最好在 10～50 岁；④供体器官与受区的大小应相近，尤其心、肝、肺等原位移植时，供体器官与受者原器官相差不能过于悬殊，否则就植入困难或者不适应。

2）ABO 血型相容。一般临床输血的 ABO 选配原则也适用于器官移植，受者 O 型血则移植物必须 O 型血；受者 A 型血则移植物可为 A 型血或 O 型血；受者 B 型血则移植物可为 B 型血或 O 型血；受者 AB 型血则接受范围较广。一般情况下，不管是活体移植物还是尸体移植物，血型不相容就不能进行移植。

3）HLA 相容性。HLA 复合体是人类某一染色体上编码主要组织相容性抗原、控制细胞间相互识别、调节免疫应答的一组紧密连锁基因群。此类抗原存在于细胞表面，无器官特异性，不同个体的抗原特异性互不相同，但同卵双生动物除外，他们的抗原特异性是完全一致的。HLA 抗原可刺激机体产生 HLA 抗体。供者与受者之间 HLA 相同的位点越多，相容性就越好，移植后长期存活的可能性就越大。临床移植绝大多数是同种移植，在没有直系血缘关系的人群中，几乎不可能发现 HLA 位点完全相同者；只要能有 1～2 个 HLA 位点相同，就比 HLA 完全不同者之间的移植成功率大得多。如果可能，移植物的供者最好是受者的近亲，这样可以在移植前对双方较全面地检测和交叉配合试验，还可能有选择的余地；如果要等待尸体器官，检测 HLA 的困难性增加，选择的机会就少。

（2）器官保存。

人死亡的定义是大脑坏死，但人体各器官并非伴随大脑细胞死亡就立即死亡，在大脑死亡后它们仍可存活一段时间。这些器官的存活期限依保存方法不同，而有显著差别。建立器官移植中心可以解决很多难题，尤其是能够储备供体器官，减少病人的等待时间。对器官保存而言，冷藏越久，器官功效就越差。器官保存损伤过程包括复杂的分子途径和细胞间的相互作用，最终可导致器官损害、功能延迟恢复或最终无功能。

（3）外科技术。

器官植入受者体内后，立刻接通血管，恢复供血、输送养料，使细胞能够存活是器官移植能够成功的两大前提之一。本环节与供体器官及受者本人都没有关系，主要取决于主刀大夫。主刀大夫的外科技术体现在外科大夫的技术操作水平上。外科操作的基本要求是微创；外科大夫的技术操作要求是稳、准、轻、快、细。现实中，手术操作不当是影响创伤愈合的主要原因之一。同时，外科手术必须在无菌的环境下完成，伤口愈合必须防止外部感染。

（4）抗排斥反应。

排斥反应是由免疫应答引起的，所以免疫抑制就应该是一项有效的防治措施。国内外同种异体移植的临床实践都采用了不同方式的免疫抑制，取得了明显的成效。最常见的方法是使用免疫抑制剂，例如 FK－506、环孢霉素 A、硫唑嘌呤、环磷酰胺、皮质醇等。另外，既可采用淋巴细胞抗体、胸导管引流等方法使受者体内淋巴细胞数量降低，免疫应答能力减弱，也可以采用手术前对受者输血（如果器官来自活体就输供者血）的办法，作用机制尚不清楚。

由于所有免疫抑制剂都是通过抑制免疫系统正常功能和抑制细胞增殖分化起作用的，所以会降低机体的抗感染能力，并使骨髓细胞、胃肠道上皮细胞的增殖分化受到抑制，从而导致贫血、粒细胞减少、血小板减少和胃肠道疾病等症状。使用免疫抑制剂抑制排斥反应，不可避免地会出现各种各样的毒副作用。其中，最严重的副作用就是机体免疫力过度低下后，导致严重的肺部感染，包括细菌、病毒和真菌感染等，这类副作用一旦发生则病人的死亡率相对较高。此外，器官移植患者并发肿瘤的概率明显增高，这也可能与大量使用免疫抑制剂，导致机体对肿瘤的免疫监视功能降低有关。

器官移植后的排斥反应发生机制非常复杂，而每一种抗排斥药物的作用又都有一定的局限性，单一药物即使最大剂量也不可能完全防止或抑制移植后排斥反应的发生。因此，器官移植后患者通常必须选用几种抗排斥药物联合应用，实现抗排斥作用互补。

不同患者对同一种抗排斥药物的反应存在着很大的差异，即使他们的年龄、性别和身体条件完全相同，对于同一剂量的同一种抗排斥药物也会有不同的反应，这就是药物反应的个体差异性。因此，不存在最有效的抗排斥药物的说法，且不能依据别人的服药情况来指导自己的抗排斥药物选择。这也是目前临床应用抗排斥药物时面临的最大难题，即抗排斥药物的个体化选择问题。

由于免疫抑制剂在防止排斥反应的同时产生许多副作用，不采用免疫抑制剂的抗排斥反应方法是目前移植医学界的研究热点。研究方向有两大类：①选择性地破坏受体的抗原识别细胞，即将细胞毒药物与供体的抗原同时给受体静脉内注入，使它们与识别抗原的淋巴细胞接触，供体抗原起诱导作用，诱导细胞毒药物到抗原识别细胞处，使后者破坏。目前，医学上已经发现，射程极短的同位素是较好的细胞毒药物。②诱导产生免疫耐受，即使受体在接受抗原后不产生特异性免疫反应，其措施是在移植前，用供体抗原处理受体，使受体的免疫活性细胞在移植后对这一特殊抗原的反应能力受到抑制，因而延迟或消除排斥反应的发生。如果能够成功诱导免疫耐受，就可以既消除排斥反应，使异种移植成为可能，彻底解决供体不足的现状，又可以使受体免疫力不下降，健康得到保障。诱导免疫耐受是人们梦寐以求的抗排斥反应理想方法。

（二）组织免疫研究

王以华、吕萍等（2006）使用类比的研究方法，借鉴生物医学的知识、概念和相应的理论框架证明企业、行业乃至国家等都存在类似生物体免疫的组织免疫功能力。组织免疫理论认为，组织免疫是组织识别外部和内部异己，排除威胁因素并产生记忆，从而维护组织健康的能力。吕萍（2007）的研究表明，组织免疫系统不但客观存在而且是不可或缺的。不同企业的免疫系统可能完善程度不同，功能也有强弱之分，但是它们都必然存在，企业的生存和发展离不开组织免疫系统。组织免疫系统缺失或缺陷会引起企业免疫疾病，甚至会导致企业的死亡。

通过与生物免疫学类比，王以华、吕萍等（2006）将组织免疫行为划分为非特异性和特异性两大类（见图2－1）。她们认为，“非特异性免疫是企业‘先天’的、普遍性的免疫应答行为，包含组织结构、制度规则、组织文化三个要素；特异性免疫是企业‘后天’的、有针对性的免疫应答行为，包含组织监视、组织防御、组织记忆三个要素。企业通过非特异性免疫实现稳定性，通过特异性免疫实现适应性”。

目前，除王以华和吕萍等以外还没有人系统地研究组织免疫理论，但是有很多国外学者在不同的情境下，使用了“免疫”这个概念，尤其在并购研究过程中有很多人使用了“免疫”这个概念。从本质含义来说，这些并购研究领域的“免疫”概念和王以华等的组织免疫概念是相符的，从概念的根源上来说也是一致的，都来源于类比的研究方法。

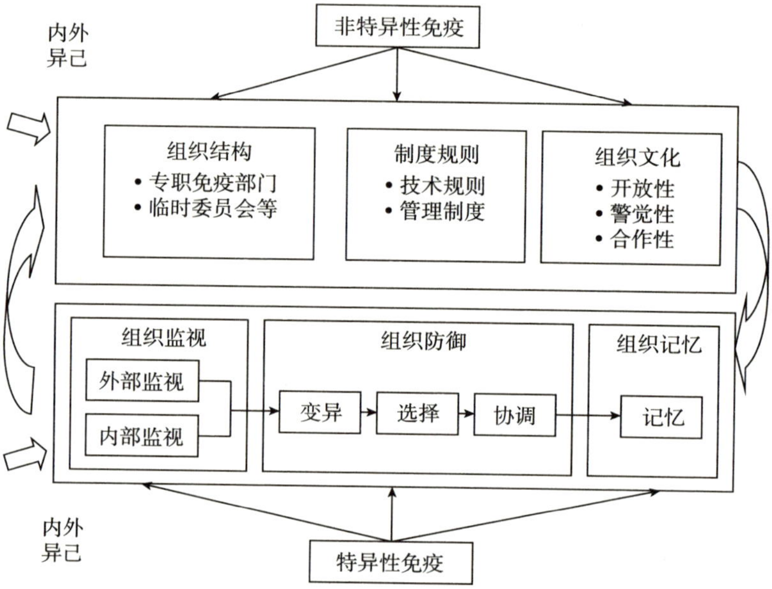

图 2－1　组织免疫行为

资料来源：王以华，吕萍等．组织免疫研究初探［J］．科学学与与科学技术管理，2006（6）：133－139.

在已查阅到的文献中，Davis 和 Stout（1992）最早在并购研究中使用了“免疫”这个概念。他们认为，大型企业会设法防止被收购，而政府制定的公共政策剥夺了这种特大型企业曾经享有过的免疫力。Thornton（2001）则认为，竞争对并购风险的影响是权变的，受主导制度的制约，当市场体制居于主导地位时，组织会丧失对并购风险的免疫力。相比于 Davis 等（1997）对并购过程中的组织免疫的研究更系统更全面。他在 *The Living Company* 一书中专门用一章（第九章）的篇幅来论述企业的免疫系统。De Geus 也认为，企业像人体一样，需要一个能够正确处理不同类型的入侵者的免疫系统，不过他更多地把免疫系统的类比用在企业并购相关问题上。De Geus 认为，并购后整合意味着外来的组织、观念和价值观等侵入企业组织，使企业受到“感染”，其症状包括：双方互不信任、各自都把对方看作与自己不相干的实体以及动员免疫系统抵御来自对方的文化等。他还认为，并购情境下大多数“入侵者”会给企业带来前景和潜力，企业需要接受它们；但是有些“入侵者”会扰乱公司内部平衡，需要被驱逐；还有一些则需要加以管理。

二、经济学对企业并购的研究

企业并购是一种通过市场机制调整存量资源配置的方式，这是经济学研究企业并购的基本判断和出发点。经济学范畴内关于企业并购的主要理论有效率理论、交易费用理论和代理理论。

（一）效率理论

传统的效率理论认为并购可以提高企业的整体效率，即“1 +1 >2”，强调价值创造的并购理论一般都突出通过各种协同效应源实现效率提高的重要性。协同效应源包括：①通过规模经济或者范围经济而实现的生产、营销、研发和管理等方面的运营协同；②销售和采购方面的市场势力提高而实现的垄断协同；③通过应用互补性的技能或者替代能力不足的管理者而实现管理协同；④通过风险分散和共同保险而实现的财务协同（Rikard & Sydney，1999）。

（二）交易费用理论

交易费用理论认为，企业存在的原因是可以替代市场交易，节约交易成本，企业的最佳规模存在于企业内部的边际组织成本与企业外部的边际交易成本相等时（Coase，1937）。根据交易费用理论，企业并购是企业意识到通过并购将企业间的外部交易转变为企业内部计划组织行为能够降低成本，获得一体化经济后自然发生的。也就是说，当增加的计划组织成本小于节约下来的市场交易成本时，企业就可能采取并购行动。交易费用理论能够较好地解释企业的纵向并购动机。

（三）代理理论

代理理论认为，管理者追求私利的目的驱动了并购活动的发生。代理理论认为，代理人的报酬与企业规模正相关（Mueller，1969），因此代理人有可能不考虑企业的投资收益率是否合理，一味通过收购使企业规模扩大。由于委托代理关系的存在，企业经营者与所有者之间信息是不对称的，作为企业经营者的代理人实施并购是为了“管理目标”和“帝国建设”（Trautwein，1991），而不是创造企业价值。这种情况是完全可能出现的，Morck 等（1990）和 Seth 等（2000）甚至认为，并购活动会降低实施并购企业的价值。

综观所有经济学对企业并购的研究，它们有如下一些共同的特点：①把并购双方都视为静态的，资源、市场和环境都是不变的，而且都定格于论证并购可行性时的那一个时点；②隐含一个基本的假设：企业家能够把所有看得到的经济性都转变为现实的利益；③研究大多数采用会计方法来评价并购绩效（Ravenscraft & Scherer，1987），因此不能区分不发生并购正常应该获得的利益和因为有了并购整合才获得的利益。

事实上，并购双方企业都处于一个动态的环境中，单个企业自身会演化发展，双方之间还会互动；协同效应也不可能自动获得，经营者的能力是有限的，许多看得到的互补性利益最终没法实现；也有可能经营者有能力把企业的互补性利益变为现实，但是不符合他们的个人利益，所以他们从主观上会去阻挠这种互补性利益的实现。

三、金融学对企业并购的研究

金融学对企业并购的研究主要包括对支付方式、融资方式、资本市场估值和并购绩效研究等多方面的研究。

（一）支付方式

企业并购时采用的支付方式主要有现金支付、股权支付、资产置换和综合证券支付等。现金支付是指并购方支付现金购买被并购企业的资产或股权，从而实现并购交易的一种支付方式；股权支付是指通过换股或并购方增发新股的方式取得被并购企业的控制权的一种支付方式；资产置换是并购企业用一定的资产等值置换被并购企业资产的产权交易形式；综合证券支付主要通过并购企业发行认股权证、可转换债券和优先股来实现。财务管理对企业并购支付方式的研究主要包括支付方式选择的影响因素研究和支付风险研究等多方面。

1. 关于支付方式选择的影响因素

财务管理研究表明，并购方的财务状况和资本结构、并购方股东和管理层的要求、被并购方股东和管理层的意图以及并购的战略意图这些因素共同影响了并购支付方式的选择。如果并购企业拥有充足的自有资金和稳定的现金流，而且股价被资本市场低估，它就会倾向于选择现金支付方式；反之，如果并购企业财务状况不佳，而且股票市值被高估，它就会倾向于选择股权支付方式（Shleifer & Vishny，2003）。

并购企业股东关心的是保持控制权和增加每股收益。现金支付方式不影响持股比例，可继续保持原有股权结构，但可能会影响企业以后发展和重组的资金保障；股权支付方式则会改变企业的股权结构，有可能降低原控股股东的控制权，还有可能摊薄每股收益，但是能够确保并购企业免受巨大的即时现金支付的压力，既有利于稳定发展，也有利于顺利整合。支付方式还会影响并购企业管理层在经营管理方面的控制权和资源分配权，也可能影响股东对其权力的监督和制约，尤其是在管理层持有本企业股份的情况下更是如此。这就导致并购企业管理层也会对并购的支付方式选择施加影响，甚至故意操纵。被并购企业股东同样会考虑什么支付方式对自己有利；被并购企业管理层也同样更关注自身在并购后企业中的地位和发展机会。

并购企业实施并购的战略目的包括借壳上市、获取财务利益以及战略性重组等。并购企业根据不同的战略目的需要选择适当的支付方式。一般情况下，以借壳上市为目的的并购最好选择资产置换方式，因为这类并购主要是为了获得被并购企业直接从证券市场上融资的资格，同时植入自身的优质业务；以获取财务利益为目的的并购一般选择现金支付方式，这是因为财务性并购需要获得被并购企业的控制权，重新构造企业治理结构，从而获取管理收益或治理收益，一般是非合作性的，其他支付方式很难被接受，而且不利于实施整合；以战略性重组为目的的并购一般采用股权支付方式，因为双方是合作性的，双方都要从并购后企业的经营活动中获利，所以可以选择支付压力最小的股权支付方式，这种支付方式还有利于与被并购企业共同承担风险。

2. 关于支付风险

不同的并购支付方式适应不同的需求，有独特的优势，但是都有相应的风险。现金支付方式容易导致流动性风险，因为现金支付是一项巨大的即时现金支出，这些支出的现金由被收购企业的股东拿走，不再为并购双方所用，如果并购企业事先的现金规划做得不够完善或者发生较大的变故，就有可能使流动性风险变为现实，影响企业的正常运营。还有一类特殊的流动性风险，那就是杠杆支付产生的债务风险，杠杆收购的特点就是以被并购企业的资产及未来收益作为借贷抵押，如果被收购企业的实际现金流不能满足还本付息的要求，并购者又不能获得其他渠道的资金支持，就会爆发债务危机。此外，股权支付方式可能导致控制力减弱风险，股权支付方式通常会导致股权稀释，造成控制权减弱，严重情况下，可能会导致控股权被别人夺走。

（二）融资方式

融资成本是融资方式选择时的第一考虑，在具备选择融资方式的条件时，融资决策应从成本收益的角度比较资金成本。发行股票有发行成本；贷款有贷款成本；公司自有资金同样存在资金成本。企业并购时的资金要么依靠企业内部现金流解决，要么从企业外部获得。依靠企业内部现金流解决的融资方式叫内部融资，否则为外部融资。大多数情况下，并购企业都是两种融资方式同时采用的，单纯采用某一种融资方式尤其是单纯采用内部融资方式的情况比较少见，除非标的物价值相对收购企业现金流来说很小。所以，外部融资（包括债务融资和权益融资）是财务管理研究的主要内容。

Modigliani 和 Merton（1958）最早提出了资本结构无关理论（MM 定理），认为并购财务融资方式的不同不会影响收购企业的价值。Miller（1977）又扩展了 MM 定理，提出了税盾和破产成本权衡的理论。该理论认为，债务融资具有税盾作用，所以增加企业价值；同时产生破产成本，降低企业价值。当边际税盾收益大于边际破产成本时，选择债务融资可以增加企业价值；反之，债务融资会降低企业价值，应避免采用。

（三）资本市场估值

资本市场经常存在投资者非理性行为的现象。当投资者一致性地采取非理性行为时，企业股票的价格就有可能被高估或低估。这种情况下，企业的股票价格就不能真实反映企业的内在价值。这种价格和价值的背离会影响企业的资本配置行为，例如，在股价被高估的情况下，就可以利用被高估了的股权去并购被并购企业。

Rhodes - Kropf 和 Viswanathan（2000，2004）提出了股票市场驱动并购的理论模型。该模型指出，当资本市场的股价被高估时，企业并购行为发生的概率更大；并购企业的支付手段溢价越高、协同效应越大，越有可能发生并购。Shleifer 和 Vishny（2001）提出了股票市场错误定价驱动并购的理论模型。该研究表明，资本市场的错误定价程度影响并购发生的数量，被并购企业和收购企业的股价影响并购的支付方式及支付的溢价率。该模型解释了并购浪潮的形成原因，也解释了为什么股价被高估的企业倾向于使用股权作为支付手段，尤其是收购那些价值被低估的被并购企业。该研究还用实证的方法证明，与萧条期相比，股市上升阶段发生的企业并购活动更多。Jovanovic 等（2002）检验了并购活动中被并购企业和并购企业的托宾 Q 值（托宾 Q 值指公司股票的市场价值与这些股票对应资产的重置价值间的比率），他们也发现托宾 Q 值较高的公司更倾向于采用股权作为并购支付方式，实际上这与股票市场价值驱动并购理论是一致的。Ang 和 Cheng（2006）采用并购前 B/p（账面市值比）和 V/p（其中，V 表示通过留存收益计算的公司价值）两个比率指标作为资本市场错误定价的衡量指标，对企业并购的影响因素进行了实证检验。他们的研究表明，股价被高估的企业更有可能成为并购企业，并购企业的股价被高估的程度越高，越有可能采用股权作为并购支付方式。

（四）并购绩效

企业并购到底是为股东创造价值还是消耗股东价值一直以来是财务管理领域对企业并购研究的焦点。Cartwright 和 Schoenberg（2006）通过对大量企业并购案例的跟踪分析表明，企业并购能够在短期内为被并购企业股东带来正的回报，但是对并购企业的股东来说，长期回报是否为正存在很大的疑问。Agrawal 和 Jaffe（2000）也通过大量研究表明，并购企业由于并购而获得的超额回报总体上是负的，或者最多能够说在统计上接近于 0。不过，他们着重指出，在完成并购后的 2～3 年时间内，还是有 35%～45% 的并购企业获得了正的回报。另外，Bouwman 等（2009）通过实证研究发现，股市萧条时期发生的企业并购与股市上升时期发生的企业并购绩效明显不同。Goel 和 Thakor（2010）也认为，相对于熊市阶段进行的并购，牛市阶段发生的企业并购产生的协同效应更小，质量更低。

对企业并购持怀疑态度的财务管理研究包括财富再分配理论和掏空理论等。Gilson 等（1988）以及 Hayn（1989）提出了财富再分配理论，该理论认为并购过程中股东价值的增加是以牺牲企业其他利益相关者的利益为代价的，并不能带来社会总财富的增加。Franks 和 Mayer（2001）提出的“掏空理论”则认为，股权高度分散条件下，股东存在“搭便车”动机，从而对管理者的监督不力，这种情况下并购可能成为管理者侵占股东利益的工具。

财务管理对企业并购的研究主要是基于资本市场的数据进行的（Jensen & Ruback，1983；Jarrell et al.，1988），关注预期的股票市场反应是否实现，强调预期，很少关注企业并购后实际获得的产业利益。

四、战略管理对企业并购的研究

战略管理学者对企业并购的研究包括对并购动机的研究（Ansoff et al.，1971；Walter & Barney，1990）、对并购绩效决定因素的研究（Lubatkin，1987；Seth，1990）、对并购交易影响因素的研究以及对如何实现并购战略目标的研究等。关于如何实现并购战略目标的问题，战略管理学者在研究，组织理论学者和人力资源学者都在研究，但是从学科的角度分析，它更多地属于组织理论和人力资源研究的范畴。因此，可以把战略管理对企业并购的研究归为三大类：对并购战略动机的研究、对并购绩效战略决定因素的研究和对并购交易影响因素的研究。

（一）并购的战略动机

战略管理认为，企业并购的根本性目标包括提高企业竞争力、追求市场势力和获取稳定的利润增长率等（Brouthers et al.，1998）。具体来说，企业并购的动机包括获取战略资产、多元化和能力转移。

Penrose（1959）在其成名作《企业成长理论》中专门论述了企业并购问题。研究认为，企业因为具有一些竞争优势而采取竞争性扩张，这些优势既可能来自某些技术上的领先，也可能来自市场力量、更雄厚的资金实力，获得规模运营经济的预期（被并购的目标企业无法获得这种经济），以及其他各种成长经济。Barney（1991）认为，企业资源是所有能帮助企业产生效益和效率的资产、能力、流程、信息和知识等要素的总和；由于一些普通资源供给充足、替代方便，因此企业的竞争优势主要来自其掌握的战略资产，即那些稀缺、难以模仿和替代的资源，通常包括专有技术、管理诀窍、营销知识、分销渠道、品牌和创新能力等。在动态的环境中，资源会过时或者损耗，企业为了维持其竞争优势，就必须不断进行资源的创造和更新。因此，对战略资产的创造和更新，成为企业创造和维持其竞争优势的关键（Conner，1996）。Conner 等的研究表明，现代企业必须在全球范围内不断寻求战略资产，才能保持有效地参与国际竞争。

Anand 和 Singh（1997）认为，寻求战略资产是企业并购的主要动机之一。资源基础观认为，资源和能力是企业获取持续竞争优势的基本决定因素（Barney，1991），但是企业从内部持续开发新资源的能力是有限的（Nelson & Winter，1982）。为了维持持续的竞争优势，企业必须从市场获取资源或能力，但是它们怎么获得自己发展所需要的资源呢？有些资源可以单独在市场出售，有些资源是和企业不可分割的，要想获得这样的资源，就必须收购整个企业，以利用这些原本属于被收购企业的资源（Homburg & Bucerius，2005）。并购不但能够帮企业买到想要的有形资产，还能够帮企业买到想要的无形资产（Eun et al.，1996）。

Ansoff 等（1971）最先提出，企业并购是实施多元化战略的一种快捷方法。通过并购实施多元化可以绕开行业壁垒的障碍，直接继承被并购企业已占有的市场份额，还能够继续利用被并购企业的原料来源和销售渠道，从而大幅度降低扩张过程中的不确定性，用较短的时间实现企业的多元化经营战略，并降低投资风险。通过并购实现多元化不但能够实现协同，而且能够不提高新进入行业的竞争程度。

战略管理还指出，企业并购有助于企业能力的转移（Hitt et al.，2001）。Weston 等（2004）认为，企业并购可以输出（获取）行业专属的能力（横向并购或相关并购情况下）或者一般管理能力（混合并购情况下）。Hitt 等（2001）认为，企业通过并购不但可以获得单一的资产，还能够实现对整个知识系统的控制，从而获得相应的能力。

（二）并购绩效的战略决定因素

战略管理领域对企业并购的研究中，最基本也是得到关注最多的问题之一就是何种类型的并购能够为企业创造价值（Hitt et al.，2001）。对这个问题的认识伴随并购实践的发展有一个逐步深化的过程，同时也受到了其他最新战略管理研究成果的影响。20 世纪七八十年代以前，人们普遍只看到了并购的规模经济效应，加上同期大量以多元化为目标的企业并购遭到了失败，于是相关性决定论就占据了主导地位，认为取得好的并购绩效的主要决定因素是相关性。随着战略管理理论的不断发展，资源基础观理论日趋完善，人们对竞争优势的来源有了新的认识，互补性逐渐成为学者关注的重点。后来，人们又发现单纯互补性还是不能很好地解释并购的绩效，并购后的整合效果也能够显著影响并购的绩效（Rikard & Sydney，1999）。影响并购后整合的因素很多，包括整合速度、整合类型和组织匹配性等，但是其中只有组织匹配性是在并购发生前就能够评估的战略决定因素。

1. 相关性

在很长的一段时间里，对企业并购绩效决定因素这个问题的回答普遍都集中于相关性带来的利益上。传统的战略管理理论把相关性定义为两个企业是同一产业的成员，企业实践也是这么操作的。在此基础上，战略管理和金融两个领域的学者都做了大量相关性对并购绩效影响的研究（Kaplan & Wiesbach，1992；Lubatkin，1987）。这些研究的核心观点是，相关产业的企业在管理风格、文化和管理过程等方面具有相似性，这就让它们能够有效地撬动并购伙伴的已有资源和能力；对并购伙伴来说，对方的资源是相关的，是有价值的（Palich et al.，2000；Robins & Wiersema，1995）。

不过相关性方面的研究结论和对它的大量研究一样引人注目，结论五花八门。其中，一些研究支持上述假设（Anand & Singh，1997）；有一些研究则表明相关并购的绩效并不比无关并购好（Matsusaka，1993；Seth，1990）；还有一些研究则发现相似性与并购绩效之间的关系是非线性的（Ahuja & Katila，2001）。Christian 和 Matthias（2006）则认为，相关性和并购绩效不是因果关系，而只是影响并购绩效的一个调节变量。换言之，与以前的学者关注相关性本身对并购绩效的影响不同，他们只是关注相关性怎么影响并购整合执行的问题，不认为相关性能够直接影响并购的绩效。

事实上，组织知识是在企业寻求改进它们的组织－环境匹配性的过程中形成的，必然受到产业环境的深刻影响（March，1999）。因此，企业开发出来的知识和人力资本都具有产业专用性（Harris & Helfat，1997）。此外，通常情况下资源是不能跨产业转移的，单一产业的组织氛围有利于在企业内部产品线内部和产品线间实现资源共享。再加上同一产业的企业拥有共同的参考框架（Porac et al.，1999）、标准程序和沟通渠道（Henderson & Clark，1990）以及战略考量的偏好（Spender，1989）。这些因素决定了相关性并购企业在并购后整合时具备一些有利条件，如果管理得当，这类并购完全有理由取得好的并购绩效。

看重相关性的并购研究通常都依赖参与并购企业的静态组织特征，包括诸如产业成员或者资源拥有之类的因素，来评价它们之间的相对战略依赖性。静态的战略特征分析只能反映企业的资源消耗，提供的信息相对有限。越来越多的研究表明，对于并购中的价值创造来说，并购企业的资源依赖性不如对这种依赖性进行管理提供得多（Haspeslagh & Jemison，1991；Rikard & Sydney，1999）。

2. 互补性

Datta 等（1992）认为，因为相关而带来的相似性好处不是企业并购创造价值的唯一途径；互补的差异性能够通过资源重新配置提高创造价值的机会。更有一些学者在资源基础观的基础上提出，并购双方的互补性是并购成功的最重要影响因素之一（Capron et al.，1998；Harrison et al.，1991；Wang & Zajac，2007）。长期以来，互补性一直是战略管理和组织理论等许多研究领域中的一个重要话题，包括并购（Harrison et al.，1991）、多元化（Harrison et al.，1993）、战略联盟（Gulati，Nohria & Zaheer，2000）和研发（Mowery et al.，1998）等研究中都有互补性的概念，但是关于互补性到底是什么却一直存在歧义。有时候仅仅是指差异，有时候又与诸如范围经济之类的相关构念可以互换使用。

在经济学文献里，当增加一种资产的量后从另外一种资产那里得到的回报也增加时，就说这两种资产是互补的（Milgrom & Roberts，1995）。战略管理以一种丰富理论的方式对经济学的传统工作加以了延伸，资源基础观通过资产（Tripsas，1997）、知识（Wang & Zajac，2007）、能力（Krishnan et al.，1997）和技术（Teece，1986）这些名词对互补性进行了定义。依据资源基础观，互补性是指，当不同但是相互加强的资源和能力结合时，能够使企业创造价值，如果没有这种结合，这些价值就不可能被创造（Helfat & Peteraf，2003）。

Rikard 和 Sydney（1999）在上述定义的基础之上，把企业并购背景下的互补性定义为：合并的企业具有不同的资源、能力和/或战略，它们有潜力通过结合或者重构而创造价值，如果没有发生并购，任何一家企业都不可能创造这些价值。这个定义强调通过资源组合实现的潜在价值创造，避免了用任何类型的绩效产出指标来说明具体的互补性。此外，这个对并购互补性的定义还超出了传统的范围经济定义，因为范围经济是指由于不同业务组合带来的成本节约（Baumol & Braunstein，1977），本定义中的并购互补性价值创造不但来自成本节约还来自其他源泉，例如收入增长或者市场份额的提高等（Helfat，1997）。

互补性涉及差异，但是只是那些因为可能“双赢”而加以利用的差异。从概念上讲，差异本身对并购企业来说没有明显的价值，因为与并购目标之间有差异不能保证并购者成功地重构合并双方的资源以实现互补性利益。只有存在利用企业间差异的机会时，无论是通过使同一水平的投入带来更高的回报或者通过组合资源来创造新的能力或者提高能力，这种合并企业间的差异才是具备价值创造潜力的（Peteraf，1993）。

同相关性利益一样，实现互补性带来的利益也取决于成功地管理这些差异。管理两家合并企业的不同资源和能力会带来重大的管理挑战。产业差异则会通过阻止知识和资源的有效转移而加剧这种困难（Bowman & Helfat，2001；Chang & Singh，2000）。因此，互补性的差异只有在没有超过它们能够被利用的程度时才是有价值的（Hitt et al.，2001）。所以，如果合并的企业是在同一产业竞争的，这种对差异的利用就会更有意义，因为合并后的企业可以对更多的业务机会做出反应，并开发合并前的任何一家企业都无法单独创造的能力（Capron et al.，1998；Harrison et al.，1991）。Krishnan 等（2004）的研究进一步把企业并购时的互补性利益区分为产品战略上的互补性和市场选择上的互补性。

（1）产品战略上的互补性。

企业的产品战略特别具有传递信息的作用，因为对任何企业战略来说，核心产品都处于其中心地位，反映了过去资源配置的基本逻辑（Barney，1991；Peteraf，1993）。因此，企业的产品战略就间接地表现出了企业动员并运用其全部资源的结果（Miller & Shamsie，1996）。企业常常通过并购来实现对其产品和服务组合的重构，并（或）增加其产品线以获取增长（Capron et al.，1998）。两家企业合并后，它们能够组合并且重构它们的产品线，以便创造一个各自都不可能单独提供的新的产品线组合（Karim & Mitchell，2000）。依据资源基础观，并购后的资源重新配置以及作为结果的新的产品组合是并购行为创造价值的重要源泉；并购双方在产品战略上的互补性差异能够提高双方联合创造一种不易被复制的产品组合的机会（Barney，1988）。在上述理论的基础之上，他们把产品战略的互补性定义为并购企业和被并购企业在产品战略上的差异化程度，这种差异将创造不发生并购时不存在的价值。这种价值创造是通过允许合并后的企业组合或者重构不同的资源和能力而实现的。

产品战略上互补的并购不但能够带来更宽的业务组合，还可以通过其市场地位的改善而提高美誉度。品牌方面的文献认为，多产品的企业能够通过引入新产品而扩大它们的声誉，事实上，这种新产品是因为具有关联性而从那些具有良好声誉的老产品上获得光环的（Wernerfelt，1988）。与此相似，好的企业声誉能够以一种如果没有并购就不可能发生的方式提高并购伙伴的产品对顾客的吸引力。这样，声誉的提高和交叉销售的机会相互促进就可以帮助并购双方更有效地抓住新出现的商机（Bodenhorn，2003）。

产品战略互补的另外一个重要利益来源于组织间知识共享的潜力（Zollo & Singh，2004）。组织学习方面的研究已经得出结论，认为相比于同质性的信息源，企业能够从异质性的信息源那里获得更多的知识（Haunschild & Sullivan，2002）。具有互补性产品的并购对象可能通过带来异质而又相关的知识和信息促进组织学习，尤其在并购企业与被并购企业具有相同的任务环境时更是如此。此外，并购对象也可以为并购企业带来原来自己不具备但是又相关的知识库（Hoskisson & Busenitz，2002）。

产品战略互补的并购不但能够减少并购后整合的问题，还能够保证并购后学习的顺利进行，从而提高并购后的绩效。这是因为互补性并购重视的是利用资源和战略，不是削减冗余和重叠。寻求互补性利益的企业更多地依赖利用员工的专长而不是通过裁撤人员减少这些技能。因此，产品战略互补对双方的管理人员和普通员工的威胁都较小。事实上，如果发生这类裁撤行为，就会遇到较大的抵制（Walsh，1989）。在产品战略互补的条件下，普通员工和经理人员可能都会对整合更加支持，从而提高实现所期望的协同效果的概率。由于管理人员的留职是获得学习效果的实质性先决条件（Cannella & Hambrick，1993），所以产品战略互补的并购更能保证并购双方之间的有效学习。

（2）市场选择上的互补性。

并购双方原本在不同的地理市场上竞争，如果各自运营的市场特征不同，但是又能够相互强化，就为创造价值提供了机会。这种市场互补性能够通过容许双方到对方市场去发掘利用它们之间的差异，并提供超过双方原本就没有重叠的地理据点或者分销网络之和的利益，从而提供创造价值的机会（Zollo & Singh，2004）。市场互补性通过四种机制发挥作用，这四种机制分别为：有效的市场配置、更多的学习机会、业务循环的缩短以及更快的并购后整合。

首先，市场互补性不但减少了特定市场的业务风险，还能向提供更好商机的互补市场转移资源。市场互补性能够同时为双方以及他们的消费者创造价值，因为节约下来的成本能够通过较低的产品和服务价格的形式传递给消费者。反过来，这又能够为它们吸引更多的消费者。遗憾的是，市场互补性的好处很难实现，除非并购双方业务相关。

其次，市场互补的企业合并时，双方都有机会学习对方从而壮大自己的竞争技能，丰富各自在原有市场的竞争手段，并提高各自对新市场环境的适应能力。由于对竞争对手的观察以及相互作用（Hauns et al.，1997），管理人员的行为很大程度上受到特定市场里具体的商业行为和正在执行的战略的影响（Romanelli & Khessina，2005）。因此，两家在不同市场运营的企业会形成完全不同的资源和能力。市场互补的并购发生后，双方的管理人员都有机会获得来自对方市场的知识和能力。与此同时，企业实践和战略也会适应不同市场内顾客需求的差异而做出调整。当两家合并的企业关注的市场不同而且互补时，这种让管理人员提高技能的机会尤其多而且适用。

再次，因为有时候不同的市场会处于产品生命周期的不同阶段，地理扩张为并购企业提供了开发不同的地理市场组合的机会，减少对某一个市场的依赖。当并购者和被并购者具有互补的市场特征，可以抵消各自市场低迷的不利影响时，这种地理扩张的价值还会放大。这种市场互补性的好处远远不只是单一地降低风险，因为它还可以帮助那些进入其他市场的并购者在获得收入增长和减少产品周期带来的威胁之间获得平衡。尤其当对方的市场条件不同但又存在同样的需求时更是如此。

最后，同产品战略互补一样，通过市场互补性获取价值的所有机会都不需要缩小企业规模或者裁撤人员，相比其他情况来说就会较少发生因为管理人员和员工的抵制而导致整合困难的现象。

3. 组织匹配性

Datta（1991）把组织匹配性定义为影响两家企业并购后融合难度的因素。组织匹配性可以从不同的角度用不同的概念衡量，到目前为止还没有一个大家公认的衡量体系。Datta 通过对大量研究的综合分析后发现，有两个范畴得到了大多数研究者的公认，其一为管理风格的差异（Callahan，1986）；其二为组织制度，特别是报酬和评价制度的差异（Ferracone，1987）。研究者发现，上述两方面的差异能够对并购后整合的结果产生极其重大的影响，并最终影响并购的绩效。

（1）管理风格的差异。

管理风格一直被描述为组织的管理文化或者说主观文化的一种元素（Sathe，1985），也被定义为包括管理团队对风险的态度、管理团队的决策方法以及管理团队偏爱的控制和沟通模式等一系列因素构成的概念（Miller，1987）。各个组织的管理风格是独一无二的，不同企业之间的管理风格可能相差很大。这种差异会影响并购双方管理层的相容性，管理风格差异是组织匹配性的一个重要方面。并购会把两个组织的管理团队凑到一起。他们的管理风格可能相似，也可能完全不同。显著差异就可能导致“文化模糊”。在这种情况下，到底谁的风格和文化应该占主导地位还不明确。通常，并购方的管理团队会把他们的管理风格强加于被并购的公司。这种做法可能让被并购企业的管理团队缺乏身份认同，从而导致焦虑、不信任和冲突上升，并最终导致“并购停顿”，也就是生产力下降，并购后的绩效很差（Ivancevich et al.，1987）。与之相反，管理风格相容则有助于并购后的融合（Davis，1968）。大量的战略管理研究都表明，管理风格是否相容对并购后的企业绩效有显著影响（Miller，1987）。

管理风格差异对并购后绩效的影响程度受并购后组成的联合体中需要双方管理团队相互作用水平的影响。由于运营整合期间必然会有两种管理风格共存，这就不可避免地提出了谁的风格占主导地位的问题（通常情况下是并购企业胜出）。接下来，就会发生冲突，这种冲突又会降低两个管理团队为了实现并购目标而共同有效工作的可能性。如果并购后需要很大程度的运营整合，就不可避免地需要两个管理团队高水平地互动，管理风格的差异就可能导致严重的冲突。此外，如果管理风格存在重大差异，管理整合就很难实现。因为对管理整合过程来说，必须要合作，管理风格存在重大差异不但可能会有更多的冲突，而且可能因此更难解决冲突。另外，如果需要的相互作用有限，管理风格很不相同的两个管理团队也可能一起高效地合作。

（2）报酬和评价制度的差异。

报酬和评价制度被广泛认为是组织形式中最重要的成分之一（Kerr，1982）。企业之间在这些制度（它们定义了个人和组织之间的交换条件）上存在显著的差异。这些差异是因为诸如市场或者产业特征不同或者公司选择的战略不同而产生的（Kerr，1985）。例如，Lorsch 和 Allen（1973）发现，垂直一体化的企业和多元化的大企业之间在用于评价管理绩效的标准上就存在很大差异。他们研究的多元化大企业对经理人员的报酬标准更加强调“最终结果”，而一体化企业通常使用最终结果和中间结果相结合的办法。报酬和评价制度的差异可能因为一系列的因素而产生。这些因素包括诸如关注的时间长度、用于测量绩效的指标以及在评价过程中使用的绩效指标类型等与评价标准相关的因素。除了评价标准，报酬的形式和管理也可能很重要。公司之间的奖励制度可能存在显著差异。因此，那些习惯于高度运用绩效奖金（通常发生在创业型公司）的经理人员可能会发现在并购后如果需要向更制度化的模式转变就会存在困难；反之亦然（Hayes，1979）。Ferracone（1987）发现，即使并购双方在报酬和评价制度上不存在那么显著的差异，也可能产生足够的不协调，从而出现相当大的冲突。

报酬和评价制度是强化组织文化的一种重要工具（Kerr & Slocum，1987），并购后对现有制度的变革（或者强加一个新制度）有可能导致强烈的反应。甚至只是猜测报酬和评价制度会发生变化就足够引起显著的焦虑和冲突，并导致并购后的不良绩效。关于战略执行的文献表明，战略执行的效果以及并购绩效会受到企业所选择的控制制度的显著影响，战略和控制制度之间的匹配对于企业获取好的绩效具有重要意义（Govindarajan & Gupta，1985）。由于控制制度的关键组成部分便是报酬和评价制度，我们可以很合理地预期，整合过程中报酬制度的选择对并购绩效来说是一个重要的决定因素。毫无疑问，报酬和评价制度相似将便于双方制度的整合；相反，如果并购双方在报酬和评价制度上存在重大差异就可能成为并购整合的一个重要障碍。

与管理风格的影响一样，报酬和评价制度上的差异对并购后绩效的负面影响受并购后企业运营需要整合程度的调节。如果并购计划要求并购后进行实质性的运营整合，报酬和评价制度之间的差异对绩效的这种影响会更加显著。在这些情况下，并购后整合阶段在报酬评价制度方面保留重大差异可能会在那些感觉自己公司的制度处于弱势地位的经理人员中引起很大的士气问题。这就导致有必要解决这些差异并在报酬和评价制度方面实现统一，尽管这样做会付出很高的成本。另外，如果被并购企业被当作一个自治的实体保留下来，在并购后与并购企业没有进行运营整合，就有可能让两个企业各自保留自己原有的制度。

（三）并购交易的影响因素

大量学者对美国企业的并购成交情况进行了研究，他们发现美国市场上被并购企业管理层的抵制、被并购企业的规模以及被并购企业与收购企业的相对规模、收购企业预先持股、存在竞争者以及提供的收购溢价这些因素能够影响对上市企业的收购（Hirshleifer & Titman，1990）。Raad 和 Ryan（1995）等则强调由于委托代理问题，管理层的所有权结构对并购行动的结果也有很大的影响。自利的本能会激励管理层抵制收购以保护他们的薪水和其他福利。同样是自利的原因，如果管理层持有被并购企业的股份，当收购方提供了可观的收购溢价后，他们就可以获得相当大的利益，从而赞成收购。还有大量的实证研究（Holl & Kyriazis，1996）表明，被并购企业在任的管理层对收购要约的推荐和态度是影响收购是否能够实现的最重要因素。当收购得到被并购企业管理层的支持时，收购通常能够实现；如果双方存在敌意，并购行动更有可能失败。

五、组织理论对企业并购的研究

整合是指调整并购相关企业的组成要素，使其融为一体的过程（Alexandra & Lajoux，1998）。Datta（1991）和 Hunt（1990）等指出，并购双方的战略结合潜力是不可能自动实现的；并购协同效应的实现程度取决于完成并购交易后对新组织的管理情况。组织理论对企业并购的研究就主要集中于这种对并购后的新组织的管理，也就是组织整合问题（Pablo，1994）。组织整合是指并购相关的两家企业之间的相互作用和协调的程度，通常是并购过程中的一个重要考量指标（Pablo，1994；Buono & Bowditch，1989）。Kim（1999）认为，并购者必须能够使并购后整合与它的并购意图相结合，必须在所有的战略性变化都明确以前都保持它的战略柔性。此外，还有大量研究认为，实施组织整合必须理性、适度（Chatterjee et al.，1992）。

Jansen（2001）在总结已有理论文献的基础上，提出了一个所谓的“7C”整合模型，把它作为并购后整合管理的基本模型和工具。这“7C”分别为整合成本（Cost of Integration）、整合协调（Coordination of Integration）、文化整合（Culture of Integration）、顾客和供应商（Customers and Suppliers）、内外沟通（Communication）、核心成员（Core Staff）和核心能力管理（Core Competence Management）。

魏江（2002）认为，企业并购后的整合管理，是指由并购方或并购双方共同采取一系列旨在推进合并进程、提高合并绩效的措施、手段和方法，它涉及员工安排、队伍建设、文化重组和业务重建等各项管理工作。

本部分把组织理论对并购后整合的研究归纳为组织整合、环境整合、整合过程和文化整合四大类。文化整合本身是组织整合的一部分，但是由于文化冲突和冲突解决是并购后整合的重点和难点（Nahavandi & Malekzadeh，1988），文化整合研究也就相应成为组织学者研究企业并购的重点，所以笔者把它单独列为一类研究。

（一）组织整合

Paul（1986）认为，并购后企业内部的整合工作可以分为三个方面：程序上的整合、有形整合和文化整合。其中，程序上的整合是指通过合并两家企业的经营系统，然后制定标准化而且统一的工作程序（法律整合、会计整合、职能整合和战略经营单元整合）；有形整合是指有形资产、产品或服务线、生产系统和核心技术的整合；文化整合则是指两家企业原有文化之间的协调和相互作用，其最终结果难以预料但又实质性影响整合的成败，是并购整合管理中最困难的环节。

Rikard 和 Sydney（1999）认为，有明显的证据表明参与并购的两个企业之间进行高度的相互作用和协调对于利用两家企业之间可能存在的战略依赖性来说是十分必要的，整合程度对并购绩效具有直接影响。从概念上可以把组织整合分为两方面，其一为并购双方企业之间的相互作用，包括结构重组和资源调配等；其二为专门的整合人员和过渡团队等人员为提高并购双方相互作用的质量而进行的协调工作。Paul（1986）也认为，企业是一个复杂系统，正常运营离不开惯例、沟通和决策规则等，并购整合需要对这个系统进行重构，需要通过大量高效的协调工作实现企业的重新有序运营。成功的并购重组具备两个基本特征：留住核心人员和保持核心能力（Paul，1986）。企业支付较高的并购溢价的重要原因之一就是因为被并购企业内部拥有许多有价值的无形知识。因此，对被并购企业的核心能力进行管理，使它们融入并购企业的业务体系，充分发挥它们的潜力，为并购企业创造价值就成了并购成功的必要条件。核心人员是企业核心能力的主要载体，留住核心人员是保持核心能力的前提，所以留住核心人员也是并购重组成功的必要条件之一。

（二）环境整合

关于并购整合的研究大多关注被并购企业本身的状况，而很少关注被并购企业的外部环境与本企业的融合问题（Kim，1999）。事实上，被并购企业本身的状况固然重要，如果并购后在价值链某一活动上的原有优势不再能充分发挥，就必然影响到并购的效果。企业的竞争优势不仅来源于价值链上的活动，还来源于各价值活动之间的联系（Homburg & Bucerius，2006）。也就是说，价值链上的优势都不是独立存在的，它必然受到价值链上其他活动和外部环境的影响。Paul（1986）认为，并购后的外部整合主要包括顾客整合和供应商整合两方面的内容。他的研究发现，并购后被并购企业通常会失去 5% ~10% 的顾客，但是如果不做好顾客整合工作，流失率可能会更高。供应商由于受自身成本效应的制约，更容易接受并购事实，继续与被并购企业打交道。但是，如果供应商成本压力不大，情况就有可能相反。

大量企业实践和学术研究有力地表明，不利的顾客反应能够显著降低并购的成果（Urban & Pratt，2000）。并购给双方企业的顾客都造成很多的不确定性。这种不确定性包括价格方面的、产品和服务质量方面的、联系人方面的以及对不同顾客的重视程度差异等。顾客遇到不确定性就可能会不满、抱怨甚至背叛，这些行为显然会不利于并购的成功（Bekier & Shelton，2002）。

Clemente 和 Greenspan（1997）发现，整合成功的企业并购在外部环境整合方面都有一个共同点——激发外部利益相关者的积极性，获得它们的支持。在企业并购的动荡过程中，企业很容易因内部混乱而耗尽元气，这种情况下，往往是外部力量的支持推动企业恢复元气。因此，成功的并购整合首先要关注那些对企业生存至关重要的利益相关者，还必须关注那些冒着巨大损失风险支持自己的利益相关者。了解他们关心的问题，接受或者抵触并购的原因，明白这些之后，再向他们解释并购的目的和益处。

（三）整合过程

1. 对整合过程的认识

传统观点认为，并购绩效是两个企业之间的战略匹配和组织匹配的函数，但并购实践的结果却与之相去甚远，越来越多的并购不能实现预期的目标，从而导致人们质疑这种传统观点的正确性。并购效果欠佳的问题可能只有通过管理协调来解决。他指出，管理者关注并购的所有步骤才能更好地管理具体的并购变量，并根据企业的具体并购要求处理相关事件。他还指出，“是否知道在特定时间该做什么可能是并购成功或失败之间的差异”。正是在这种背景下，Jamison 和 Siktin（1986）对并购过程进行了研究，他们在承认组织匹配和战略匹配影响并购绩效的前提下，提出并购过程也是一个决定并购绩效的重要潜在变量的观点，并着重强调了并购决策和整合过程对并购绩效的影响。并购过程对并购结果起关键作用，传统的战略匹配和组织匹配发挥的是补充作用。

Lind 和 Tyler（1988）认为，很多企业并购效果欠佳是因为它们把并购当作一种线性过程来管理。它们把并购交易的每个阶段依次传递，像传接力棒一样，从董事会到商务谈判组，再到整合设计小组，依次传递。在此过程中，新合并的企业暴露在缺乏耐心的市场中，很难在最初阶段就把隐患和问题消灭，结果就是这些问题浮出水面，导致更多的问题。与之相反，其他企业由一个专门的团队来管理并购，将并购各阶段视为并行关系（大量的重叠和不断的前后参照）。这种并行的方式虽然需要大量的资源和人员来支撑，但就其效果来说，这些付出是值得的。Haspealagh 和 Jemison（1991）指出，并购后整合过程中所面临的最大挑战不是战略能力转移本身，而是创造能够促进战略能力转移的合适氛围，因为整合过程中的大多数问题会破坏这种氛围的形成。

目前，组织理论对并购整合过程的研究主要集中于三个问题：整合速度对并购绩效的影响问题、整合过程中的沟通问题以及整合成本问题。

2. 整合速度对并购绩效的影响

Christian 和 Matthias（2006）认为，整合速度与并购成功之间是正相关关系。

他们认为，如果与顾客相关的并购后整合能够迅速决策而且快速执行，顾客就能够对并购后企业的产品提供、定价政策、销售战略以及联系人等这些问题形成正确的预期，这样就能够减少顾客的不确定性。此外，在快速并购后整合的情况下，没有时间可供谣言传播，也就可以减少顾客的不确定性，因为计划对并购企业实施变革的谣言会提高并购后顾客感知的不确定性（Reichheld & Henske，1991）。Inkpen 等（2000）对六家技术型公司实施的不同类型并购所做的案例研究也表明，整合速度是并购整合成功的重要驱动因素之一。与上述研究结果相反，Ranft 和 Lord（2002）也通过案例研究发现，较慢的整合过程有助于并购企业的员工之间建立信任关系。

3. 整合过程中的沟通问题

并购过程中的沟通包括与员工的沟通、与股东的沟通以及与外部力量的沟通。其中，与员工的沟通是人力资源管理研究企业并购的重点，本部分不做介绍。

Jansen（2001）认为，与所有股东保持顺畅沟通是并购成功的关键条件。单纯的信息发布不能阻挡破坏性谣言的传播，因此并购管理者必须对付这些谣言，通过诚信的沟通减少这些谣言的影响，同时使好消息得到股东的认可。只有管理好与股东的信息沟通，才能保证企业的稳定，同时确保并购战略的执行力度。

Cartwright 和 Cooper（1992）认为，外部沟通是并购后期阶段最重大的管理挑战。由于在宣布达成并购交易前的谈判是秘密进行的，这就造成这段时间对很多利益相关者来说是信息真空期。这种信息真空会导致他们对管理层的不信任，而且这种不信任会在很长一段时间内持续存在。管理挑战就在于必须在被怀疑的条件下同时说服不同的外部利益集团。重要的外部利益集团包括客户、经销商、供应链伙伴、监管部门、当地政府、社区和战略联盟伙伴等。为了做好与以上各方的沟通，整合计划中必须有沟通计划的内容。沟通计划必须明确什么内容需要沟通、与谁沟通、什么时候沟通以及有哪些行动需要在适当时候得到相关人员的关注等内容。

4. 整合成本问题

Jansen（2001）发现，与协同效应相比，整合成本一直没有得到足够的重视，此前的研究都没有把它纳入系统评估的范围。他还指出，并购“创造价值 = 协同效应产生价值 - 整合成本”；很多不成功的并购（并购创造价值为负）并不是被并购企业不如预计的好或者整合失败，而是整合成本失控或者前期被低估。

（四）文化整合

1. 文化整合的缘由

当两家企业存在文化差异又密切接触，从而导致一方或双方需要作出文化变革时，文化整合现象就会出现（Rikard，1990）。Paul（1986）在总结相关研究成果的基础上得出结论认为，企业文化整合是企业并购的核心因素；尽管企业文化不同通常不会影响并购交易的进行，但是文化差异却显著地影响并购后整合方式的设计，甚至影响并购整合的成败。在并购后整合与人力相关问题中，文化整合是核心，企业文化扮演着影响并购成败的关键角色，典型的整合失败不是不能完成文化上的整合就是并购企业将自身文化强加在被并购企业之上。这两种情况都会造成企业内部沟通不良、协调不利，从而导致混乱和低效，并购绩效自然欠佳。

文化差异与并购整合是对立的，企业要想有效率地融合文化，就必须协调这些文化差异、对整合过程进行有效管理，避免因为冲突而导致矛盾扩大化。人们出于对文化冲突的担忧，在并购时喜欢以具有相似的文化和管理风格特征的企业为并购对象（Rikard，1990）。Rikard 通过研究发现，最初的相似性标准过于简单化，不能解决并购中的文化冲突；相反，存在一些可能引起所谓文化冲突的文化差异不一定总是对并购企业的业绩不利。也就是说，不是所有的文化差异都对成功整合产生不利影响。他把这种现象解释为“看到的文化差异不是真正的差异，而是非相关的差异，甚至可能是两者的互补性，不会引起冲突”。Cartwright 和 Cooper（1992）指出，文化整合效果取决于并购双方的文化匹配性和并购企业管理文化整合的能力。根据他们的研究结果，假如整合管理者对因文化引起的问题没有察觉或者对这些问题管理不善，即使两个企业具有高度一致的匹配文化，整合也不能实现预期的目标；与之相反，并购双方的文化明显或暗藏很多不一致，通过良好的整合管理仍然可能取得好的结果。Panko（1999）也认为，就并购后文化整合而言，文化匹配是一个过程而不是结果，它是一个连续的调节过程，需要并购双方成员共同努力达成；并购过程中的文化匹配过程需要一个联合的规划与战略性选择，并购企业和被并购企业双方在选择文化整合模式上的一致性程度将严重影响到并购的执行。

Weber（1996）通过研究银行并购时高层管理团队的文化匹配、文化差异以及整合的人力资源问题三者之间的关联性发现，高层管理者对文化差异的感知水平与并购整合绩效之间有明显的负相关关系，因为高层管理者在向广大的企业员工传送信息以及塑造企业文化方面扮演着重要的角色。高层管理者的文化差异对并购后的协同效应有较大影响，因为高层管理者通常参与并购谈判和控制权转换过程，拥有关于并购和整合过程的信息，并且对下属具有影响力。两家并购企业的高层管理团队之间的文化差异越大，并购整合过程效率就越低，财务绩效表现也越差。

2. 文化整合的类型

对于文化整合，Nahavandi 和 Malekzadeh（1988）提出可以采用“融合、同化、分离和混合”四种模式。选择不同文化整合模式的依据是保持自身文化的价值和新文化的吸引力这两方面的因素。他们提出，根据并购企业和被并购企业的文化特性差异，可以分别选择四种文化整合模式进行文化整合，如图 2-2 所示。这四种文化整合模式分别如下：

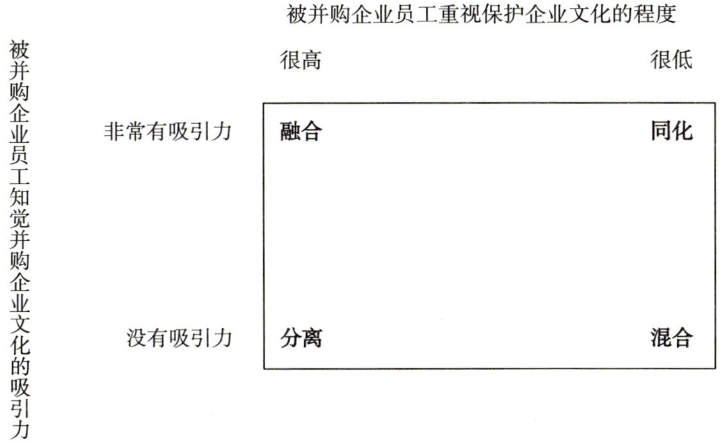

图 2-2 文化整合模型

资料来源：Nahavandi and Malekzadeh. Acculturation in Mergers and Acquisitions [J]. Academy of Management Review, 1988, 13 (1): 79-90.

（1）文化融合。

当被并购企业想保留自身文化特性，又觉得并购企业的文化有其先进性、合理性，并购企业也有同样要求时，就只能选择整合模式。这种类型的文化适应导致双方的文化和行为同化，两个企业的文化和行为都有某种程度上的转变，导致最终双方文化在结构上趋同，是一种任何一方都不想要支配对方的平衡。

（2）文化同化。

当被并购企业的成员认为其原有文化功能不良或者原有文化是阻碍企业绩效的根源时，就会愿意放弃原有文化而采用并购企业的文化和制度，在这种情况下，被并购企业的文化消失，并购企业文化成为唯一一种继续存在的文化，这种情况叫文化同化。

（3）文化分离。

文化分离模式发生在被并购企业对自己的企业文化认可程度高，对并购企业文化认可程度不高的情况下。这种情况下，被并购企业保留其原有的企业文化和制度，拒绝被并购企业同化，从而维持与并购企业的分离独立状态。在文化分离的模式下，两个企业都基本不改变自己的文化制度，双方基本保持功能独立。

（4）文化混合。

文化混合的模式发生在并购双方对自身的文化和制度都没有很高的认同，同时也不认同对方的文化和制度时。这种情况下，为了维持正常的运转，就会发展出与双方原有文化都不同的文化。

3. 文化整合的管理

Paul（1986）认为对文化整合的管理应该：①在交易前详细评估被并购企业的企业文化；②制订全面的文化整合计划，确定合理的文化融合模式和程度；③管理者经常公开与员工沟通，尽量减小阻力，避免对抗。Jansen（2001）认为，企业间的文化整合是并购过程中一个最持久的问题，尤其跨国并购的文化整合是决定并购成败的主要原因。他还认为，由于两家企业的文化匹配程度对并购后绩效有显著影响，并购前通过文化调查识别被并购企业的文化特征，并制定切实可行的文化整合战略意义重大。并购时存在两种文化整合风险，一种来源于对并购企业和被并购企业文化属性及其差异的测定，另一种来源于缺乏对两种文化进行有效融合的管理能力。

可以将文化整合过程从并购企业和被并购企业两方面进行探讨，分别根据两方面的相互作用情况进行文化整合模式选择。对被并购企业而言，企业员工重视保护自身组织文化的程度和他们感知的并购企业文化的吸引力共同决定了文化整合应该采用的模式；对并购企业而言，企业的多元化战略相关程度和企业对多元化文化的容忍程度共同决定了它应该采取的文化整合模式。当从这两个方面出发选择的文化整合模式不一致时，就选择整合程度低的模式。

六、人力资源管理对企业并购的研究

Cartwright 和 Cooper（1992）认为，人力资源因素既能影响并购整合的速度又能影响并购整合的绩效。Danie（1999）则指出，并购整合失败的原因究其根源通常都是“与人相关”的问题，包括制定决策的延误、缺乏详细的整合计划、沟通不畅、关键人才的流失、不公平或政治性的聘用程序、文化和价值观冲突、无法实现预期的协同效应以及用于整合的资源安排不足等。人力资源管理对企业并购的研究强调并购影响员工职业生涯的问题（Hambrick & Cannella，1993；Walsh，1988）、心理学问题（Astrachan，1990）、有效沟通问题（Schweiger & Denisi，1991）和科学的人力资源管理实践问题（Tetenbaum，1999）。

（一）员工对并购的反应

1. 并购对员工的影响

对并购过程中的员工反应的研究包括员工个人反应和集体反应两大类（Rikard et al.，1996；Schweiger & Walsh，1990）。对员工个人反应的研究主要是从心理学的角度（Marks & Mirvis，1986）和职业生涯的角度（Walsh，1989）进行的；对员工集体反应的研究则是从文化视角进行的（Nahavandi & Malekzadeh，1988）。已有的研究通常都得出结论认为，被并购企业的员工对并购的反应都是负面的，并把这个结论用来解释为什么那么多的并购都不成功（Hambrick & Cannella，1993；Walter，1985）。员工为什么会对并购有负面反应呢？首先，心理学研究发现，并购过程中存在诸如“我们对他们”的对抗、居高临下的态度、不信任、紧张和敌意之类的问题（Astrachan，1990）。其次，并购可能严重影响员工的职业生涯计划，例如，被解雇、换岗以及失去个人影响力等（Walsh，1989）。最后，在整合过程中，当两个都已经建立起惯例的组织试图实现某种程度的统一时，发生文化冲突是极其正常的事情（Chatterjee et al.，1992）。

一旦宣布并购信息，员工会受到冲击，可能会产生怀疑、悲痛、怨恨、愤怒和沮丧等各种情绪。Schweiger 和 Ivancevich（1985）研究了并购给员工带来心理压力的问题，发现“即使最和谐的并购，目标公司的员工也会感到威胁和心理压力”。并购导致的一些具有共性的反应症状包括不稳定感、缺乏安全感、担心被裁员、担心变革、担心福利和报酬发生变化以及担心权力、地位和特权发生变化等。这些反应可能导致旷工、绩效下降和员工跳槽率提高等后果。对员工而言，经历并购通常是焦虑不安而且痛苦的，高层管理者也不例外，因为并购整合对员工的影响可能包括工作不保、权责发生变化、职业生涯通道发生变化、权力减少、缺乏安全感、人际关系改变及其他压力等。并购意味着组织变革，有以下八种因素可以造成员工的抵制态度：①职业生涯的不可控，并购后整合导致的组织结构调整以及可能产生的裁员和工作变动让员工缺乏安全感，感到权力被剥夺；②人际关系损失，企业内的非正式关系可能因并购变革而受到影响；③地位的损失，指企业内权力距离等微妙关系发生变化的可能，例如，职称发生改变，尽管工作性质依旧，却导致组织成员对此的不同解释；④经济损失，担心失去工作或因为组织扁平化使升迁的机会减少；⑤失去稳定，企业过去不曾经历过如此巨大的变革，一旦被并购，员工普遍难以接受；⑥不适应，并购后需要学习新东家的企业制度和规范，让员工在短期内很难适应；⑦突然因素，因为没有预料到并购的发生，没有做出反应必需的预警时间，让被并购企业员工产生抗拒与排斥的心理；⑧现实的威胁，指并购后的组织变革措施对员工处境所造成的其他实际威胁。

2. 普通员工对并购的反应

Hunskaer 和 Coombs（1988）的研究表明，并购期间员工身上时刻都反映出“并购感情综合征”。他们认为，并购对员工感情的影响过程呈现一种“U”形变化结构。最初，被并购企业的员工对已宣布的并购信息予以否定，因为人们总不乐见自己努力工作的企业被其他企业并购掉。然后，当目标公司被并购的信息变成现实后，员工就担心那些并购后不明了的事情，因此就出现恐慌、愤怒再悲伤的情绪变化过程。一旦熬过这段悲伤期，被并购公司员工开始重新认识形势，明白对抗是无用的，开始接受被并购的现实，希望境遇会变好，并极力调整心态以适应新的形势，进而出现接受的态度。最后，他们开始认识到形势不像他们想象的那样不利，与他们一起工作的新员工也没有他们预料的那样坏，因此就觉得工作环境还可以，出现安慰心理，接下来就会对新的工作环境和岗位感兴趣，然后就会喜爱新公司并觉得是一种享受。上述并购综合征的发展阶段表明，被并购企业员工心理变化是一个先下降、再稳定、最后信心上升高涨的“U”形变化过程。并购情感综合征分析的被并购企业员工情感发展阶段论可以为管理者和研究者把握员工对并购的情感提供参考。

Davy 等（1988）以期望理论解释并购背景下的员工行为，认为员工期望收益决定员工行为。换言之，员工会对自己从并购中得到的收益有一个预期，该预期会激励他们有针对性地采取行动。如果预期收益是正的，他们就会拥护支持并购。不过对员工而言，并购一般情况下代表着改变，新企业的政策和运营会和原来不同，期望收益都是基于模糊信息甚至谣言。如果预期收益为负，而且得不到正规渠道的信息修正，则员工们会无法维持正常的工作心理状态，进而组织承诺程度降低、工作满意度下降、离职意愿增加，最终影响工作绩效。这就说明模糊信息和不确定的预期结果会导致员工生产力的下降。影响员工期望的因素包括：企业重组、裁员、薪资福利政策的改变和工作条件的改变等。这些引起员工工作态度恶化的因素，都是由于并购带来的变化引起的。

3. 高层管理者对并购的反应

Walsh（1988）对被并购企业高层管理者在并购后五年内的离职变化情况进行了考察后发现，高层管理者并购后离职水平明显比正常的离职率高很多。Walsh 通过研究发现，被并购企业的管理层在并购后的第一年离职率为 25%，并购后第五年增加到 59%；没有被并购的企业中高层管理人员的离职率也随着时间的推移稳定地增加，但是处在一个很低的比率水平，只是从 2% 增加到 33%（数据由 Walsh 经过调查 177 家案例企业取得）。此后，很多学者试图对这种现象出现的原因进行解释。其中，Napier（1989）认为，该现象出现的原因有两个：

一是并购后被并购企业管理层的地位和身份在一段时间内不是很清楚；二是离开被并购的企业可以在同行业其他企业中找到更好的位子。Walsh（1994）则认为，还有可能是被并购企业的管理层觉得自己处在被征服的地位，导致他们感觉自己的社会地位下降了，必须经常面对地位低的难堪。他还注意到，一旦企业宣布被并购，在员工看来就如同企业被判了死刑，这就导致两个管理团队在宣布并购后再碰头时双方都觉得不自在。管理层的不安全感和受伤的感情可能在组织内蔓延开来，忧虑和不安全感将使员工的注意力从企业的正常生产经营中转移开来，集中到消极方面，最终导致企业绩效差强人意，员工离职率也飙升。Cartwright 和 Cooper（1996）还强调，当管理层辞职离开时，他们经常带走有才干的员工和客户资源，严重影响新企业的企业形象和财务业绩。

（二）并购过程中的人力资源管理

1. 人力资源审计管理

并购企业必须为整合后的企业保留必要的人才，并购才有可能成功。要保留人才，就必须要知道现有管理者和员工中哪些是人才，哪些是必须要留的人才，因此，并购前进行“人才审计”是必不可少的（Paul，1986）。Hunt（1987）认为，并购企业在并购后发现留下来的管理者和员工的才能通常比预期的要不足，原因就在于很少有并购企业实施过人才审计。并购企业必须设法留住被并购企业的核心人员，尤其是在并购整合的初期阶段。这是并购整合过程中人力资源管理方面面临的最大挑战。解决这个问题的办法是多方面的，前提是并购前要做好人力资源方面的尽职调查，明确哪些是必须留的核心人员，他们的关注点是什么，这样有助于做好留人工作，减少整合成本。

Haspealagh 和 Jemison（1991）认为，人力资源审计可以帮助首席执行官寻找和评估重要任务的执行者以及其他具备相关才能的人，其主要作用在于确认企业内部重要的关键人物、确认企业未来成功所需要的管理能力和需要填补的能力缺口，也有助于在并购涉及的两家企业内部寻找未来的任务执行者。并购期间越早把人力资源纳入并购管理过程，就能够越早采取行动保留重要员工、建立管道分享知识、促进学习，能力转移和并购整合成功的概率就会越高。如果不能及早关注人力资源问题，管理层可能会犯错误。在尽职调查阶段，不能只审计被并购企业的财务记录，还应该对人力资源情况进行审计。审计的项目应该涉及被并购企业运营的所有方面，尤其是人力资源相关职能，缺乏对被并购企业人力资本和特殊薪资条款的评估分析可能会产生风险。

2. 与员工的沟通管理

并购期间，关于为什么要出售企业，员工通常是一无所知的（Schweiger et

al.，1987）。他们经常通过新闻媒体或公司内部传播的谣言得知一些关于并购的事情，这就可能导致被曲解的或者与并购意图背道而驰的、非建设性的信息广泛传播。Cartwright 和 Cooper（1992）认为，并购相关信息应该由股东按计划同时通知到所有员工，不能晚于任何新闻和广播的报道。并购企业管理者必须在整个并购期间保持连续倾听，与被并购企业员工持续沟通，并尽可能地获得准确而且广泛的信息。具有大量信息可利用后，管理者应该将这些可利用的信息及时地传递给被并购企业的员工，以免发生误会等曲解信息的现象，任何解雇和精简规模的信息尤其应该尽快传递，以便减缓雇员的忧虑情绪、减少谣言的传播，使员工能够正常在企业工作。

并购后企业前途和人事制度方面的变化存在很大的不确定性，这种不确定性会给员工带来很大的压力，但是又很难避免，因为大多数与并购相关的变革是不断演进的，在并购谈判阶段通常不知道最后的结果（Schweiger & Weber，1989）。通常正是这种不确定性，而非变革本身给员工带来了巨大的压力（Schweiger & Denisi，1991）。在这种情况下，员工自然会寻求渠道降低不确定性，这样的渠道包括谣言和其他非正式的沟通（Napier et al.，1989）。但是，谣言显然很难起到减轻焦虑的作用，因为谣言一般是不准确的，倾向于关注负面的东西。此外，谣言具有重复的特点，从而使人们深信不疑。结果导致当管理当局试图辟谣时，尤其当谣言中有部分真实性内容时，反倒让员工对管理层的诚信产生怀疑（Rosnow，1988）。因此，管理层解决员工焦虑问题的最好办法就是在宣布并购后立即在第一时间与他们沟通变革可能产生的预期后果。如果不这么做，就会增加员工的不确定感和相信谣言的意愿，这些都会使他们更加焦虑。不确定性和焦虑能够导致诸如压力、对工作不满意、对组织不信任、缺乏组织承诺以及增加离职的倾向等不良后果。

Ranft 和 Lord（2002）发现，与并购双方的员工保持良好沟通显著影响并购后的绩效。与之相似，大量研究结果都表明，管理并购整合时，促进双方成员的相互作用和参与程度有助于提高并购后的绩效（Devoge & Shiraki，2000）。有效的、内容丰富的沟通不但可以减轻员工的焦虑和压力，而且可以树立开放和坦诚的氛围，从而提高管理层在员工心目中的可信度（Devoge & Shiraki，2000）。尽管并购者不可能告诉被并购企业员工并购后会发生哪些具体的变革，但是可以告诉他们并且有助于获得他们的信任、能够帮助缓解工作压力的信息还是有许多的，例如，关于并购后企业发展目标的信息、关于整合的基本原则的信息、并购后如何决策如何开始变革的信息、过渡期业务如何运转的信息、总体的聘用计划和人力资源政策信息、薪酬福利制度的可能调整信息等。所有员工都关注自己的职位和工作是否会有变化，因此让他们知道决策的原则和方式，肯定比什么都不告诉他们更能缓解他们的心理压力，也更能赢得他们的理解、支持和信任。

3. 并购过程中的公平管理

通常，组织公平指的是员工在组织内部感觉到的公平。根据实证研究的结果，如果大多数人都认为某种行为是公平的，那么这种行为就是公平的（Colquitt et al.，2001）。组织公平理论发现，组织公平与积极的工作态度、组织承诺、在职意愿、对管理层的信任、对组织规则的遵从和接受等呈正相关，与反社会行为呈负相关。企业并购作为一个重大的组织变革常常带来巨大的不确定性，让决策制定过程显得更公平有益于使员工的忧虑、不安和抵制最小化，从而降低并购整合导致的危害水平（Steensma & van Milligen，2003）。

Lind 和 Tyler（1988）最先提出了并购过程中的公平问题，并在组织公平理论的基础上阐述了并购过程中的信息公平和程序公平问题。他们认为，信息公平指的是信息传达能够跨越以前的企业边界的程度和传达解释并购决策过程中相关问题信息的程度；程序公平是指并购者努力使决策制定的过程和程序显得公平的程度。Lind 和 Tyler 主张并购者在并购过程中重视过程控制，同时给予并购对象以发言权。Colquitt 等（2001）进一步把并购过程中的组织公平归结为四种类型：分配公平、程序公平、人际公平和信息公平。分配公平指的是个体感知到的决策结果的公平性。程序公平指的是决策过程的公平性。具体来说，分配公平是指个体不会觉得自己在企业并购后的处境因为并购而比别人差。程序公平要求在处理问题时不同时间不同的人都有一致性，没有偏见，有改正错误决策的机制，遵守道德伦理规范，受并购决策影响的群体都对决策有发言权（Leventhal，1980）。人际公平反映在执行并购决策时，有影响力人士对待被影响人士是否考虑到了对方的尊严、是否尊重对方等。信息公平主要指当事人是否得到了应有的信息，例如，为什么要采用某种形式的决策程序，为什么要采用某种特定形势的分配方式。

4. 规模精简管理

并购后，两家企业进行整合，就可能出现一些职能或岗位重叠的现象，这种重叠主要是通过对被并购企业进行精简解决的。在问题解决以前，员工通常被迫选择懒散，但又担心被解雇。由于存在被解雇的潜在威胁，员工们普遍会相当紧张，尤其被并购企业的员工更是如此。Hunsaker 和 Coombs（1988）以及 Malekzhadch（1993）指出，为了减缓规模精简导致的员工心理紧张及其不利影响，并购企业应该尽早地公开与员工进行沟通，告诉他们哪些员工会丢掉工作，哪些员工需要重新安排工作，并且所有这些决策都是负责任的。不确定状态拖得越久，造成的恐慌就越大，那些最有能力最胜任的员工就可能出去寻找更加安全的职位。其他员工出于自身安全的目的，也会寻找离开被并购企业的机会。这种人才流失给被并购企业造成的损失是无法估量的。为了消除和纠正误传信息，避免不必要的人才流失，并购企业应该清楚地把规模精简战略告知员工。假如能够以这种方式管理规模精简战略，那么整合结果再坏也就限于规模精简阶段，以后管理者和员工之间进行的沟通都会成为可信的。假如管理者不诚信，那么员工为新企业承担责任会受到“阻碍”，以后可能完全不能得到员工的信任。

并购后，被并购企业的管理团队及技术人员不会把其组织承诺立刻转移到新企业中来，也不会立即就把自己的个人目标与新企业结合（Haspealagh & Jemison，1991）。如果不能考虑被并购企业员工的处境和状态，优秀人才就可能会被其他企业挖走。人员安置工作完成得越早，企业的员工队伍就会越稳定，延误安置工作只会增加企业在过渡期内的不确定性，造成人员流失。并购企业应该评估被并购企业员工的技术、潜能，在并购早期就和企业员工沟通，了解其意向，留住优秀员工并加以激励。一些企业以红利或特殊条款挽留人才，也有提供股权激励或其他类似激励方式的，但是最好能够防止出现“黄金降落伞”成为整合障碍的现象。

七、企业并购研究综述

（一）现有研究的局限性

通过上述介绍，我们可以发现，企业并购相关问题长期以来一直是众多学科关注的一个热点问题，各个学科都从本学科出发做了大量的研究。但是，尽管各个学科之间在研究对象上没有刻意割裂，也不相互排斥，但是相互之间的衔接也十分有限，甚至存在相互矛盾的地方。尤其对于“到底是什么因素影响了并购成败”的理论解释一直以来都受制于研究视野的局部性限制（Rikard & Sydney，1999；Chatterjee et al.，1992；Haspeslagh & Jemison，1991）。这种各个学科研究之间的割裂状况导致一些障碍的存在，阻碍了更具整合性或系统性的并购研究的出现。首先，经济学家和金融学家对并购绩效的总体判断是相互矛盾的，前者认为并购的总体绩效欠佳，而后者则认为总体绩效理想（Jensen & Ruback，1983）。其次，战略管理和产业组织理论强调并购企业之间的战略关系，而金融理论不考虑不同并购案例中并购企业间的战略关系（Lubatkin，1983）。再次，无论是战略管理、经济学还是金融学，它们对并购的研究都忽略了组织和人力资源方面的问题，而人力资源问题是并购整合过程的核心问题，可以对并购的成败产生重大的影响（Chatterjee et al.，1992；Datta，1991；Schweiger & Walsh，1990）。最后，组织和人力资源领域对并购的研究大多数没有考虑战略管理和金融学领域的研究成果（Schweiger & Walsh，1990）。

分析这些差异，经济学、金融学和战略管理，尤其是经济学和金融学对并购的研究都隐含这样一个假设：并购后的整合过程都没有差异也无关紧要。而事实上却是很多的并购价值都是在并购后的整合过程中创造的（Pablo，1994）。金融学、组织理论和人力资源对企业并购的研究则隐含并购企业双方之间的战略关系对并购整合过程没有影响的假设。事实上，战略相关性就是影响并购绩效的一个至关重要的因素（Datta et al.，1992；Seth，1990）。Datta 等通过对 41 个案例研究的综合分析发现，考虑诸如结合类型和相关性之类的战略性因素能够更好地解释为什么不同的并购取得的绩效不同。显然，并购是一个同时牵涉战略管理、经济学、金融学、组织理论和人力资源管理等多领域的现象，如果只从各自领域进行局部的单方面的研究，不可能很好地理解其本质。正是由于上述原因，目前企业并购研究既没有形成理论体系，也不能够解释为什么并购失败率那么高（King et al.，2004），但是经理人却又频繁地为了“重建企业”而进行并购（Stahl et al.，2005）。因此，现有对企业并购的研究被广泛认为是不成功的。

现有的企业并购研究之所以不成功，其首要原因就在于各学科的“折中主义”①（Weber et al.，1996），缺乏跨学科的研究，更没有对所有学科进行系统整合的研究；其次是因为现有研究普遍遵循的是“并购后整合”的思路，把整合当作达成并购交易以后的事情，很少进行系统的并购前整合预测分析；再有就是因为现有研究只关注并购后企业本身价值链的优化，而很少关注企业并购后自身地位的变化以及外部环境的反应。

（二）未来的研究方向

割裂的研究现状对并购理论的系统整合提出了急迫的要求，研究人员已经开始做一些把不同领域的研究综合起来的尝试，例如，Haspeslagh 和 Jemison（1991）把组织整合和战略结合问题联系到一起进行研究、Buono 和 Bowditch（1989）把组织整合和员工反应结合起来、Chatterjee 等（1992）则把组织整合同财务绩效联系起来。在此背景下，Rikard 和 Sydney 于 1999 年做出了一个真正整合的并购研究模型，被 Eisenhardt 评价为“令人激动的、可以成为并购研究领域

---

① 依据百度百科，“折中主义”（Eclecticism）是一种哲学术语，源于希腊文，意为“选择的”。后来，人们用这一术语来表示那些认同某一学派的学说，又接受其他学派的某些观点，表现出折中主义特点的哲学家及其观点。

决定性的研究”①。

在该整合模型里（见图2－3），Rikard 和 Sydney 从全过程的视角出发，把战略结合问题、组织整合问题、雇员反应问题和并购绩效问题综合到了一个模型中。在该模型里，并购绩效（以实现协同效应衡量）是结合潜力、组织整合和员工抵制的函数。其中，协同效应是指通过并购双方的相互作用而创造的净利益，既可以是成本的减少，也可以是收入的增加；并购的结合潜力指并购企业双方之间在运营过程中的战略相似性和战略互补性；组织整合是指并购相关的两家企业之间的相互作用和协调的程度，通常是并购过程中的一个重要考量指标（Pablo，1994；Buono & Bowditch，1989）。这四个变量分别对应于以前金融学和经济学、经济学和战略管理、组织理论以及人力资源管理理论对并购的研究范畴。

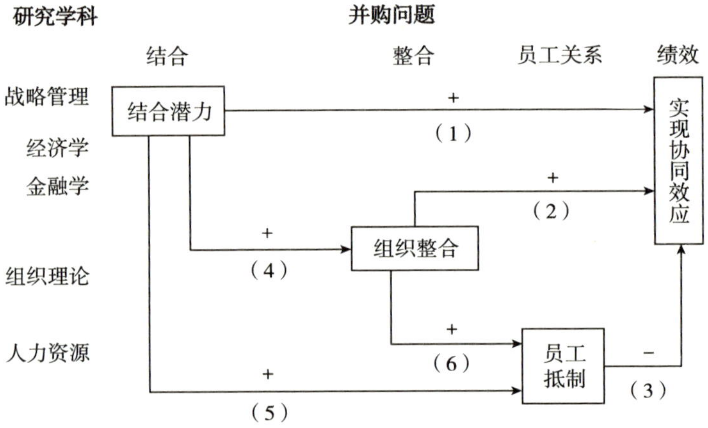

图2－3 Rikard 和 Sydney 整合模型

资料来源：Rikard L. and Sydney F.. Integrating Strategic, Organizational, and Human Resource Perspectives on Mergers and Acquisitions: A Case Survey of Synergy Realization [J]. Organization Science, 1999, 10 (1): 1－26.

Rikard 和 Sydney（1999）认为，“实现协同效应”在衡量并购绩效的诸多方法中最具概念优势。协同效应的实现取决于结合潜力、实现的整合程度以及雇员的抵制程度。所有的协同效应源决定了并购的结合潜力，结合潜力为实际并购时能够实现的协同程度设定了极限。结合潜力很小的并购最终就不可能获得很好的

① Mergers and Acquisitions: A Case Survey of Synergy Realization Rikard Larsson [R]. Sydney Finkelstein Organization Science, Vol. 10, No. 1, January－February 1999: 1－22.

效果，只有那些结合潜力大的并购才有希望实现较高的协同效应。实现的协同效应源自于通过组织和人力资源的整合而获得的潜在利益。也就是说，最终的并购绩效受上述全部因素的影响。因此，研究"结合潜力"是怎样通过组织整合和人力资源整合实现的这样一个问题就可以把不同领域的并购研究联系到一起（Rikard & Sydney，1999）。把传统的并购研究与 Rikard 和 Sydney 的并购研究框架进行对比（见表 2－1），可见传统并购研究都只关注了该研究模型中的 1～2 个变量。正是由于它们存在局部性和非系统性的缺陷，导致各自的理论成果都难以让其他学科信服，也起不到很强的实践指导作用，从而出现了理论界莫衷一是，实践界成功率徘徊不前的局面。

表 2－1 既有并购研究的整合现状

研究框架	并购绩效	结合潜力	组织整合	员工抵制
经济学		√		
金融学	√			
战略管理	√	√		
组织理论	√		√	
人力资源	√			√
Rikard & Sydney 模型	√	√	√	√

Rikard 和 Sydney 的研究模型使企业并购研究朝着整合的方向迈进了一大步，给后来的研究指明了一个有前途的方向，但是仍然有很多可以完善提高的地方。首先，它仍然遵循了"并购后整合"的思路，在讨论结合潜力时没有考虑并购后整合的因素，也就仍然缺乏系统的并购前整合预测分析。其次，它只关注并购相关的两家企业的整合，没有重视并购后企业自身地位的变化以及外部环境的反应。最后，企业与员工关系用员工抵制来衡量不够全面，员工抵制能够产生不良影响，员工不抵制未必就会为好的并购绩效做贡献。

八、中国企业海外并购研究

（一）跨国并购的动因及特点

1. 跨国并购的动因

从本质上来讲，与跨国并购的动因一般的企业并购动机没有区别，不外乎通过多元化、获取战略资产和能力等途径来提高企业竞争力和获取稳定的利润增长等。但是，跨国并购作为一种特殊类型的并购，其独特之处就在于并购企业和被并购企业分别来自不同的国家。由于不同国家在经济发展水平、社会政治制度、资源禀赋和文化特性等方面可能存在差异，所以跨国并购可能要面对一些与国内企业并购不同的问题、具有一些不同的特点。

跨国并购的独特动机之一就是获得互补性的资源，因为国际并购让进入者获得深嵌于组织的资源，否则是很难获得的（Harrison et al.，2001）。通常，后进入国际市场的跨国公司控制的战略性资产相比于全球性的竞争者来说要少得多，因此它们为了赢得竞争就更急于获得更多的战略资产（Hitt et al.，2001）。如果它们本国没有能力生产这些资产，从海外并购获得这些资产就是一个重要的选择（Young et al.，1996）。

2. 跨国并购的特点

跨国并购背景下，一旦达成并购交易，就出现股东和企业员工分属不同国家，分别受不同国家公司治理方面的规范性制度和传统影响的局面。在获得资源和能力的同时，并购企业还必须继承被并购企业一直身处其中的制度环境，其中就包括与股东和员工等利益相关者的关系（Rikard & Sydney，1999）。

一般而言，首先，跨国并购时两家企业间存在的文化差异较大，既有企业层次的文化差异，也有行业间的文化差异，还有国家民族文化间的差异（Cartwright & Cooper，1993）。其次，跨国并购由于两家企业原来的环境差异性大，联系少，拥有的差异性资源多，所以战略性结合潜力大。再次，跨国并购后目标企业员工对整合的抵制程度一般也较国内企业并购高。最后，由于跨国并购双方的地理距离远，原有联系少，资源重组的机会相对较少，所以组织整合程度低（Rikard & Sydney，1999）。

（二）中国企业海外并购的动因及特点

1. 中国企业海外并购的动因

我国企业的海外并购是一种必然趋势。一方面，企业规模发展到一定程度，国内市场逐渐饱和，必须走国际化道路；另一方面，中国企业可以通过海外并购来获取企业发展所需的关键技术、资源、管理、人才、营销网络等，以提升其国际竞争力。他们还把我国制造企业海外并购的动因归结为以下几种：一是通过海外并购实现低成本扩张；二是通过海外并购获取当地资源，拓展国际市场；三是通过海外并购获取核心技术；四是通过海外并购获得海外营销网络，增强海外市场开拓能力；五是通过海外并购获得优秀的人才。

Rui 和 Yip（2008）也把中国企业的跨国并购动机归结为以下五种：为了改

善自己的竞争地位而通过国外收购来寻求战略资产；利用海外并购来扩大它们的竞争优势；在企业的国际扩张过程中，海外并购优于其他方式；企业家精神日益增长和管理技能日益提高；利用海外并购来克服制度的限制和放大制度的优势。

综合国内外学者的观点，中国企业海外并购的动因可以归纳为以下几种：①获取海外的自然资源。由于我国人均自然资源相对缺乏，随着经济的快速发展，一些必需的原材料和能源日益紧张，通过海外并购尽可能地利用世界性资源无疑是解决这一问题的有效途径之一（周煊，2005）。②中国企业自身实力的增长。中国经济的规模和增速为中国企业提供了良好的市场基础，这使它们在国内有效地完成了积累，具备了走向海外的条件和实力（赵东安，2003）。③国际竞争的压力。中国加入世界贸易组织后，开放程度越来越大，跨国公司蜂拥而入，中国企业已经被迫在国内参与了国际竞争。目前，中国企业正从所谓的“中国制造”向“中国创造”转型，意图提高自身在国际经济分工格局中的地位。通过海外并购等投资方式可迅速接近国际领先的技术水平，是中国企业跨越西方技术壁垒的有效途径之一。海外并购进入市场的速度快、时间短，对于旨在获得对方市场渠道、研发以及专有技术等资源的企业来说，是一种有效的方式（于桂琴，2006）。④资本市场的发展。随着中国证券市场的发展，企业融资日益渠道多样化，大大增强了企业的融资能力，缩短了中国企业提升经营规模的周期（王其辉，2004）。⑤人民币的快速升值。近年来，中国的外汇储备迅速增长，人民币不断升值。对中国企业来讲，本国货币升值，等同于国外资产价格降低，此时进行海外并购可降低并购成本（黄新颖、吴天乐，2008）。⑥国家政策的支持。自2002年以来，中国政府积极实施“走出去”的战略，先后出台了各种政策鼓励企业进行海外投资。此外，中国的一些大规模海外并购活动甚至是由政府长期酝酿和最终决策的，政府是实质谈判成功的关键，这类并购的主体以国有大型企业为主（张红梅，2006）。

不难看出，现阶段中国企业的跨国并购动机相比于国外企业的并购动机并无显著差异。国内外企业进行跨国并购都是国家经济和企业发展到一定水平后的必然选择。

2. 中国企业海外并购的特点

现阶段，中国企业海外并购具有如下特点：①具有鲜明的产业分布特征。目前，中国企业的海外并购多数集中于资源采掘产业和技术密集型产业，并购的目标主要是获得资源、资产、品牌、市场和技术（黄新颖、吴天乐，2008）。②机会主义盛行。许多中国企业只看价格，选择那些企业经营业绩差甚至亏损倒闭的企业作为并购目标。③以横向并购为主，弱势并购和逆向并购较多。弱势并购就是通常所说的“以小吃大”；逆向并购则是指作为并购方的中国企业在技术上没有并购对象先进（李广明，2006）。④并购企业普遍缺乏对外并购的"软实力"。现阶段，中国企业仍然缺乏跨国并购和跨国经营经验，国际化人才短缺，而且员工素质短期内难以适应跨国经营的要求。这就导致并购企业和并购管理人员都不能很好地进入角色，也就不能高效地与对方打交道。

（三）中国企业海外并购整合研究

国内学者认为，中国企业海外并购失败的原因主要有三种：并购目的不正确、目标企业选择不当和并购后整合不到位。[①] 随着中国企业海外并购数量的日益增加，对中国企业海外并购后整合的研究也日渐增加。

李广明（2006）最早提出中国企业的海外并购要从横向、纵向、时间以及空间四个维度进行管理。其中，横向维度反映企业并购后重点整合的资源；纵向维度指并购方从产生并购的想法开始直到并购完成的全过程中，是否对并购整合过程进行系统的计划、管理和监控；时间维度反映并购后资源整合的速度和节奏；空间维度则反映企业并购后资源跨组织边界的转移程度。

马金城和王磊（2009）通过对上汽并购双龙案例的研究后发现，中国企业海外并购时，为了保障并购的顺利实施以及并购后的顺利整合，中国企业往往会让渡一些控制权给目标企业管理层，从而形成所有者弱控制的环境。这就可能导致并购后整合不能顺利开展，甚至直接导致整合失败。他们认为，为了防止整合失败，中国企业海外并购时不能过分让渡控制权。李东红等（2009）认为，企业的信心能够影响并购企业的行为，从而影响最终的并购绩效。

唐炎钊和唐蓉（2010）基于企业文化整合的视角，构建了一个以并购双方愿意吸纳对方文化程度为 X 轴、Y 轴，以文化整合阶段为 Z 轴的多阶段动态选择模型。依据该模型，中国企业海外并购后的文化整合过程应根据并购双方的具体情况，在不同阶段分别采用最合适的文化整合模式。他们还认为，中国企业海外并购的文化整合模式选择可以遵循以下路径：学习引进→相互吸收→融合 1（融合外国企业文化的成分多一些）或融合 2（融合中国企业文化的成分多一些）→创新（形成一种新的共同的企业文化体系）。

此外，还存在一些关于中国企业海外并购后财务整合和人力资源整合方面的研究。把这些研究与一般的企业并购后整合研究进行对比，不难发现，我们对中国企业海外并购整合的研究还没有超越传统的研究范围和水平，处于一个把一般理论具体化到和中国国情相结合都不够深入的阶段。

---

① 中国企业海外/跨国并购发展研究报告（2007）。

九、现有理论的启示

本书的研究对象是中国制造企业的海外并购。从字面看，它有三方面的含义。首先，它是一种企业并购；其次，这种企业并购的主体是中国制造企业；最后，这种企业并购是跨国的。由于中国制造企业的海外并购首先仍然是一种企业并购行为，它必然会服从企业并购的一般规律。也就是说，现有并购研究的成果都适用于本研究对象，本书可以在既有企业并购研究成果的基础上展开。由于Rikard和Sydney的整合模型能够整合战略管理、经济学、财务管理、组织理论和人力资源管理等多种理论视角，为企业并购研究指明了一个有前途的方向，本书研究将以该模型为基础，对他们的思想在批判继承的基础上加以扬弃。

本书对Rikard和Sydney整合模型的分析和批判都将建立在组织免疫理论以及与医学器官移植类比的基础之上。人体免疫和器官移植免疫都拥有悠久的实践和理论研究的历史，成果丰硕，在科学研究的支持下，人类器官移植的成功率不断提高，为人类福祉做出了巨大的贡献。De Geus和王以华等的研究表明，用组织免疫和类比的方法研究并购问题是可行的，而且有希望取得有意义的成果。本书试图充分发挥组织免疫理论和器官移植免疫理论的启发作用，在其基础上运用类比方法丰富和发展企业并购研究问题。本书试图完善解决的问题包括以下几种。

（一）企业并购的“结合潜力”问题

Rikard和Sydney（1999）定义并购的“结合潜力”为并购企业双方之间在运营过程中的战略相似性和战略互补性。器官移植的时候，患者如果心脏有问题，必然会为他（她）找一个健康的心脏，但是远非找一个健康的心脏这么简单。找一个心脏只是解决明显的功能匹配问题，血型匹配和HLA匹配等一系列生物和遗传方面的选配工作才是决定性的环节。Rikard和Sydney所说的“结合潜力”事实上就与医生为病人找到一个心脏来源一样，没有经过生物和遗传信息方面的筛选，显然也是不够的。本书将通过类比探讨结合潜力的影响因素问题。

（二）结合潜力的个体差异性及动态变化问题

现实生活中，不同的企业往往会在同一时间对同一目标企业报出相差悬殊的购买报价来。人们要么会惊叹报价高者疯狂，要么会认为报价低者过于吝啬。事实上，报价高的企业和报价低的企业都是理性的，只是现有并购理论没有很好地回答这个问题而已，包括被 Eisenhardt 高度赞誉的 Rikard 和 Sydney 整合模型也没有回答这个问题。事实上，器官移植免疫领域就存在排斥反应的个体差异性问题。同样的器官，同等的匹配程度，手术后的排斥反应却是千差万别的。此外，医生的水平，尤其医生选择的手术方案会严重影响供体器官进入受体以后发挥功能的程度。也就是说，如果用器官移植的经验来考察结合潜力问题，就应该认为目标企业对不同的并购企业来说结合潜力是不一样的；即便是同一个并购企业，目标企业与自己的结合潜力也不是静止不变的，随着环境的变化和整合方案的不同，结合潜力有可能发生很大的变化。很多情况下，并购绩效不理想的原因也许就是因为形势相比并购决策时发生了变化。

（三）整合后管理的问题

传统并购研究把成交以后的管理工作都笼统地称为整合工作。事实上，外科手术会对病人造成严重创伤，伤口痊愈以后则相对影响较小，只需要继续控制免疫排斥反应，而且这种对免疫排斥的控制是长期的。所以，整合工作应该也只是阶段性的，过了整合阶段就应该是长期的整合后管理阶段，不能让企业长期处于整合的状态之中。传统并购整合研究中的企业与目标企业员工关系问题类似于医学上的受体和移植器官的抗原细胞的关系。这个问题在整合阶段有，在整合后的很长时间内也都存在。此外，传统研究用员工抵制来衡量这种关系是不全面的，员工抵制其实就对应于移植器官一定发生排斥反应，目前医学的发展方向是诱导免疫耐受或者去除移植器官的免疫原性，而且取得了很大的成功。如果员工不但不抵制，还在新企业中找到了归属感，那么并购绩效肯定会更好。

（四）并购团队的影响问题

现有并购研究都把重点放在参与并购的两家企业的各种客观指标上。这种倾向的一个潜在假设就是所有并购的实施者都正确认识了相关问题，所有环节都采取了正确的措施。就医学器官移植来说，主刀大夫的知识和经验会显著影响手术的效果。即便是同一个大夫、同一个病人、同一个供体器官，采用不同的手术方案就会有不同的手术效果。依此类推，我们有理由相信并购团队的水平、经验会严重影响并购的效果。

（五）全方位整合的问题

全方位整合主要指在做好企业组织整合工作的同时，必须做好企业与价值链各环节以及周边环境的整合工作。这个问题 Paul（1986）早就提出过，只是后来的研究包括 Rikard 和 Sydney 的整合模型又都忽视了环境整合的问题。通过与器官移植类比，明显可以发现环境整合是十分必要的，因为首先手术必须在无毒无菌的环境中进行，其次创口愈合也对环境有较高的要求，供体器官必须能够适应新的环境。

除了上述五个问题之外，本书中的所有问题都发生在中国制造企业海外并购的情境之下，受中国制造企业海外并购的特殊动因和特性的制约。

十、小结

本章用较大的篇幅对免疫知识和国内外企业并购文献进行了回顾，为本书的研究定位奠定了基础。企业并购是一项系统性的工程，从开始到结束需要经过评估结合潜力、并购谈判及交易、并购后整合和整合后管理四个阶段。这四个阶段中只要有一个阶段的工作做得不好，哪怕其他三个阶段的工作都很完美，本次并购就不可能取得好的绩效。也就是说，这四个阶段都能独立影响最终的并购绩效，不是那种一个环节做得不好可以通过其他环节进行弥补的关系。而各学科对企业并购的研究与其说是对企业并购某方面工作的研究，还不如说是对企业并购某一阶段的研究，Rikard 和 Sydney 整合模型（见图 2－3）充分说明了传统并购研究的这种阶段性特点。经济学和战略管理的研究主要解决评估结合潜力阶段的问题；金融学研究主要解决并购交易阶段的问题；组织理论研究主要解决并购后整合的问题；人力资源管理则主要解决整合和整合后管理阶段的问题。

各学科研究的阶段性、局部性特点和企业并购本身的系统性特点之间的矛盾导致诸如“成功悖论”[①] 和“协同效应悖论”[②] 之类的悖论长期存在于企业并购研究领域。同样的原因，传统的企业并购研究很难具有可比性，因此也就很难实现知识的积累和发展。

反观医学免疫和器官移植免疫，由于动物都是有机生命体，手术的效果立竿见影，容不得研究者把各个阶段区分开来，做手术的大夫和研究者都是从系统的角度出发进行手术和研究的。这就导致每两次手术之间都是可以对比的，经验和知识都能够得到积累和发展。

本书把企业并购比喻为企业间的“器官移植”，固然可以由之得到一些研究的启发，但是更重要的意义在于开启了一种系统性思考的方法。

---

① “成功悖论”指企业并购损害股东利益的同时大量企业为了股东利益而积极并购。

② “协同效应悖论”指相关性并购应该比非相关性并购更能为股东创造利益。

第三章　基于组织免疫和医学类比的理论构建

王以华、吕萍等（2006）在把企业与生物体类比的基础上建立了组织免疫理论。在组织免疫理论中，企业免疫系统就是源于和生物体免疫系统的类比。作为组织免疫理论的深化和具体应用，本书研究建立在把企业并购和医学器官移植类比的基础之上。

一、类比研究方法

（一）类比研究方法

在过去的几十年中，类比研究法在哲学、心理学和管理学等学科中得到了广泛的运用，这和它应用的初期因为具有派生性而居于无足轻重的地位形成了鲜明的对比。类比一度在学术界引起了很大的争议，争议的焦点就是学术界是否应该承认类比方法的合理性（Morgan，1980，1983）。近年来，学术界已经明确承认管理学研究方法中包括类比研究（Oswick et al.，2002；Tsoukas，1991），关注的重点转向如何运用类比方法来支持理论研究（Bacharach，1989；Weick，1989）。

类比能够促进不同领域学者之间的相互启发，有助于形成假设。在理论产生的早期阶段，也就是提出基本假设并加以检验之前，类比可以发挥重要而且有效的作用（Morgan，1980，1983；Weick，1989）。Bacharach（1989）认为，作为观察和理解组织现象的暂时性方法，类比可以为组织理论的拓展奠定基础。Schon（1993）和Weick（1989）都认为类比是“对世界产生新视角的过程”。与此相似，Soyland（1994）提出“类比是用来指引和开启一个新的研究方向的工具”。Cornelissen等（2008）更是认为，“类比把人类的实践和想象连接了起来，能够指导人类的感知和对现实的解释，有助于我们想象并形成目标”。因此，类比可以当作一种探索性的研究方法用来对事物提出新的理解方式，为产生新理论或者拓展理论范围创造条件，但是不能和理论检验以及实证研究相混淆。

Cornelissen（2005）将类比在理论构建中的作用归纳为如下三个方面：①表达其他文字难以表达的内容，为研究者提供一个描述特殊、复杂、抽象的组织现象的词汇（Tsoukas，1991）；②在相互关联的词语中，当标准的书面表达由于服从于特定的编码体系而不便于人们的理解时，使用类比表达具有语义的多样性和解释上的灵活性；③类比具有直观的特性，赋予对象特定的语义效果，因此使其胜过非类比的表达（Morgan，1980；1983）。因为类比包含直觉和想象的成分，所以能够使研究者以新的视角看待组织现象，发现以前没有被发现的概念独特属性（Morgan，1997）。

Morgan（1997）认为，如何定义、理解组织现象并使之概念化取决于我们对组织现象的主要状态及特征的形象思维状况。他相信大多数组织理论和概念都能和具体的类比联系起来。类比法要求研究人员在自己的学科里借鉴其他学科，或称“母”学科的理论结构时，要系统地考虑类比映射关系（Mirowski，1989）。Hunt 和 Menon（1995）分析了竞争战略中的四个主要类比，并在此基础上明确了类比运用时的四大要点：类比源、本体理论、概念、理论和价值观。例如，通过和生物学类比得出了“公司是有机组织”的命题（Achrol，1990；Holak & Tang，1990）。在此类比中，类比源是生物体；本体理论是指细胞、人体、植物、动物、生态系统和基因等方面的规律；概念包括生命周期、成长、适应、利基、环境、资源等；与此相应的战略管理领域的理论发展包括进化理论、自然选择、适应理论等。

本书研究将在组织免疫理论的基础之上，采用类比方法，借鉴医学器官移植知识来激发思维，获得启发，并提出基本假设。之所以采用类比方法提出假设是因为企业并购与医学器官移植之间有很大的直观可比性，而且医学器官移植由于其在医学领域具有重要地位和作用，从而研究者众多，成果也相对丰硕。当然，本书研究也只是把类比当作一种探索性研究方法，用来为产生正式理论创造条件，而不是用它来取代理论检验和实证研究。

（二）企业并购与医学器官移植的可类比性

使用类比方法必须具备一定的条件，进行类比的两个事物或者两种现象之间必须有一定的共性，因为其逻辑就是类似的问题存在类似的规律，也就是 Mirowski 所说的类比映射关系。并购与医学免疫之间的可类比性如表 3 - 1 所示。

表 3 - 1 是拿企业并购与医学里的器官移植进行对比的结果。在问题出现的

表 3-1 企业并购与医学器官移植的可比性

比较项	器官移植免疫	企业并购
原因	异体器官与身体连通	其他企业进入企业体系
目标	功能完善、身体健康	企业成长、竞争力提高
前提	匹配、供体愿意	匹配、愿意出售
保证	手术顺利	并购过程顺利
失败的表现	排斥反应、外科炎症	内部冲突、外部冲突
成功的标志	融为一体	整合成功

原因方面，医学上由于把异体的器官植入动物体内，并且连通血流，恢复了移植器官的活力，导致存在出现两种排斥反应的可能，一种是动物受体的免疫细胞对植入器官实施攻击，另一种就是植入器官的免疫细胞对动物体实施攻击。企业并购则是因为并购企业控制目标企业以后，也存在一个相互影响、相互作用的沟通过程，也存在两种排斥反应的可能，一种是目标企业不适应并购企业输入的制度或文化等，导致人心浮动，业绩下降；另一种可能则是并购企业在制度和文化方面向目标企业看齐，引起内部的混乱和业绩下降。目前，此类企业并购的第二种排斥反应客观存在而又常常被忽略。器官移植的目标是完善受体的机体功能，使受体更健康；企业并购的目标则是企业成长、竞争力提高。器官移植的前提是找到愿意提供相应器官的供体，然后还得通过一系列的匹配性检验，包括 ABO 血型和人类白细胞抗原（HLA）等；对于企业并购来说，前提也是目标企业的股东愿意把目标企业卖给并购企业，然后还得看是否符合战略需要，也就是通常所说的战略匹配，再有就是文化和制度等隐性因素的匹配。有了匹配的器官可供移植，还得有高超的医术和良好的手术条件，才可能完成高水平的器官移植；并购企业和目标企业战略和组织等各方面都匹配，也不能保证并购整合一定成功，甚至连达成并购交易都不能保证，只有并购管理者有足够的并购技巧而且并购条件有利才能够实现成功并购。器官移植失败表现为排斥反应，轻则能够维持一定的年限，重则必须重新拿掉甚至导致死亡；企业并购整合不力则可能表现为双方的冲突，轻则暗战，重则不能相容，以分开结束。器官移植的最高境界是完全融合为一体，从最基础的免疫分子层面就完全同化；企业并购的最高境界也是双方完全融合，连员工都不再分彼此，大家都全心全意地为企业目标而努力工作。

通过上述对比不难发现，企业并购和医学器官移植在问题出现的原因、症状表现、理想目标等环节之间都是可比的，而且基本相似。这种基本相似性保证了两者之间的可类比性，我们从医学器官移植免疫方面的本体理论中获取形象思维的启发，发展企业并购领域的研究设想是可行的。

在具有上述诸多可比性的同时，人体器官与企业之间存在一些明显的区别。首先，人体器官是一个具体的整体，企业是一个抽象的整体，每个个体都有相当的自由；其次，人的意识系统集中于神经系统，器官没有意识，企业的意识却分布于各个成员身上；最后，人体的各器官为整体而生存，但是企业是因为各成员追求自身利益而组成的。

器官移植与企业并购之间也存在本质的区别。企业并购的本质是企业进行的交易，是经济行为，所以在成交时必须两相情愿、公平交易，在整合时必须追求投资回报；但是器官移植的主要目的是挽救病人，只有良好的意愿，即使不是免费的，也不存在成本和回报方面的考量。

正是由于企业并购与器官移植有上述不同，而且主要是更复杂的不同，导致本章通过类比得出的结论可能有一定的局限性。

二、概念发展

通过文献综述，本书研究已经明确以 Rikard 和 Sydney（1999）模型为参照，从组织免疫的视角通过与器官移植类比完善并购研究。因此，本书研究将以医学器官移植为类比源，相关知识为本体理论，围绕 Rikard 和 Sydney 模型中的结合潜力、整合和员工关系几个变量发展企业并购以及中国制造企业海外并购领域的概念定义和研究假设。其中，结合潜力评价对应于器官移植的移植物选择；整合对应于器官移植的外科手术；员工关系对应于抗排斥反应。

在 Rikard 和 Sydney 的整合模型里，战略结合问题、组织整合问题、雇员关系问题和并购绩效问题分别是用结合潜力、组织整合、员工抵制和实现的协同效应表示的。其中，并购的结合潜力指并购企业双方之间在运营过程中的战略相似性和战略互补性；组织整合是指并购相关的两家企业之间的相互作用和协调的程度；协同效应是指通过并购双方的相互作用而创造的净利益，可以是成本的减少，也可以是收入的增加。与器官移植类比后可以发现，除了协同效应以外的三个概念都有可以完善的地方。本书首先通过类比对上述概念加以完善和发展。

（一）战略匹配性

医学上，器官选择必须功能匹配，起码必须保证受体在接受器官以后能够获得该器官的功能。企业并购区别于器官移植的是：它是商业行为，是商业交易，不但并购方要获得利益，目标企业也不能利益受损，所以必须是战略共赢的。传统上，人们用战略匹配性来表达并购过程中两个企业的功能匹配问题。Rikard 和 Sydney（1999）定义并购的战略匹配性为"并购企业双方之间在运营过程中的战略相似性和战略互补性"。这个定义的缺陷在于，如果两个企业的战略确实是相似的或者互补的，但是目标企业不并入收购企业，自己独立发展反而更好，那么这样的战略匹配性是没有意义的。只有在目标企业并入并购企业以后有可能实现"1 +1 >2"的效果，而且目标企业所有者能够获得的补偿不小于它自己独立经营所得时，这种共赢的战略匹配性才是有意义的。

因此本书定义战略匹配性为：**并购企业双方之间在运营过程中存在的能够实现双方共赢的战略相似性和战略互补性。**

（二）组织匹配性

同样与器官移植物选择标准类比，我们可以发现组织匹配的概念也有必要进行修正完善。Datta（1991）把组织匹配性定义为"影响两家企业并购后融合难度的因素"。分析这个概念不难发现，它并不能指导识别什么样的因素条件是匹配的。在医学实践中，移植物的选择是以 ABO 血型相容以及 HLA 遗传基因相容为标准的。ABO 血型相容的标准早已成为医学常识；HLA 相容则是指供者与受者之间 HLA 相同的位点越多越好。

由此我们可以得出如下类比：企业并购时的组织匹配性是指**"两家企业在程序上、资源上以及文化上的相容性"**。

如此定义的另外一个前提是接受了 Paul（1986）把并购后的组织整合工作分为程序上的整合、有形的整合和文化整合的划分方法。Rikard 和 Sydney（1999）认为，程序上的匹配性可以从管理风格、报酬和评价制度以及公司治理三方面进行评价；文化匹配性则是指并购双方文化的相似性。以往的并购研究中，资源匹配性相关问题很少成为一个关注的重点，只有 Paul（1986）提到过有形资产的整合问题，包括设备、人员等。

通过与器官移植物选择类比，本书认为传统的基于相似性的匹配性定义都存在一定的局限性，在供体器官选择时如果坚持一致性（相似性）标准，就会大大减少可供选择的范围，甚至导致病人无法得救。医学实践中执行的是相容性标准。也就是说，A 型血的病人，不但可以选择 A 型血的器官供体，还可以选择 O 型血的供体。所以，本书对组织匹配性的程序匹配性、资源匹配性和文化匹配性都重新进行了定义。

受医学上以相容性来衡量匹配性的启发，本书定义程序匹配性为程序上的相容性，仍然从管理风格、报酬和评价制度以及公司治理三方面去衡量。

资源匹配性问题之所以以前较少得到并购研究的重视与资源基础观本身还处于不断完善发展过程中有一定的关系。Penrose（1959）认为，企业的资源和能力是构成企业经济效益的稳固基础，企业的资源禀赋差异是企业间经营业绩差异和竞争位势差异的根本原因。Collis 和 Montgomery（1998）认为，资源是指企业所拥有的独特的有形资产、无形资产和组织能力。可见，对企业资源的认识处于不断深化、明确的过程之中。基于资源基础观对资源的现有认识，本书认为资源的匹配性起码包括三方面的内容：无形资产的匹配性、有形资产的匹配性和组织能力的匹配性。无形资产的匹配性包括专利的通用性、产品技术原理的一致性、商业信誉等方面；有形资产的匹配性包括生产设备、原料品种的通用性以及产品规格标准以及产品质量标准的一致性等多方面内容；组织能力的匹配性则是指双方的核心竞争力不是建立在相互矛盾的行为和理念基础之上，彼此在容忍接纳对方的条件下，不至于行为失范。

组织匹配性中最难衡量和认定的是双方企业文化的匹配性。因为企业文化包括企业的经营理念、价值观念、行为准则、道德规范、企业形象以及全体员工对企业的责任感、荣誉感等多方面的因素（Deal & Kennedy，1982）。可见，组织文化不但涵盖的范围广，而且都是无形的、独特的，可比性也不高。此外，组织文化诸要素中有些是浅层的、表象的，有些则是深层的、难以察觉的；有些是比较容易影响发生变化的，有些则是根深蒂固的。最重要的是，各企业的文化都是独特的，什么样的企业文化之间是匹配的这个问题没有标准，也不可能有。总之，从传统的企业文化视角研究双方组织文化的匹配性比较困难。

组织免疫理论从组织防御异己对企业造成伤害或入侵的角度研究企业文化，强调企业文化的警觉性、开放性和合作性（吕萍，2008），为并购前的企业文化匹配性评价开辟了一条新的可行途径。组织免疫理论认为，警觉性是指企业文化中对内外部异己性事件的警觉程度；开放性是指“在开放的组织中，管理者和员工会对同事的新想法提供支持和认可，并且能够容忍这些新想法在实施过程中出现的错误，乐于接受不同类型的观点和经验，避免价值观、信念和经验被个人主导”；合作性是指“组织中的成员对组织的目标有共同的理解，清楚自己的工作和组织成员工作间的联系，知道他们在整个过程中所起的作用，形成‘系统的思考’（McGill et al.，1992），朝着一个明确的共同目标努力”（吕萍，2008）。在企业文化的警觉性、开放性和合作性三个维度中，警觉性是反映企业文化中对内外部异己性事件的警觉程度的，在并购之前，双方高层决策者的“警觉性”如果都高，可能难以建立初步的信任关系，有可能导致放弃并购的决策结果。反之，双方高层既然到了“谈婚论嫁”的程度，是一个公开的事件，就不需要评估各自的警觉性，但是并购方需要特别注意被并购方一般管理者和员工的“警觉性”，因为它可能成为引发组织免疫排斥反应的重要因素。因此，文化匹配性需要从警觉性、开放性和合作性三个维度进行评价。如果双方的企业文化都对对方既开放又合作，那么这两个企业的文化就是相容的。

（三）环境许可性

器官移植需要进行外科手术。进行外科手术的基本前提是环境无毒无菌，否则就容易出现伤口感染，最终导致手术的失败。企业并购也存在同样的问题。如果没有合适的外部环境，就可能出现企业并购以后无法正常生产经营的情况，最终导致并购的失败。

因此本书定义企业并购时的环境许可性为：**环境支持企业并购以后正常生产经营的特性，包括宏观和微观两个层面的特性。**

宏观层面的许可性可以借鉴战略管理外部环境分析最常使用的PEST分析法，从政治（Politics）、经济（Economics）、社会（Society）和技术（Technology）四个方面进行评价。其中，政治环境许可性表现为对企业并购活动具有实际或潜在影响的政治力量及有关的法律、法规等因素对并购的制约。如果政治制度和法律法规对具体的并购行为不能接受，或者政府、工会等政治力量对该项并购不满时，有意并购的企业就必须先经过认真的政治许可性评估再决定是否实施该项并购。经济环境许可性，是指并购双方所涉及国家的经济制度、经济结构、产业布局、资源状况、经济发展水平以及未来的经济走势等因素对本次并购的影响。社会环境许可性，是指两个企业各自所涉及的国家中，社会成员的民族特征、文化传统、价值观念、宗教信仰、教育水平以及风俗习惯等因素对本次并购的影响。技术环境许可性，指那些与企业生产相关的新技术、新工艺和新材料的发展趋势及应用前景对并购绩效的潜在影响。

微观层面的环境许可性集中体现于双方的利益相关者受本次并购的影响及其态度上。最直接的利益相关者是同处一条价值链的顾客和供应商，其次就是股东、债权人、所在社区和地方政府。各利益相关者受并购的影响如何？他们可能采取什么样的应对措施？他们的应对措施会对企业经营产生什么样的影响？这些问题都是微观层面的环境许可性评价需要解决的问题。

（四）结合潜力

就并购的结合潜力而言，Rikard和Sydney（1999）认为，就是并购双方的战略匹配性，也就是指并购企业双方之间在运营过程中的战略相似性和战略互补性，只有战略特性一个方面的含义。如果与器官移植物选择类比，就是受体需要某个器官，潜在的供体有这么一个器官。至于潜在供体是否愿意或者可能把这个器官卖给受体是不明确的，供体和受体之间是否血型匹配，HLA 相容性有多高都是未知的。很显然，用这个标准来指导移植物选择是远远不够的。以此类推，企业并购结合潜力的概念需要完善。首先，必须是目标企业的所有者愿意把它卖给并购企业，并购企业也可能通过并购而获利；其次，双方必须匹配，不但要战略匹配，而且要组织匹配；再有就是目标企业的外部环境容许、支持并购企业实施并购。

综上所述，本书研究定义企业并购时的结合潜力为**“并购企业双方之间的战略匹配性、组织匹配性以及环境许可性共同决定的两个企业进行合并的最大前景”**（见图 3－1）。

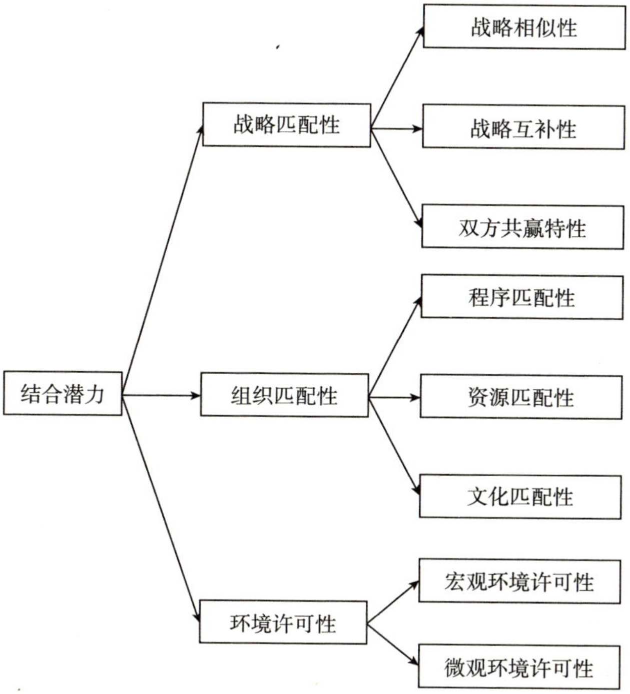

图 3－1 结合潜力影响因素

鉴于结合潜力是战略匹配性、组织匹配性和环境许可性的函数，战略匹配性是一个长期的概念，并购绩效（实现的协同效应）相应也是一个长期的概念，不一定能够收到立竿见影的效果。这就有助于人们理解为什么会发生亏损企业被高价收购的现象。

医学上，同一个器官移植给不同的受体后能够发挥的功能不同，器官移植以后的排斥反应也具有明显的个体差异性。因此，我们可以同理推测同一个目标企业与不同并购企业的结合潜力也具有个体差异性，所以对不同企业的价值不同。这就有助于人们理解为什么对同一个企业不同企业报价能够相差很远。此外，两个企业之间的结合潜力不是固定不变的，与手术成功程度以及康复环境影响手术效果一样，两个企业并购的结合潜力随着战略的调整、并购方案的选择以及环境的变化而动态调整。

对于并购企业而言，并购的全部收获就是企业存续期内实现的全部协同效应（扣除整合成本以外的净利益），成本则是向目标企业所有者支付的全部价值。所以，就并购企业而言，并购谈判时的出价上线是预期的全部协同效应，支付时间安排也应该与协同效应实现的时间一致，或者考虑资金的时间价值。如果实际支付早于协同效应实现时间，时间就承担了资金成本的损失。另外，也就可以理解为什么有人愿意出高价购买亏损的企业，甚至在并购后的最初几年都是亏损的。

（五）全方位整合

Rikard 和 Sydney（1999）认为，组织整合是并购后两个企业之间的相互作用和协调，包括两方面的含义，其一，并购双方企业之间的相互作用，例如，结构重组和资源调配等；其二，专门的整合人员或过渡团队为提高双方相互作用的质量而进行的协调工作。不难发现，他们的组织整合概念只限于两个企业内部的整合，医学经验和其他学者的研究都表明这是不够的，他们定义的组织整合只能算是并购企业之间的整合。要想取得好的并购绩效，在做好组织整合的同时，还必须做好环境整合工作，包括价值链的整合以及外部环境的整合等。

因此本书定义全方位整合为**“组织整合和环境整合之和”**。其中，组织整合包括程序整合、资源整合和文化整合；环境整合与环境许可性一致，包括宏观和微观两个层面的整合。

（六）企业的免疫原性及排斥反应

医学上，能够刺激机体产生特异性免疫应答，并能与免疫应答产物抗体和致敏淋巴细胞在体内外结合，发生免疫效应（特异性反应）的物质叫抗原。抗原有两种基本特性，一是诱导免疫应答，也就是免疫原性；二是与免疫应答的产物发生反应，也就是抗原性。器官移植时，供体器官就是受体的抗原。同理，企业并购时的被并购企业在并入并购企业以后也具有抗原的特性，包括免疫原性和抗原性。

本书定义企业的免疫原性为：**“企业并购时，目标企业进入并购企业体系以后诱导并购企业发生免疫应答的特性。”**

目标企业的员工对应于器官移植免疫中的抗原细胞，降低其“免疫原性”

是并购整合和整合后管理两个阶段中员工关系管理的目标。抗原细胞有免疫原性，企业员工也具有一定的属性。在国际并购的大背景下，员工个人起码有四方面的属性（见图3－2），分别为经济人属性、组织承诺属性、民族属性和自然人属性。经济人属性是指人的思想和行为目标理性的一面，经济行为的目标就是物质补偿的最大化；组织承诺属性是指个体认同并参与一个组织的强度，特指那些正式协议无法规定的职业角色行为以外与企业相关的心理特性；自然人属性是指个人超出国界和民族来看待自己、家庭、工作、社会以及同事关系的特性；民族属性是指员工自认为自己是某个国家或者某个民族的人，并从自己的民族和国别属性出发来区别对待企业和同事关系的特性。

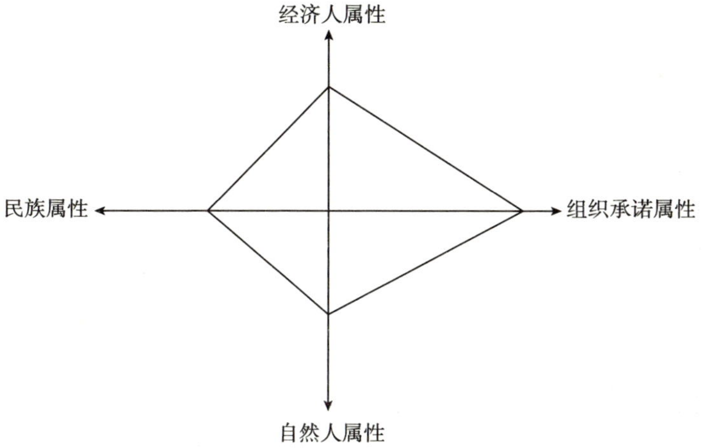

图3－2 目标企业员工属性

如果员工表现出来的组织承诺属性和自然人属性明显超过经济人属性和民族属性，那么就说明“免疫原性”很轻，最理想的情况下可以完全没有“免疫原性”。也就是说，没有所在企业被他国企业并购的感觉，与并购前毫无区别。如果员工的民族属性和经济人属性表现明显超过自然属性和组织承诺属性，就说明他们的“免疫原性”很高，需要针对性地采取“抑制”措施。民族属性过高的化解办法包括增加管理层中的本地人数量、尊重被并购方的民族文化和尊严等；经济人属性过高的化解办法则是通过企业愿景和文化等柔性措施增强新企业的感召力与适当满足员工的合理经济诉求相结合的办法。

医学上，排斥反应是指器官移植时由于被移植的器官有异体抗原的存在，接受器官移植者的免疫系统对这一同种异体抗原发生细胞和体液的免疫反应，排斥反应是一种免疫反应。

通过类比，本书定义企业的排斥反应为：“**企业并购时，由于目标企业具有**

抗原的特性（含免疫原性和抗原性），并购企业的免疫系统对它产生的特异性和非特异性免疫反应。”

（七）组织免疫耐受和组织免疫抑制

在医学上，免疫抑制是指利用外来化合物或其他环境因子对机体免疫系统施加的抑制作用，包括抑制非特异性免疫功能、抑制特异性免疫功能和抑制免疫监视功能三种；免疫耐受是指在抗原刺激下，对抗原特异性应答的T细胞与B细胞不能被激活，不能产生特异性免疫效应细胞及特异性抗体，从而不能执行正免疫应答的现象。免疫抑制使体液中补体、溶菌酶等抗菌物质减少，会降低机体的抵抗力。免疫耐受则不同，它不同于免疫缺陷或使用免疫抑制剂后造成的抑制状态，不会导致自身免疫病的发生。在组织免疫理论的基础上，本书通过与医学免疫类比，提出组织免疫抑制和组织免疫耐受的概念。

通过与医学免疫类比，本书定义组织免疫抑制为：“**企业为了特定目的，对自身的组织免疫系统施加影响，使其整体的免疫机能下降，或者对特定组织异己的免疫能力下降的行为。**”与医学免疫抑制相似，组织免疫抑制也可以区分为非特异性免疫抑制、特异性免疫抑制和免疫监视抑制（见图3－3）。企业实践过程

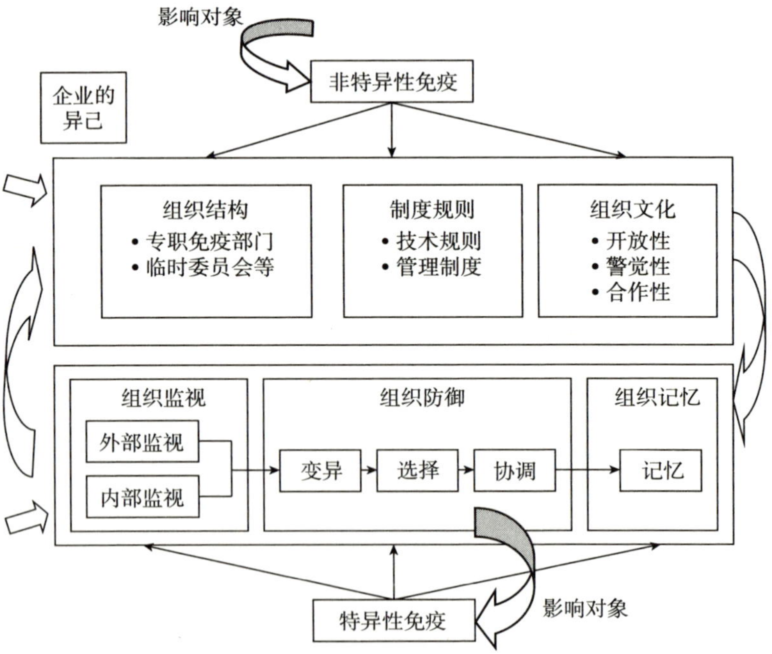

图3－3　组织免疫抑制

中，在一些特殊时期，企业可能采取免疫抑制的措施。例如，战争时期的企业就可能全面放松对质量和成本等方面的要求，由于人员短缺，对员工的各种要求也比正常时期宽松。

同样通过与医学免疫类比，本书定义组织免疫耐受：“**企业为了特定目的，采取某种手段使自身的免疫系统对某一类组织异己不反应，从而不产生免疫应答，同时，其他的组织免疫功能全部保留的状态**。”如图3-4所示。例如：某企业的一位技术骨干有熬夜的习惯，所以经常白天迟到，按照公司的考勤制度，应该处罚甚至辞退，但是老板特许对他不予考勤。

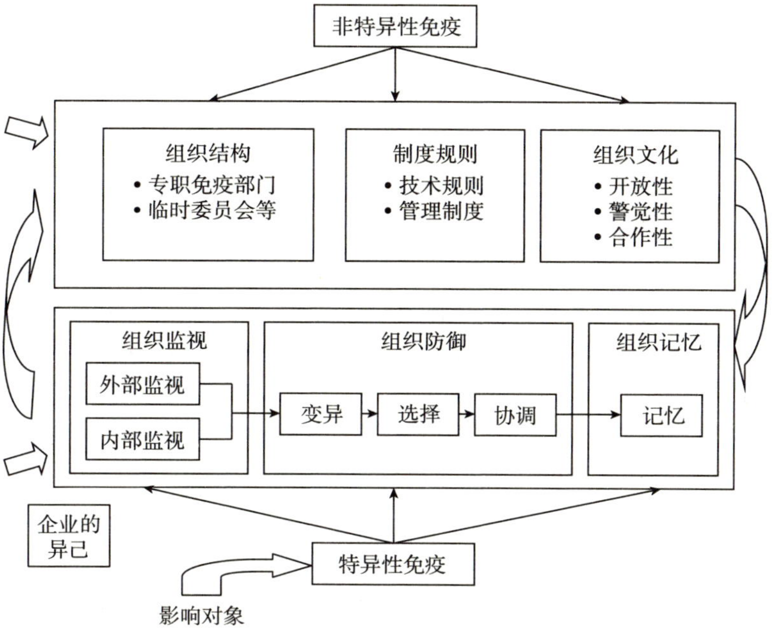

图3-4　组织免疫耐受

（八）抑制型整合后管理和耐受型整合后管理

Rikard 和 Sydney 整合模型用员工抵制来表示整合过程中的员工反应。在分析该模型之前，先明确器官移植和企业并购之间的两个类比对应关系：①器官移植手术和企业并购整合过程可以类比；②人体的免疫细胞和企业中的员工可以类比。在此基础上拿企业并购与器官移植以及医学免疫类比可以发现，Rikard 和 Sydney 整合模型存在两个比较严重的缺陷。首先，该模型隐含“病人”一直处于手术过程中的假设，其实这也是所有企业并购研究的共同特点，事实上，手术阶段的时间是很短的，没有“病人”能够接受很长时间的手术。其次，用员工抵制来衡量并购后的员工关系也存在明显的不足。因为控制员工抵制实际上对应于器官移植过程中使用免疫抑制来控制排斥反应，而免疫抑制不可避免地会出现各种各样的毒副作用，最严重的副作用就是机体的免疫力过度低下。使用免疫抑制剂来控制排斥反应只是医学上的早期做法，最新的发展方向是选择性地破坏受体的抗原识别细胞和诱导产生免疫耐受，都是不产生排斥反应的方法。

从组织免疫的视角看，企业并购整合是阶段性的，在该阶段，并购企业和目标企业经历较大程度的程序、资源和文化方面的整合。在并购整合阶段企业处于一定的无序和混沌状态，员工也面临较多的不确定性。当程序、资源和文化方面的主要调整基本完成，企业相对稳定，员工对企业的预期基本明确以后，就进入了整合后管理阶段。

员工关系管理是整合后管理工作的重点，甚至可以说是唯一的整合后管理工作。因为，器官移植手术以后的病人其实是只需要解决免疫排斥反应这一个问题的。器官移植以后有抑制免疫排斥反应和诱导产生免疫耐受以及消除移植器官的免疫原性三大类解决排斥反应的方法。受此启发，可以把企业并购整合后管理工作分为三类：采用组织免疫抑制的整合后管理、采用组织免疫耐受的整合后管理和消除被并购企业免疫原性的整合后管理。采用组织免疫耐受的整合后管理和消除被并购企业免疫原性的整合后管理两种类型的本质不同，前者是通过作用于并购企业实现，后者是通过作用于被并购企业实现。后两种类型的整合后管理虽然有本质的不同，但是有一个重要的共同点——不需要改变并购企业的非特异免疫系统，因此本书把它归结为一个类型。所以本书提出两种类型的整合后管理方式，分别为抑制型整合后管理和耐受型整合后管理。

本书定义抑制型整合后管理为：**“在整合后管理阶段对并购企业实行组织免疫抑制，提高对各种来自被并购企业的异己的容忍度，在缓减矛盾的同时导致企业对其他问题也不能正常解决的管理方式。”**如图 3－5 所示。Rikard 和 Sydney 整合模型中用员工抵制来衡量并购后的员工关系实质就是把整合后管理建立在抑制型整合后管理思路的基础之上。后文的上汽集团并购双龙汽车在整合后管理上实际就是采用的这种抑制型的整合后管理。上汽集团明知双龙汽车总裁苏镇琯和其他高层以权谋私，但是为了所谓的一团和气而装聋作哑，最后也没有取得好的效果。

与抑制型整合后管理被动应付不同，耐受型整合后管理是**诱导并购企业对特定问题组织免疫耐受或者想办法使被并购企业异己丧失免疫原性，企业的免疫系**

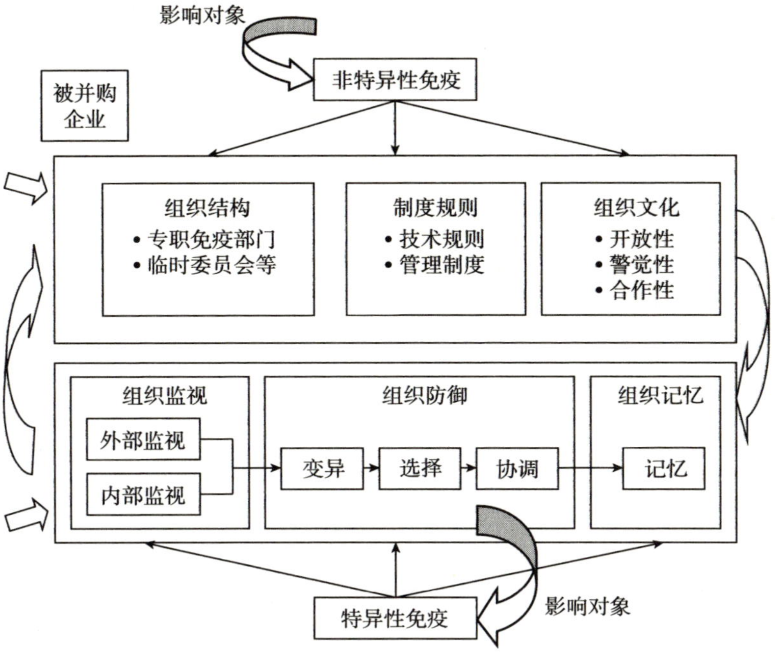

图3－5 抑制型整合后管理

统整体仍然处于正常工作状态的管理方式（见图3－6）。金风科技并购VENSYS以后就是采用了耐受型整合后管理方式。武钢在教育中国员工要承认自己同德方存在差距，要尊重对方的同时，对德方人员采用各种笼络人心的办法，使他们从心理上认可自己是金风科技的一分子，最终取得了好的效果。

很显然，尽管很多情况下管理者不得不采用抑制型的整合后管理办法，但是只要有可能就应该采用耐受型整合后管理的办法。与器官移植的发展方向一样，耐受型整合后管理是企业并购整合后管理的发展方向和努力的目标。

耐受型整合后管理要求并购方管理者事先对目标企业员工有充分的了解和研究，自己主动调整适应和教育感召对方相结合，尽量使被并购企业员工不从民族、国别的角度考虑企业内部的问题，经济上只追求公平合理的报酬；与此同时，更多地找到对企业的归属感，把工作当作自己生活必不可少的一部分。与之相反，抑制型整合后管理事先缺乏对全局的预测和规划，按照先后顺序化解整合过程以及整合以后出现的问题，如果员工没有表现出很强的“免疫原性”，那是万幸；如果员工表现出很强的“免疫原性”，例如怠工、罢工、跳槽等，则针对性地采取措施平抑矛盾，尽量减少所产生的破坏性影响。

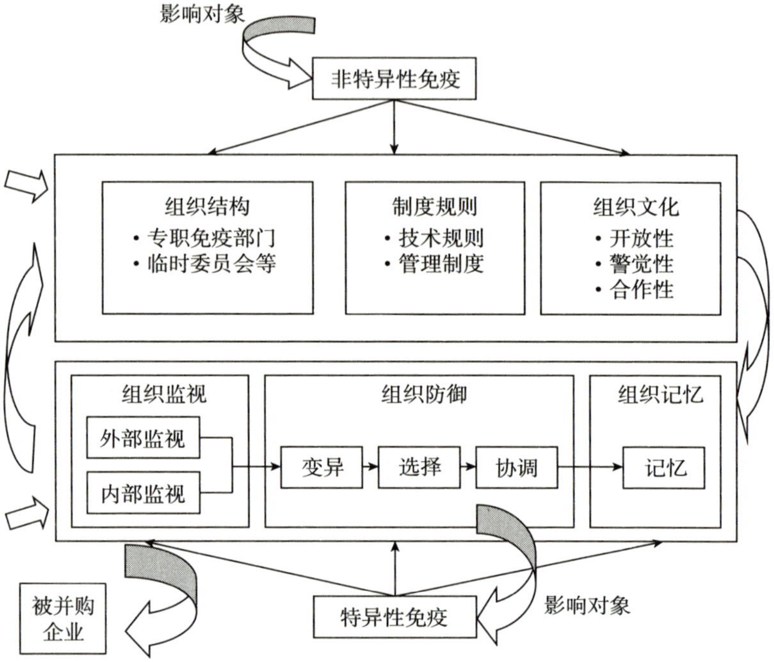

图 3－6　耐受型整合后管理

耐受型整合后管理是理想的方向，如果能够实现这个目标，对于取得好的并购绩效是一个有力的保障。但是，对于一些跨国并购来说，管理者没有选择的余地，只能在整合后管理的阶段采用抑制的办法，而且同样可能取得不错的并购绩效。总之，耐受型整合后管理优于抑制型整合后管理，但是抑制型整合后管理也是可以采用的办法。

三、研究假设

（一）由移植器官选择得到的类比假设

医学上的供体来源有活体和尸体之分，对患者来说，除非是亲人捐献，否则都是有偿的。如果需要移植的器官对患者很重要，而且潜在供体在 ABO 血型和 HLA 遗传特性方面与自己有较多的相容点，他就可能出高价，也就更可能得到合适的供体，其他条件相同的情况下，供体器官越健康，与受体的免疫匹配性越高，手术成功的概率就越高。与之类似，企业并购必须有买者和卖者的同时存在，并且双方都期望能从交易中获利（Penrose，1959）。只有当企业对其他企业的价值高于它对自身的价值评估时，也就是企业愿意以与潜在购买者所开出的价格相等或更低的价格放弃他们的资产，包括他们的“商誉”时，收购才会发生。收购者与出售者之间的这个估价差值的来源就是并购的结合潜力。因为具有结合潜力，并购发生后双方创造的价值才会大于各自单独创造的价值之和，并购企业也就更容易实施各种整合措施，并使相关各方都受益，从而顺利完成并购。所以有假设 1 如下：

假设 1：并购双方的结合潜力越大，越有可能取得好的并购绩效。

医学上，选择供体器官时需要考虑三方面的因素：一般要求、ABO 血型和 HLA 指标。其中，一般要求包括移植物本身必须是健康细胞、组织或器官，在形态和功能上都没有发现异常，与受区的大小应相近等，还有一个更基本的要求就是移植物恰好是患者需要的器官。所谓一般要求，就是必需的条件，是前提和基础，不具备这些条件就可以立即停止后续工作。与企业并购对象选择类比，不难发现，器官移植中的一般要求主要与企业并购过程中的战略匹配性相对应。所以有假设 2 如下：

假设 2：双方战略匹配是两个企业具有结合潜力的前提，战略匹配性不高的两家企业之间发生的并购，不可能取得好的并购绩效。

供体与受体的 ABO 血型以及 HLA 遗传特性的相容性越高，移植以后供体表现的免疫原性就越低，供体器官移植以后为受体正常工作的可能性就越大。所以，选择供体器官时，满足一般要求的同时，还必须满足 ABO 血型相容和 HLA 相容的要求，在万不得已的情况下，也采用这些方面存在缺陷的供体器官，但是手术效果和存活时间一般会打折扣。所以有假设 3 如下：

假设 3：组织匹配性和环境许可性是战略匹配性发挥作用的基础和保证，如果组织匹配性或者环境许可性不高，战略匹配性转化为协同效应的程度小，难度大。

医学实践过程中，匹配性和功能状态都很好的供体器官移植到受体体内以后不一定就效果更好，或者寿命更长，因为手术的成功程度以及手术以后的养护都会影响供体器官在受体内的状态。所以有假设 4 如下：

假设 4：两家企业之间的结合潜力不是固定不变的，战略匹配性发挥作用的程度受并购后整合和整合后管理工作的影响。

（二）由外科手术得到的类比假设

医生有水平高低、经验多寡之分，外科实践中，手术操作不当是影响创伤愈合的主要原因之一。一个高水平、敬业而且经验丰富的外科大夫是手术成功的重要保证。相反，不称职的大夫可以把本该成功的手术做得彻底失败。称职的大夫在手术前就能够对供体器官是否适合病人有相当准备的判断，并据此制定合适的手术方案。不称职的大夫往往对供体器官是否合适病人都没有十足的把握，手术中可能出现什么问题也预料不到，等到真的出现问题以后则手忙脚乱。所以有假设 5a 和假设 5b 如下：

假设 5a：并购团队的经验、认知水平和态度能够对最终的并购绩效产生很大影响。

假设 5b：准确研判结合潜力是做好并购谈判、并购后整合以及整合后管理的前提和基础。

器官植入受者体内后，立刻接通血管，恢复供血、输送养料，使细胞能够存活是器官移植能够成功的两大前提之一。如若不然，供体器官大量死亡，器官活性大幅下降，即便最终存活下来，也会在功能上大打折扣。与之相似，并购后的企业组织整合涉及重新设计工作安排、在部门和区域之间调配人员以及重组团队的能力（Capron et al.，2001）等。这就会在企业内部横向和纵向都引发一系列的连锁反应，导致大的人事动荡（DiPrete，1993）。如果必须学习新的技能，那么无论是那些利益容易受到伤害的员工还是那些不容易受到伤害的员工都可能反对这种变化（Oliver，1997）。Galosy（1990）认为，并购整合可能会给员工带来许多损失，包括阶层地位、公司的知识、下属的信任、人际网络、决策控制权、工作职权的变化、工作地点的变动以及同事或朋友的分离等。可见，整合工作做得不好的负面影响是极其巨大的。所以有假设 6 如下：

假设 6：并购后整合工作做得越好，结合潜力转化为实现的协同效应的程度越高。

供体器官与受体的匹配性好，手术时需要处理和控制的因素就少，手术也就相对容易。如果匹配性不是很好，那就需要对供体器官和受体免疫系统做很多的预处理，避免在手术过程中就发生激烈的排斥反应。此外，手术还受到外部环境的制约，良好的外部环境有助于病人创口的顺利愈合，减少发生各种伴发症状的概率。如果条件艰难，外部环境欠佳，就需要大夫加倍地小心，做一些特别的处理。与之类似，企业的竞争优势不仅来源于价值链上的活动，还来源于各价值活动之间的联系（Homburg & Bucerius，2006）；被并购企业本身的状况固然重要，如果并购后在价值链某一活动上的原有优势不再能充分发挥，就必然影响到并购的效果。此外，企业在并购过程中很容易因内部混乱而耗尽元气，往往是外部力量的支持推动它们恢复元气（Clemente & Greenspan，1997）。因此，成功的并购后整合必须关注那些对企业生存至关重要的利益相关者，尤其是那些冒着巨大风险支持自己的利益相关者。所以有假设7如下：

假设7：并购后整合工作受双方组织匹配性和环境许可性的制约。

（三）由抗排斥反应得到的类比假设

控制排斥反应是器官移植手术成功的关键要素，但是在手术完成以后，病人终身都得保持对排斥反应的控制。传统的抗排斥反应方法是使用免疫抑制剂，但是最新的发展方向是通过破坏受体的抗原识别细胞和诱导产生免疫耐受来减少排斥反应，尤其是重要器官移植时更是如此。这两种方法的实质都是在不改变供体器官的免疫原性的前提下，为了防止发生排斥反应而调整受体的免疫系统。如果企业决定采用抑制型整合后管理，就必须对自身的组织免疫系统施加影响，使其整体的免疫机能下降。这就导致企业在不发生排斥反应的同时，丧失对很多其他异己的免疫能力，导致出现其他问题，影响企业的整体绩效，最终导致并购绩效欠佳。与之相反，采用耐受型整合后管理的企业除了对某一特定类型组织异己不产生免疫应答外，其他的组织免疫功能全部保留的状态。可见，诱导产生免疫耐受相比于免疫抑制的优势十分明显。所以有假设8如下：

假设8：耐受型整合后管理比抑制型整合后管理更有可能取得好的并购绩效。

诱导免疫耐受相比于免疫抑制有很多优点，但是实践过程中再优秀的外科大夫也不得不大量采用免疫抑制的办法。原因在于很多情况下供体器官和受体之间的免疫匹配性太差或者病人的体质独特，没法获得诱导免疫耐受的效果，不得不采用免疫抑制的办法。企业并购中也是如此，虽然大家都想采用耐受型管理方式，但是并购双方的企业特征和组织匹配性使得耐受型管理行不通，只能采用抑制型管理。所以有假设9如下：

假设9：组织匹配性影响并购整合后管理方式的选择。

免疫学研究发现，异卵双生小牛由于在同一个子宫里长大，在发育阶段就熟悉了对方，因此它们的免疫系统对对方的细胞具有耐受性。后来，他又把一只小鼠的细胞注射进另一只小鼠的子宫内，然后等这只小鼠出生后再把前者的皮肤移植到后者的身上，两者还是相安无事。他因此在人类历史上首次证明了免疫系统是可以被改变的，免疫耐受性是可以在后天“获得”的。因此有假设10如下：

假设10：在并购之前有较多接触、相互熟悉或者通过其他方式建立有联系的两个企业，有可能相互免疫耐受，从而在整合后实行耐受型管理，获得好的并购绩效。

四、理论模型

把前两节通过与医学器官移植类比得到的概念和假设结合起来就可以得到如下关于企业并购的理论模型（见图3－7）。本模型也具有Rikard和Sydney模型整合战略管理、经济学、金融学、组织理论和人力资源管理等多学科研究问题的特点。Rikard和Sydney模型通过研究企业怎样通过组织整合实现“结合潜力”的问题把上述不同领域的并购研究联系到一起，该模型中并购绩效是结合潜力、组织整合和员工关系的函数。本模型则在类比的基础上认为，并购绩效是结合

潜力、管理层认知决策、组织整合及环境整合和整合后管理的函数。相比于Rikard和Sydney整合模型（见图2－3）以及之前的其他并购理论，本模型有如下特点。

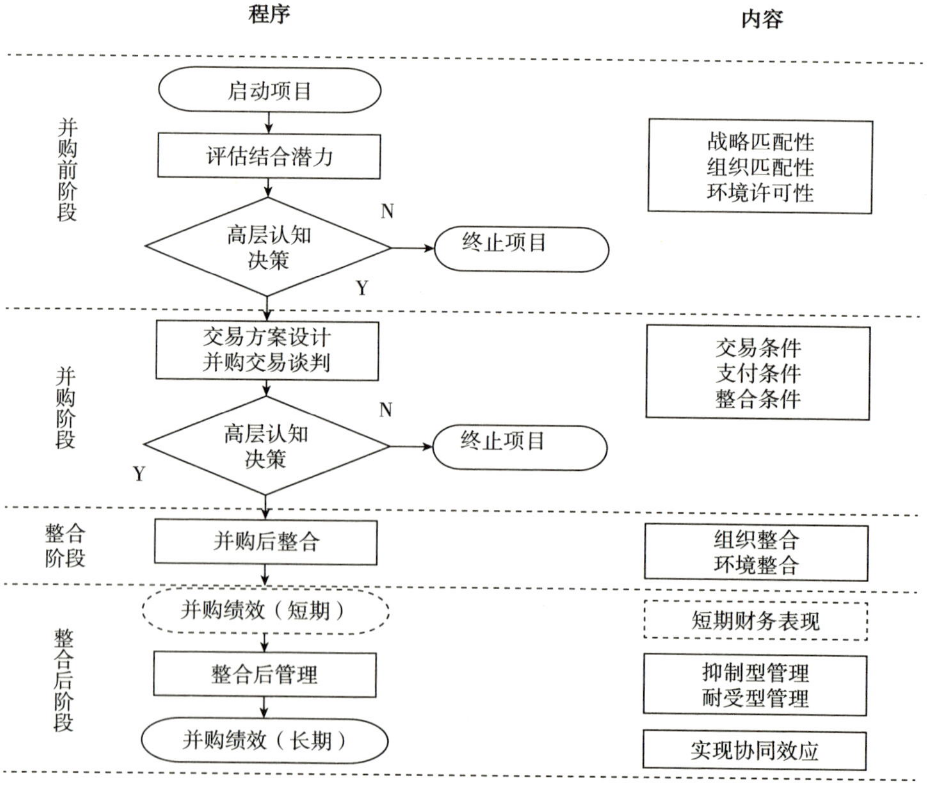

图3－7　组织免疫视角的企业并购模型

（一）把企业并购的全部进程划分为四个阶段

传统的并购理论根据工作发生的时间把并购相关工作划分为三个阶段：并购前阶段、并购谈判和交易阶段以及并购后整合阶段。本模型把整合阶段进一步划分为整合阶段和整合后管理阶段，与传统划分方法的本质区别是强调整合的短暂性，企业不能永远处于整合阶段，就好比病人不能永远处于手术之中一样。企业的整合阶段是非正常状态，此时企业内部混乱无序，资源消耗巨大，是不能持续的。病人在手术出院以后就进入了长期的疗养阶段，该阶段里的病人相对来说是很接近正常人，只需要控制好排斥反应就可以。我们有充分的理由认为企业并购以后也是如此。

（二）在并购前和并购两个阶段都引入了高层认知决策因素

达成并购交易以前，双方管理层对并购本身的认识至关重要。首先，目标企业管理层对并购企业收购本企业的认知和态度影响并购交易是否能够达成。其次，并购企业管理层对并购以及目标企业的认知和态度不但影响他们的并购策略和报价，还很大程度上影响并购后整合策略和措施的选择。如果管理层对双方战略匹配性和组织匹配性的认识与实际情况一致性程度高，那么相关决策科学合理的可能性就大，取得好结果的概率就大。如果管理层对双方战略匹配性和组织匹配性发生误判，则不但不可能实现预期的并购目标，而且还会对双方造成破坏和损失。综上所述，可以在某种程度上认为并购以前的管理层认知最终决定了并购的绩效。

事实上，企业行为都建立在高层的认知决策之上，高层的认知有可能与实际不相符，这就导致企业的非理性行为。企业生活中的所有环节都如此，在这里突出高层认知决策的影响，是因为企业并购行为的影响实在过于巨大。成功的企业并购可以帮助企业实现腾飞，失败的企业并购可以把企业带入万劫不复的深渊。高层认知决策受其水平、经验和性格等多方面因素的影响。为了提高企业的认知决策水平，重大的企业并购行为最好聘请中介机构。

（三）重新定义了结合潜力概念

本书研究定义企业并购时的结合潜力为“并购企业双方之间的战略匹配性、组织匹配性以及环境许可性共同决定的两个企业进行合并的最大前景”。与前人的研究相比，本定义增加了环境许可性指标；战略匹配性和组织匹配性概念也得到了进一步的明确。

（四）明确了全方位整合的概念

之前的研究主要重视组织内部整合的问题，对外部环境的整合很少重视，或者最多关注利益相关者。本书认为，外部环境整合包括宏观和微观两个层面。在此基础上，本书认为企业并购后整合是“组织整合和环境整合之和”。

（五）提出抑制型整合后管理和耐受型整合后管理的概念

抑制型整合后管理采用组织免疫抑制的办法来控制整合以后的“排斥反应”（员工表现出组织异己特性的状态）。耐受型整合后管理则采用组织免疫耐受的办法来解决组织异己的问题。耐受型整合后管理由于只对特定问题不发生组织免疫应答，企业的其他方面处于完全正常状态，因此企业绩效会更好，是整合后管理的理想方向和目标。

组织免疫视角的企业并购模型中四个阶段的关键变量之间的影响关系以及它们对企业并购绩效的影响关系如图3－8所示。

我们可以发现，直接影响最终并购绩效的是结合潜力、全方位整合和整合后管理这三个因素，其他因素的影响是间接的，必须通过这三个因素传导；结合潜力在企业并购过程中有着决定性的地位，它对所有其他环节都产生影响，同时直

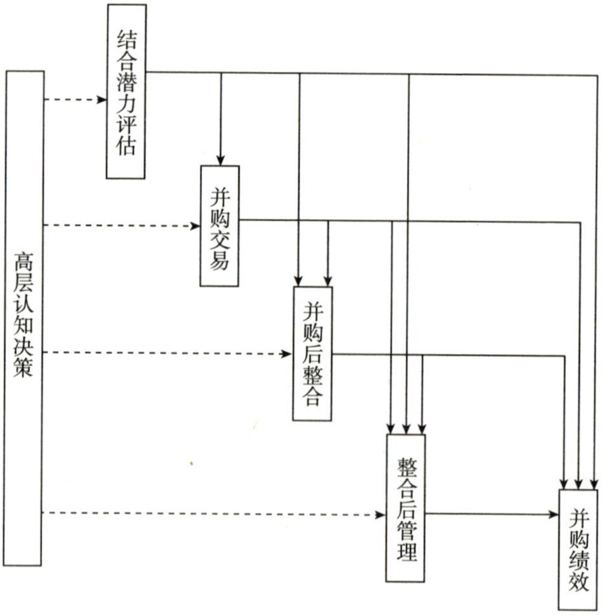

图3－8 企业并购绩效的影响因素

接影响最终的并购绩效；高层认知决策基本不受其他环节的影响（结合潜力是它的认知对象），但是对其他几个环节都具有影响，并通过其他环节影响最终的并购绩效；结合潜力处于决定性的地位，但还是受到整合以及整合后管理的影响，所以它也是具体的、具有个体差异性而且动态的；并购流程后期的环节受到全部前期各环节的影响。在这些要素中，结合潜力、谈判结果、整合以及并购绩效这几个环节尽管取得的研究成果离解决实际问题还有一定的差距，但是在以前的研究中都得到了足够的重视。高层认知决策和整合后管理这两个环节则一直没有得到足够的重视。高层认知决策没有得到足够的重视隐含一个假设，那就是管理层的认知水平很高、经验很丰富，在并购过程中的全部作为都是正确的。事实显然不是如此，事实上，高层的知识、经验不但有限，而且很难在短期内改变，因此，企业如果实施重大的并购行为，聘请胜任的中介结构是十分必要的。整合后管理没有得到足够的重视是因为此前没有人把它从并购后整合工作中区分出来。

第四章　多案例研究方法与过程

Eisenhardt（1989）和 Yin（1994）都认为，理论研究应该根据不同的研究目的和对象选择适当的研究方法。使用案例研究构建理论一般围绕相互矛盾或者似是而非的现象展开。通过调和不同的案例现象、不同类型的数据以及不同的研究者来进行研究，此外还要调和案例和文献之间的矛盾。案例研究的缺点是复杂、不能区分关系的强弱、不能明确理论的适用范围。但是，科学理论都是通过逐步增加的经验验证和推广建立起来的。为归纳出新的理论而对现实生活中的活动或现象进行解释性和探索性研究时，多使用案例研究法。本书试图从一个全新的视角对企业并购这个得到广泛研究的问题进行研究，寻求有意义的新发现，所以采用多案例研究方法。本章主要介绍本书采用多案例研究方法的一些考虑以及研究过程和保障措施。

一、案例企业选择

（一）多案例研究方法

从研究范式来说，案例研究是一种实证研究。它是在不脱离现实环境的情况下，研究当时当地正在发生的现象。案例研究作为一种研究方法，并不只是一种资料收集的方式，也不仅起到研究设计的作用，而是一种全面而完整的研究方法。案例研究有单案例研究和多案例研究两种。单案例研究只选择一个对象进行深入分析，而多案例研究则会选择多个对象进行研究。罗伯特·K. 殷强烈建议研究者把多案例研究看作多元试验。也就是说，在进行多案例研究时要遵从复制法则。多案例研究中的案例不是一个调查统计中的访谈对象，也不是一个试验中的多个试验对象，不能遵从抽样法则。多案例研究所遵从的复制法则与多元试验中的复制法则类似（Hersen & Barlow，1976）。例如，通过某次试验取得某项重大发现后，研究者将会重复进行第二次、第三次甚至更多次相同的试验对之进行验证。有些重复试验可能要一模一样地复制前次试验的所有条件，而另一些重复试验可能会有意改变某些非关键性的条件来考察是否能够得到同样的试验结果。只有通过了这种复制性试验，原有的试验结果才能被认为是真实的、有说服力的，因而才有继续进行研究和解释的价值。正是基于上述原因，多案例研究相比单案例研究在保证研究的外部效度方面明显更有力，由于进行了多个案例的研究分析，更能保证研究结果的可复制性。

Eisenhardt（1989）认为，多案例研究能够更全面地了解和反映案例的不同方面，从而形成更完整的理论。Yin（1994）认为，采用多案例能够增强说服力，提高研究的外部效度；特别在多个案例同时指向同一结论时，可以显著提高研究的有效性。通过多案例研究建立理论，特别适用于对某一主题的早期研究或者对那些早有研究的主题提供一个全新视角的研究（殷，2004），例如，克雷恩·布林顿的史学名著《革命的解剖》就是一个这种类型的研究。该研究就是用“发高烧的病人”来比喻周期性变化的模式，并借以描述各国政治事件的发生模式。作者就是通过美国殖民地、俄国、英国和法国四个国家的案例，研究它们在政治革命过程中经历过的路线，并最终证明自己的观点。

本书总体来说与《革命的解剖》思路一样，也是先通过类比提出假设，然后用多案例加以证明，试图为企业并购和跨国并购提供一种全新的视角。但是案例在本书研究中的作用不限于证明，很多理论假设事实上是在获得案例的线索启发以后得出的。

（二）案例选择原则

假设检验的研究依赖统计抽样，统计抽样就要求从样本群中随机抽取，目标就是获得变量在样本群中的统计分布特性。与之相反，多案例研究设计中的每个案例都要能用来服务于某一目的（殷，2004），要么用来复制以前的案例或者用来对新理论加以扩展，要么用来对某一极端类型提供例证。多案例研究所用案例都是精心挑选而非随机选择的，随机选择案例既没有必要也没有任何好处（Pettigrew，1988）。他还指出，通常情况下，可供研究的案例是有限的，选择极端情况和极端类型的案例意义重大，因为这样的案例具有“让人能够看透”的好处。

多案例研究背后的原理与多元试验相同。每一个案例都要经过仔细挑选，挑选出来的案例要么能产生相同的结果（逐项复制）；要么能由于可预知的原因而产生与前一案例不同的结果（差别复制）。Eisenhardt（2009）认为，精心挑选案例的多案例研究可以使案例研究方法更科学、更加具有理论验证能力。同时，她还指出多案例研究选择的案例以4~12个为宜，具体数字根据研究问题和研究方案确定。[①] 本书研究设想使用成功和失败的两大类案例形成差别复制，在每一类型内部又使用两个案例形成逐项复制，所以总共采用四个案例。

（三）案例选择

本书遵循上一部分介绍的多案例研究选取案例的极端案例原则，结合获得企业调查支持的可能性，在十多个跟踪的中国制造企业海外并购案例（见表4-1）中选择了四个作为研究对象。这四个案例中，绩效显著的和绩效欠佳的两种类型各占两个。并购绩效显著和并购绩效欠佳的标准都是没有争议，那些并购绩效“仁者见仁，智者见智”，还没有一致结论的并购案例都不在本书研究的选择范围之内。

表4-1　本书研究跟踪建档的企业海外并购案例

并购案例名称	开始建档时间	最初资料来源	访谈对象	备注
联想并购IBM PC业务	2007年	导师课题案例	副总裁、部门经理	
万向集团并购美国舍勒公司	2007年	导师课题案例	董事长、高管团队	
冠捷并购飞利浦液晶电视业务	2010年	课题组成员论文		作者为冠捷副总裁
中国化工并购法国安迪苏	2009年	任建新董事长报告	任建新本人	
金风科技并购德国VENSYS	2008年	公司内部资料	董事长、投行人士、中层	本书研究采用
中联重科并购意大利CIFA	2010年	公司内部资料	董秘、中层、竞争企业人士	本书研究采用
北京一机床并购德国科堡公司	2010年	导师课题案例	总经理、相关人员	
福田雷沃并购意大利Landini农机	2010年	企业内部人士	战略总监、投资部经理	
TCL并购法国汤姆逊电视机业务	2007年	公司内部资料	TCL集团管理顾问、竞争对手董秘	本书研究采用
北汽并购德国欧宝汽车	2011年	公司内部资料		

① 根据Eisenhardt于2009年在清华大学的讲座发言整理。

续表

并购案例名称	开始建档时间	最初资料来源	访谈对象	备注
吉利集团并购瑞典沃尔沃汽车	2011 年	公司内部资料		
上汽集团并购韩国双龙汽车	2007 年	参与竞购双龙汽车的其他企业人士	公司中层、竞争对手投资部经理	本书研究采用

1. 绩效显著的中国制造企业海外并购案例

企业并购，尤其跨国并购是企业的重大战略行为，一般很难在短期内对其结果的好坏做出准确的评价。由于是战略行为，就不能用短期的财务指标来衡量，放到一个5年甚至10年的时间框架内来评价更合理（来自武钢访谈）。事实上，这也是那些采用并购后1年或者2年内的财务数据进行效果评价的企业并购研究经不起时间考验的根本原因所在。跨国并购的战略性质要求对它的效果评价必须在一个较长的时间框架内进行不代表所有的跨国并购在短期内都不能评价其效果。利用财务数据，把短期财务表现与企业的战略利益分析相结合，对那些明显成功和明显失败的并购做出判断还是可行的。本书研究选择把中联重科并购意大利 CIFA（以下简称中联重科并购案例）和金风科技并购德国 VENSYS（以下简称金风科技并购案例）两个案例作为“绩效显著”的中国制造企业海外并购典型案例。案例资料来自于企业调研以及管理层访谈。

案例1 中联重科并购案例

长沙中联重工科技发展股份有限公司（以下简称中联重科）创建于1992年，是在原长沙建设机械研究院的基础上孵化出来的高科技上市企业。中联重科现为中国工程机械装备制造业龙头企业之一，全国首批103家创新型试点企业之一。中联重科公司注册资本19.71亿元，主要从事建筑工程、能源工程、交通工程等工程建设所需技术装备的研发及制造，是全球工程机械行业内产业链最为齐全的企业。目前，中联重科的混凝土机械产销量居全球第一；中大型塔式起重机市场占有率居全国第一；环卫机械市场占有率居全国第一；工程起重机市场占有率居全国第二位。2010年，中联重科下属各经营单元实现产值508亿元，利税超过45亿元，员工26000多人，在全球工程机械行业排名第10位，在中国机械行业排名第二位，在湖南省机械工业企业中排名第一。中联重科还是“中国企业500强”企业。

在全球经济一体化的背景下，中联重科以产品系列分类，建立了混凝土机械、工程起重机械、城市环卫机械、建筑起重机械、路面施工养护机械、基础施工机械、土方机械、专用车辆、液压元器件、工程机械薄板覆盖件、消防设备、专用车桥等多个专业分（子）公司，打造出一个国际化的工程机械产业集群，正朝着年销售收入过千亿元的目标前进。中联重科成立以来，获得过“全国五一劳动奖”和“中华慈善事业突出贡献奖”等奖项；还获得过“中国自主创新能力十强”和“全国抗震救灾英雄集体”等荣誉；连续多年被评为“最具成长性”企业、“最具影响力品牌”企业和“全国用户满意”企业。中联重科还是中国机械工业现代化管理进步示范企业，在上海、深圳上市公司中综合绩效排名前列。

CIFA 是一家拥有超过 80 年发展历史的意大利混凝土机械制造商，被并购前位居世界混凝土机械制造业前三甲。CIFA 拥有先进的生产设备和领先的技术工艺，产品质量优异，在欧美市场拥有完善的销售渠道和较高的品牌知名度，在东欧、中东和印度等地区的营销网络也十分健全。CIFA 是全球唯一一家能够全面提供各类设备的混凝土设备供应商，更重要的是该公司研发力量雄厚，综合实力位居全球行业之首。2006 年，CIFA 由于遭受资金困境，被意大利本土投资基金 Magenta 收购控股。2007 年 10 月，Magenta 因自身原因需要解散，决定出售 CIFA 的股权，因此面向全球寻找投资者。

2008 年 1 月 14 日，中联重科收到 Magenta 基金发出的邀请投标程序函及 CIFA 公司的简要情况介绍材料。在聘请顾问团队对卖方财务顾问提供的相关资料进行了尽职调查并对 CIFA 公司的价值进行详细分析测算后，中联重科于 1 月 28 日联手联想控股旗下的私募基金弘毅投资、高盛和曼达林基金共同递交了第一轮无约束力投标文件，于 3 月 31 日递交了第二轮有约束力投标文件。2008 年 6 月 19 日，买卖双方签署了最终的《买卖协议》。同日，中联重科、弘毅投资、高盛和曼达林基金一起签署了《共同投资协议》。联合投资体与 Intesa 银行的相关融资协议也于当天签署。

判断中联重科并购案例绩效显著的依据来自两方面：外部和内部。就外部来说，2011 年 11 月 15 日，“中联重科联手弘毅资本等全盘收购意大利 CIFA”荣获“首届中国海外投资经典案例”。这就表明，中联重科对 CIFA 的收购已经在国家层面赢得了经济界和产业界的认可与肯定；已经成为中国企业海外并购过程中的重要里程碑。需要特别指出的是，中联重科是中国装备制造企业中唯一获得此项荣誉的企业。此外，由于中联重科为意大利经济发展做出了巨大贡献，中联重科董事长詹纯新获得了意大利总统亲自授予的“莱昂纳多国际奖”，成为中国企业家中荣获该奖项的第一人，也是全球范围内仅有的八人之一。就内部来说，2008 年以来，经过三年时间的整合，中联重科与 CIFA 良好而系统的融合已经经受住了考验。CIFA 在欧美同行中，率先走出了金融危机的影响，2011 年 1 ~ 10 月，CIFA 公司业绩同比增长 39%；中联重科也正式晋身为全球第一大混凝土设备制造商。目前，在相关各方的共同努力下，中联重科正联手 CIFA 在全球混凝土设备市场筑牢越来越明显的技术、产品和市场等优势。

案例 2　金风科技并购案例

新疆金风科技股份有限公司（以下简称金风科技）是中国成立最早、自主研发能力最强的风电设备研发及制造企业之一。其前身是新疆新风科工贸有限责任公司，成立于 1998 年；1999 年成功完成 600 千瓦风力发电机的研制工作；2000 年公司整体变更设立为新疆金风科技股份有限公司，开始从科研向市场转型，实现销售零的突破。金风科技是大型风力发电机组“863”项目及国家“九五”“十五”“十一五”科技攻关项目的重点承担单位，还承担了“十一五”国家科技支撑计划“大功率风电机组研制与示范”重大项目课题。受益于全球范围鼓励发展清洁能源的政策环境，金风科技取得了从 2000 年起连续八年超过 100% 增长的市场业绩。

目前，金风科技主营业务包括大型风力发电机组的研发、制造，中试型风力发电场的建设及运营。自成立以来，金风科技一直把研发当作企业的生命线，充分利用自身在市场方面的领先优势和经验，整合风电技术、制造、服务和项目开发等要素，提供风电系统解决方案，形成了独特的核心竞争力。作为国内领先的风力发电机组制造及系统开发和集成商，金风科技拥有自主知识产权的直驱永磁技术是目前全球风电领域最先进的技术路线。

金风科技在发展过程中形成了“以市场优势促进产品开发，以开放合作的文化整合全球技术与零部件资源，以专业化的协作创建高效可持续的盈利模式，为客户创造最大价值，使企业逐步走向国际化经营”的企业发展战略。目前，与公司直驱永磁风机相配套的技术研发、供应链、产品生产、质量控制、服务体系正日趋完善；国内布局基本完成，国际化战略正在稳步推进。截至 2010 年报告年度，金风科技西安 MW 级风电基地和江苏大丰海上风电产业基地建成投产，国内九大整机制造基地的区域布局已经基本形成；公司的国际化发展战略稳步推进，完成了海外目标市场的确定及业务布局，海外市场拓展初见成效，公司产品及业务已成功登陆欧洲、北美洲、非洲、澳洲等地区。

VENSYS 是全球范围内最早研发直驱永磁风力发电技术的一家德国设计公司，是世界上少数几个有能力开发该技术的公司之一。作为全球开发永磁直驱技术的领先者，VENSYS 拥有尖端的风电技术研发能力，拥有多项风电技术专利及专有技术，其技术具有“直驱、永磁发电机、先进的轴布局结构、总量轻、高效率”等特点。并购前后，VENSYS 开发出了 1.2MW、1.5MW 和 2.5MW 的直驱永磁风机，其中 1.2MW 和 1.5MW 风机通过了德国风电测试机构 WINDTEST 的测试，其性能在全球现有各种风电设备中具有较大优势。通过与金风科技的合作，VENSYS 实现了直驱永磁技术平台研发的 MW 级风力发电机组的批量产业化，并已与金风科技、西班牙 Eozen 公司、捷克 CKD 公司、印度 Regen 公司等签署了技术转让协议，每年可以从中获取稳定的技术转让收入。技术转让及技术提成费是 VENSYS 并购前的主要收入来源。进行并购接洽的 2007 年前三季度，VENSYS 营业额及利润分别为 1057 万欧元和 288 万欧元。

VENSYS 有近 20 年的直驱永磁风机开发经验，但是此前一直没有自己生产过一台风机。这种纯研发的状况让 VENSYS 人担心自己对市场和产业化应用的感觉出现偏差，担心自己最终可能脱离实际，从而丧失竞争力。因此，VENSYS 希望能够在德国本土拥有自己的工厂，成为一个整机生产商，以便较好地保持研发与制造以及市场的互动关系，并最终维持自己的技术优势。

由于 VENSYS 公司在直驱永磁技术上具有领先优势，加上直驱永磁技术逐步为产业界认可、接纳，国际上一些投资银行、风电设备企业都想收购它，多家公司加入了竞购行列。在金风科技董事长武钢看来，VENSYS 公司先进的直驱永磁技术固然重要，其将近 20 年的技术研发经验和朴实、有凝聚力而且素质很高的研发团队更是具有不可抗拒的吸引力。

2008 年 4 月，金风科技通过其设在德国的全资子公司德国金风与 VENSYS 的股东签订协议收购对方持有的 VENSYS 70% 的股份。该股权交易的定价依据是德国福瑞兹 - 马克会计审计税务股份有限公司出具的德国 VENSYS ENERGY 公司评估报告（评估基准日为 2007 年 9 月 30 日）。该评估报告使用收益法中的现金流贴现法确定 VENSYS ENERGY 公司最终的整体市场公允价值为 61597027.32 欧元，根据该评估，70% 的 VENSYS 股权价值为 43117919.12 欧元。最终的交易结果为，每股价格 11.78 欧元，70% 的股份（计 350 万股）总价为 4124 万欧元；同时，金风科技承诺于 2008 年内在德国投资约 500 万欧元建造一座风机生产厂房，德国金风拥有厂房产权，按照当地市场价格租赁给 VENSYS 使用，租赁期限暂定为五年；还有，金风科技承诺在成交后两年内为 VENSY 提供担保，使它获得总额不超过 2000 万欧元的银行流动资金贷款，用于日常经营和业务发展；此外，作为金风科技间接控股的子公司，交易完成后德国 VENSYS 的整机制造业务限定只能在金风科技不拥有销售权限的区域进行销售，与金风科技不构成同业竞争的关系。

根据并购协议的约定，德国金风向 VENSYS 股东支付股权对价的时间安排为：2008 年 3 月 15 日前支付 16380000173300 欧元；2008 年 4 月 30 日前再支付余下的 24860000263018800 欧元。

金风科技并购案例没有获得中联重科并购案例那样显赫的荣誉，但是其并购绩效一点不输于中联重科并购案例，甚至有过之而无不及。在金风科技之前，国内的风电设备制造产业虽然规模庞大，发展高速，但是都没有自己的核心技术，都属于引进技术生产，金风科技自身也引进技术生产了很多年。只有在金风科技并购德国 VENSYS 公司以后，中国风电设备制造企业才第一次拥有了自己的核心技术，而且是世界领先的直驱技术。在并购的当年，VENSYS 就为金风科技带来了 300 万欧元的利润，一部分来自技术服务，另一部分来自设备销售。目前，金风科技借力 VENSYS 打开了国际市场的大门，加速实现了市场国际化、技术国际化和人才国际化的目标。2010 年 10 月 8 日，并购以后的金风科技在中国香港 H 股上市，内地 A 股与香港 H 股两市市值相加接近 80 亿美元，成为当时全球市值最大的风电设备制造企业。

2. 绩效欠佳的中国制造企业海外并购案例

同确认一宗并购案绩效显著很困难一样，确认一宗并购案绩效欠佳也不容易，不是只看并购后一两年的财务报表那么简单。但是，如果并购整合已经五年以上，而且公认整合失败或者已经彻底放弃退出，那么把它们归入绩效欠佳的案例就比较可靠了。TCL 并购法国汤姆逊彩电业务（以下简称 TCL 并购案例）和上海汽车并购韩国双龙汽车（以下简称上海汽车并购案例）就分别属于这两种情况。本章选择 TCL 并购案例和上海汽车并购案例作为绩效欠佳的中国制造企业海外并购典型案例。案例资料来源以相关媒体报道和相关研究论文等二手资料为主。

案例 3　TCL 并购案例

TCL 集团股份有限公司创立于 1981 年，最早只是一家以进口显像管组装彩电为生的地方国有企业，后来得到了惠州市政府的大力支持，产品链迅速拓展到多媒体、手机、空调、电冰箱、灯具等领域。目前，TCL 是中国最大的全球性规模经营的消费类电子企业集团之一，旗下拥有三家上市公司：TCL 集团（SZ. 000100）、TCL 多媒体科技（HK. 1070）和 TCL 通讯科技（HK. 2618）。目前，TCL 拥有多媒体、通信、家电和部品四大产业集团，以及房地产及投资业务群和物流及服务业务群两大业务集群，其中，彩电制造量处于全球第一位。在

30多年的发展历程中，TCL集团以超前的观念和行动，主动认识和培育市场，在中国市场创造了“有计划的市场推广”“服务营销”等市场拓展新理念，系统地形成了一系列全新的经营理念和管理机制。

TCL集团以“为顾客创造价值、为员工创造机会、为社会创造效益”为企业宗旨，“敬业、诚信、团队、创新”为企业精神，以“研制最好的产品，提供最好的服务，创建最好的品牌”三个“最好”作为企业的竞争策略，以创建世界级的中国企业为宏伟目标。

汤姆逊集团已经有100多年的历史，最初是由大发明家埃里胡·汤姆逊和托马斯·爱迪生共同创建的。目前，汤姆逊是全球第二位的大屏幕电视彩管供应商和全球第四位的消费电子集团。

100多年以来，汤姆逊集团继承和发扬了两位创始人勇于创新、不断追求完美技术的优良传统，从超过6000项发明中得到了30000多项专利权，是世界上拥有专利权最多的公司之一。这些专利主要分布于汤姆逊集团的现有产品线领域（如彩电、录像机、便携式摄像机、彩色显示器）。此外，汤姆逊在一些新技术领域中也拥有强大的专利地位，如数字解码器、高清晰电视、数字电视、光模块专利，包括CD和DVD播放机技术、MP3和互动电视技术等。

借助其技术领先优势，汤姆逊集团在美国和欧洲拥有稳固的市场地位，它的高端家电产品在欧洲市场占据着领先地位，其彩电产品更是美国市场的第一品牌。不过，汤姆逊意欲出售的彩电业务已经连续多年亏损，2003年的亏损总额高达17.32亿元人民币。TCL和汤姆逊接触的时候，汤姆逊正试图转型退出家电制造领域。

2003年11月，TCL高层领导与汤姆逊的代表经过频繁接触后在中国订立了收购协议谅解备忘录。2004年1月，TCL集团与法国汤姆逊公司共同成立合资公司TTE的合同签订仪式在法国总理府举行。2004年2月，汤姆逊同意把高端彩电业务及其研发部门纳入TTE。2004年8月，TTE在深圳挂牌开业。

为了规避法国政府的跨国并购审查，本次并购是以合资吸收方式完成的。根据2004年1月28日TCL集团与汤姆逊集团在法国正式签订的协议要求，TCL集团与汤姆逊集团将合并双方的彩电及DVD资产，组建合资公司TTE。TCL将其在中国大陆、越南及德国的所有彩电及DVD资产及业务投入新公司；汤姆逊集团将其位于墨西哥、波兰及泰国的彩电工厂、DVD的销售业务，以及所有彩电及DVD的研发中心投入新公司。TCL集团CEO李东生与汤姆逊集团代表就资产估价问题进行了漫长的谈判。汤姆逊集团最初要求按照当时的汇率，以现金流折算其电视业务净资产为1.7亿欧元，TCL的净资产为2亿欧元。而TCL方面提出的算法是，以未来36个月的盈利预测为基础，估算双方进入合资公司资产的价值。后来由于汤姆逊公布的2003年彩电业务亏损很大，李东生又要求汤姆逊额外支付重组费用5000万欧元。最终达成的方案是，汤姆逊集团向合资公司投入资源的总价值必须超过3亿欧元，获得TTE 33%的股权。

为了方便汤姆逊集团从TTE退出，真正意义上完成并购，双方还做了一个特别的交易安排。那就是TCL集团通过下设的国际控股公司持有TTE 67%的股权，先是双方同步注入资产，把汤姆逊集团想要剥离的彩电及DVD业务吸收进来，然后，汤姆逊可以在TTE成立后的18个月内用合资公司的股份置换TCL国际控股的股份，从而实现退出。

把TCL并购法国汤姆逊彩电业务归入整合失败类型的理由如下：①2004年并购以后，2005年、2006年两年中TCL每年都有接近20亿元这个天文数字的亏损，而并购之前是每年7亿元以上的利润，原来预计扭亏的时限是18个月；②2006年下半年以后，TCL又开始收缩渠道，几乎关闭了所有欧美市场的亏损业务，回到了"走出去"前的原点；③李东生自己也承认，"2004年匆匆忙忙地收购法国汤姆逊彩电业务和阿尔卡特公司是过于草率了"。

案例4 上汽集团并购案例

上海汽车工业集团股份有限公司（以下简称上汽集团）是国内最大的整车上市公司。2011年，通过向上海汽车工业（集团）总公司及上海汽车工业有限公司定向发行股份收购其独立零部件、服务贸易和新能源汽车业务相关的资产，上汽集团实现整体上市，总股本110亿股，是A股最大的上市汽车企业。

改革开放30多年来，上汽集团抓住各种机遇，加快发展，从一家地方企业发展成为全国最大的汽车集团。2011年，上汽集团整车销量超过400万辆，继续保持国内第一的地位，并以上一年度542.57亿美元的合并销售收入，排名《财富》杂志世界500强第151位。目前，上汽集团有6万名员工，主要业务涵盖整车和零部件的研发、生产、销售，以及汽车服务贸易业务（包括汽车金融），在上海和全国各地拥有11个汽车整车基地，主要生产经营上汽荣威、大众、斯柯达、凯迪拉克、别克、雪佛兰、双龙、五菱汽车、申沃客车、红岩重型车等14个品牌的汽车和汽车零部件。

随着企业的发展，上汽集团的组织结构发生了很大变化，先后在江苏仪征、广西柳州等地建立了11个汽车整车生产基地；与德国和美国等13个国家（或地区）的国际汽车企业共同建立了80多家合资企业；参股韩国大宇汽车；控股韩国双龙汽车；收购英国罗孚汽车整车和发动机技术，并成立上汽英国技术中心；在北美和欧洲等地建立了五家海外经营公司。这些变化要求上汽集团的企业文化建设也要适应这种多元和跨国的变化。在上述背景下，以胡茂元为首的上汽管理层把上汽集团的愿景明确为“为了用户满意，为了股东利益，为了社会和谐，上汽要建设成为品牌卓越、员工优秀，具有核心竞争能力和国际经营能力的汽车集团”，把上汽集团的价值观提炼为“满足用户需求，提高创新能力，集成全球资源，崇尚人本管理”。

韩国双龙汽车公司（以下简称双龙汽车）是韩国第五大汽车制造商，主要生产大型SUV和特殊用途车辆。双龙汽车创办于1954年1月，于1975年上市，它最初的业务以生产重型商务车和特殊用途车辆为主。1983年，双龙汽车并购韩国东亚汽车公司，然后迅速崛起，并开始实施国际化。1991年，双龙汽车与德国奔驰公司结成战略伙伴进行合作，引进了奔驰的汽油/柴油发动机技术并共同开发轻型商务车。此后，双龙汽车旗下的唯一轿车品牌——“Chairman”配备了奔驰的发动机和传动装置，一度在韩国中高端轿车市场占据了优势。与此同时，双龙汽车还成了韩国RV市场无可争议的领导者。

好景不长，受1997年亚洲金融危机的冲击，双龙汽车资金链断裂，因资不抵债而被大宇集团收购。1999年，雄心万丈的大宇集团宣告破产，双龙汽车又被分离出来成为独立的上市公司。由于经营不善、资不抵债，双龙汽车的债权人通过两次债转股取得了该公司的控股权，并开始探讨向海外出售股权。

并购前的双龙汽车实际存在产品单一的缺点，它一直把自己定义为休闲车（Recreation Vehicle，RV）市场的世界领导者，核心竞争力集中于该领域。RV是一种适用于娱乐、休闲、旅行的汽车，从广义上讲，除了轿车和跑车外的轻型乘用车，都可归属于它。事实上，双龙汽车的生产管理水平、技术装备、研发能力和人力资源都不比上汽集团强很多。如果没有奔驰的技术支持，尤其是离开其柴油动力方面的技术和配件，双龙汽车几乎无法生存。即便如此，在双龙汽车RV技术中最重要的动力总成方面，都限于使用排量在3升以上的柴油动力。2000年前，韩国政府鼓励使用柴油，使汽油的价格是柴油价格的近一倍，这就使双龙汽车的市场环境十分有利。某种程度上讲，双龙汽车的辉煌主要得益于韩国政府的这一鼓励政策。但是，2000年后，韩国政府取消对柴油的各种补贴，这就使双龙汽车的竞争优势根基不保。

除了产品单一、技术偏门外，双龙汽车还有一个致命的弱点：由于规模不够大，没有建立自己的汽车金融公司。但是韩国市场上80%的消费者依靠贷款买车，如果没有自己的汽车金融公司，一旦银行惜贷就只能坐以待毙。

2003年，双龙汽车债权团邀请海外企业前往韩国投标，从中遴选合适的购买对象。2004年7月，上汽集团中标，以每股1万韩元，总计5亿美元的价格，收购双龙汽车48.92%的股权。尽管遭遇了双龙工会的罢工抵制，双方还是于

2004年10月正式签订了成交协议。2005年，上汽又增持双龙股份至51.33%，成为其绝对控股的大股东。

本次并购在中韩两国都引人注目，不过两国的兴奋点彻然相反。在中国，它被视为汽车企业告别学徒生涯、走上国际舞台的初次亮相，被寄予厚望；在韩国，它被视为一个成功的企业出售案例，双龙债权团获得了较高的溢价。

相比于TCL，上汽集团车并购韩国双龙汽车的失败性质更为明显，因为在上汽集团投入50亿元左右的资金后，韩国法院已经于2009年2月6日宣布双龙汽车进入破产重组程序，意味着双龙汽车的大股东上汽集团永远失去了对它的控制权，投资打了水漂。

二、案例研究过程

本章最后呈现的案例研究部分是建立在上一章通过类比建立了理论假设和模型的基础之上的，所以依次有案例分析框架、案例调研提纲设计、资料收集和资料分析这几个环节。事实上，在所有上述工作之前本书已经收集了大量资料，对各案例都有了一个初步的认识。所以严格来说应该是案例分析框架再设计、案例调研提纲补充设计、资料再收集和再分析。

（一）案例分析框架

基于上一章提出的理论模型和假设，本章对每一个案例都进行了分析和总结，目的在于明确理论构念以及它们之间的关系。本章案例研究部分的总体思路是先对选定的单个企业案例做出独立的分析，然后通过跨案例分析建立概念框架（Eisenhardt，1989）。

Eisenhardt和Graebner（2007）认为，整理案例资料时最好通过表格的形式总结各案例的主要内容，以便观察是否存在一个可复制的逻辑，然后就可以通过多案例比较分析，综合和比较单个案例分析所产生的结论。通过比较在单个案例中总结出的理论模型，可以开发出更加可靠的理论概念和命题，并结合以往的理论研究，发现自身研究的创新和贡献（Eisenhardt，1989）。在第三章提出的理论假设和模型的基础上，经过初步的数据分析，本书确定最终的案例写作框架如表4－2所示。

表 4－2 本书的案例写作框架

工作进程	主要工作	指标
并购前	结合潜力评估 （高层认知决策）	战略匹配性 组织匹配性 环境许可性
并购谈判	并购谈判和交易方案设计 （高层认知决策）	交易价格 支付方式 整合方式
并购后整合	全方位整合	组织整合 环境整合
整合后管理	员工关系管理	抑制型 耐受型
并购绩效		实现的协同效应

（二）调研提纲设计

由于企业并购行为属于企业的重大战略行动，相关信息只有高层掌握。本书在案例调研时有针对性地选定了一些企业中的主要人物进行访谈。鉴于企业家的时间比较宝贵，接受访谈的时间有限，为了在有限的时间内获得尽可能多的信息，本书设计了一些结构性访谈内容，拟定了调研提纲。这些访谈的主要目的是形成案例资料和了解相关信息，同时也是为形成有效的测量问卷做准备。访谈内容主要围绕企业并购的四个阶段进行，同时把组织免疫和排斥反应作为重点，看他们在并购实践中是否有类似的感觉。

在访谈的开始和结尾阶段，一般会有机会和受访对象寒暄，研究团队也会问一些开放性的问题。开放式的问题主要包括企业历史、经营规模、行业事件、工作感受等情况，偶尔也谈到受访者在企业的工作内容、年限及其教育背景等内容。在开放式访谈过程中，我们一般首先就企业的历史和战略与受访者进行交流，再逐步过渡到进行并购的背景上来。在开放式访谈阶段，我们通常会简要介绍组织免疫理论的研究背景和内容，引导受访者的关注焦点，使其能够就所研究的问题进行陈述。

（三）案例资料收集

殷（2004）认为，在案例研究的资料收集阶段，必须尽可能遵循以下原则：①多渠道、多方法收集数据，使用多种证据来源，寻求三角互证，从而为构念和假设提供更有力的支撑（见图4－1）；②将收集的资料进行编辑汇总，建立案例研究资料库，不是最终的案例研究报告，但是为最终编写案例研究报告服务；③尽可能在问题、资料和各种结论之间建立直接的联系，从而形成一系列的证据链。本书研究正是在尽可能遵循上述原则的基础上开展资料收集工作的。首先，本书研究力求资料来源的多元化和多层次化（Jick，1979），具体包括投行人士、内部访谈、竞争对手访谈、公司公告以及研究报告等；其次，本书研究采用了资料收集和分析同时进行的办法，随时形成或者修正证据链；最后，本书研究分别为所跟踪的多个并购案例单独建立了各自的资料库，在整个研究期间随时补充更新，最终再根据本书需要从中选择了四个案例进行深入挖掘和分析。

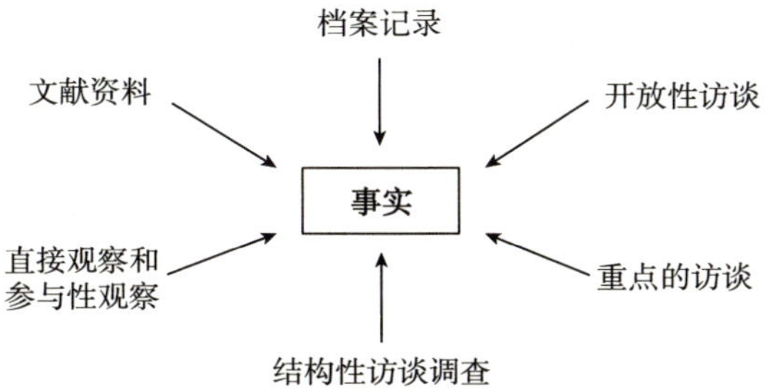

图4－1 多种证据来源的整合

资料来源：COSMOS公司，转引自［美］罗伯特·殷：《案例研究：设计与方法》，周海涛主译，重庆大学出版社2004年版。

本书所使用的资料来源主要包括：①广泛的档案资料，比如企业内外部的期刊、年报、公司档案材料等；②访谈；③投行人士和竞争对手访谈；④文献资料，包括期刊上发表的论文、会议论文等；⑤其他非正式的信息获取渠道，主要是电子邮件和电话等。其中，最重要的资料来源还是半结构性的访谈。

访谈是案例研究方法不可或缺的信息来源之一，也是本书研究最重要的信息来源。因此，本书研究对每次访谈都做了精心的准备。具体包括：①提前设计好开放式和结构化的两种访谈提纲，并精心选取那些能够尽可能多提供信息的受访者，针对不同的受访者使用不同的访谈提纲；②在每次访谈的开始或者访谈过程中，我们都要向受访者说明本书研究的主要内容和目的；③尽可能录音，在整理成文字后，再向其确认主要观点的正确性；④对于一些时间相对宽裕的受访者，我们便尽可能多地获取信息，不再采用结构化的访谈提纲，而是问一些宽泛的、开放性的问题。

（四）资料分析

本书研究的理论模型和理论假设是在继承和发展原有理论的基础上通过类比得出的，多案例研究在本书中主要起验证和修正假设的作用。所以本书研究中的资料分析方法为依赖理论假说类型，也就是说是从理论命题出发，寻找各案例中能够反映构念的数据，然后再寻求理论和数据之间的紧密匹配，最终通过对案例的分析来验证或修正假设。

作为多案例研究，本书研究的目标在于寻找组内的共同点和组间的特征差异。具体操作时，首先还是对单个案例进行资料的整理和分析，以保证逻辑上的独立性；然后在同组案例间进行对比分析，寻找其相同点和不同点，尤其是其共同点；最后再将案例分组对照。在本书组织上，笔者首先进行单案例研究，按照此前得出的理论框架，对每个案例内容都进行详细的介绍，并进行单案例分析和总结。然后再对全部案例进行比较分析，试图从不同的单案例研究中找到相同的理论逻辑。

由于是依赖理论假说类型的资料分析方法，笔者在案例研究之前就充分阅读了相关的文献资料，对前人的研究有较好的了解，从而确保了研究是围绕既定的主旨和问题展开的。

通过对以上四个案例的分析，本书试图明确结合潜力、全方位整合以及整合后管理的内涵，以及它们对并购绩效的影响，最终阐明其中的逻辑关系。在以后的章节中本书将分别就各案例企业各自展开介绍和剖析，以考察理论构建时提出的各个概念以及它们之间的关系。

三、相关保障措施

案例研究的缺点在于很难保证构念效度、内部效度、外部效度和信度都有较高的水平（殷，2004）。相对于单案例方法，本书采用多案例研究的方法，有助于在一定程度上提高研究的效度和信度。在研究设计上，本书选取两组具有较强对比性的案例，同时实现逐项复制和差别复制，也有助于提高研究的效度和信度。

为了提高信度和效度，本书研究还在研究过程中尽可能地采取了如下一些保障措施。具体包括：①为了保证构念的延续性和有效性，尽可能不新创造构念，采用把几个原有构念组合起来或者对原有构念加定语的办法来表达本书研究中新出现的现象；②尽可能地让更多的人帮助参与调研和访谈，包括导师和同学；③以私人关系和学校介绍信相结合的方式争取访谈对象最大限度地支持和配合；④以各种途径了解竞争对手对研究对象的并购行为的评价，对相关信息进行验证；⑤先将案例进行单个整理和分析，避免相互干扰和影响，保证了逻辑上的独立性，提高了研究的内部效度；⑥除了用案例验证假设外，还把假设与已有文献相印证。

第五章　中联重科并购意大利 CIFA 案例研究

中联重科并购意大利 CIFA 案例是较早的一个中国制造企业并购全球行业领导者的案例。并购发生的当年，中联重科尽管整体规模大于 CIFA，但是自身的混凝土机械业务规模和水平还不及 CIFA。某种程度上还是属于以弱并强的逆向并购，但是中联重科不但成功整合，获得了可观的经济效益，更重要的是获得了巨大的形象加分，社会和政治效益同样十分明显，为自身甚至可以说为整个中国企业的国际化做出了巨大的贡献。本章首先介绍研究资料的获取渠道和方法，然后根据第四章提出的案例研究框架依次介绍本案例的主要内容并进行扼要的小结。中联重科并购案例概况如表 5－1 所示。

表 5－1　中联重科案例概况

工作进程	主要工作	指标
并购前	结合潜力评估：中联重科、联想弘毅和意大利本土的曼达林基金，加上外聘的并购顾问高盛公司，认识与实际情况相近	战略匹配性：中联重科得到技术、品牌和渠道；CIFA 得到资金、市场和低成本优势。组织匹配性：程序和文化上由于中联重科给予对方相对独立的地位，不存在问题，资源匹配性上存在 CIFA 吃惯了“精粮”，中联重科在中国都喂“粗粮”的问题 环境许可性：中联重科拉上了官方背景很强的意大利本土基金曼达林，所以环境许可性很高，甚至优于其他竞争者
并购谈判	并购谈判和交易方案设计：拉上了两个专业的投资机构作为战略合作伙伴，财务压力小，方案合理，也没有为日后的整合留下隐患	交易价格：CIFA 全部股权作价 3.755 亿欧元 支付方式：中联重科持股 60% 余下的部分由其他投资者持有，拥有三年后向中联重科出售的期权 整合方式：CIFA 保持相对独立自治的经营方式，但是尽可能获取协同效应

续表

工作进程	主要工作	指标
并购后整合	全方位整合	组织整合：保留了全部原 CIFA 团队、实现了技术和生产资源的优势互补，文化上实现了和谐共处 环境整合：客户、供应商整合顺利，意大利政府高度支持和认同
整合后管理	员工关系管理	耐受型：基本实现了耐受型整合后管理、意大利员工和高管与公司同舟共济，组织承诺属性和自然人属性明显，基本上看不到民族属性和经济人属性的影子
并购绩效		实现的协同效应：十分明显，国际企业的形象为国外投资者认可，资本市场受追捧，经济效益也明显

注：指混凝土原料中的沙石料比较粗糙，达不到规范标准，而西方国家的砂石料严格满足规范要求。

一、资料来源

对于中联重科并购案例的调研，主要分为五方面的内容：①中联重科企业概况和并购需求；②CIFA 企业概况和被出售的原因；③并购过程；④整合过程（含本书研究提出的整合后管理阶段）；⑤并购绩效。

本案例调研工作从二手资料的收集开始，主要指公司年报等内部资料和图书馆各种期刊的阅读。在了解中联重科并购 CIFA 事件的背景和经过之后，再找中联重科内部以及行业相关人员进行访谈，获得一些新的信息，并验证二手资料所提供的内容和假设。访谈对象主要包括：中联重科内部参与了并购过程、了解并购细节信息的高管；中联重科内部没有参与此次并购的高管；中联重科混凝土事业部的普通中层；中联重科国内主要竞争对手（也是此次竞购 CIFA 的竞争对手）三一重工的相关工作人员；混凝土机械的用户（也是中联重科和三一重工等工程机械企业的主要大客户之一）中建五局的一线操作工人。

中联重科的访谈主要通过以前在中建五局的同事安排。亦公亦私的关系在很大程度上帮助研究者顺利地见到了中联重科的高层，也得到了较大力度的配合和支持。也正是由于掺杂了私人关系的因素，个别的受访人士在和我们进行会谈时比较放松，透露出一些不同的声音。对于这种个别的不同意见，本书研究给予了高度的重视，在与其他人士的访谈佐证以后，再次与其沟通，并最终统一了认识。访谈三一重工相关人员同样通过其大客户帮助安排，受企业制度的限制，在此不能透露其姓名和职务。

为了访谈中联重科相关人员，课题组成员特意在长沙停留了一个星期。后来，又通过电话和邮件进行交流，力求信息全面充分。本次调研的方式主要是面谈，电话和邮件只是补充，所有的访谈都进行了录音和记录，在案例写作过程中逐渐加以整理。本案例访谈过的主要人员如表5-2所示。

表5-2　主要访谈对象

调研对象	职位	人数	访谈形式
中联重科	董秘（并购时任投资部经理）	1	面谈、电话访谈、邮件
	融资租赁部总经理	1	面谈、电话访谈
	中层、普通员工	5	面谈、电话访谈
三一重工	相关人员	2	面谈
中建五局	副总、工人	3	面谈

二、并购过程

（一）并购准备

早在1997年，还没有上市的中联重科就已经提出了以技术、资本、市场为纽带，通过参股、控股、联合、兼并等方式，整合行业资源的发展战略。2000年实现在深交所A股上市以后，中联重科实施了一系列的成功并购，从而获得了“爆炸式”的增长。这些并购包括：2001年收购英国保路捷公司，这是中国加入世界贸易组织后国内企业首次成功并购国际知名企业，2002年承债式收购湖南机床厂，2003年与长沙建机院、浦沅集团、浦沅工程机械有限公司一起四方重组、实现“中联”“浦沅”两大强势品牌的携手并进和融合发展，2008年3月重组并购陕西新黄工，正式进军土方机械产品领域，2008年4月改制重组湖南汽车车桥厂。

在取得持续多年的超常规发展后，以詹纯新为首的中联重科管理层居安思危，结合国内外工程机械行业的发展趋势，提出了以“专业化、股份化、国际化”为方向，被称为“裂变-聚变”的发展战略。所谓“裂变”，其核心思想可归纳为两个方面：一是以专业化分工为基础形成多个专业化的事业部；二是通过对产业链的“上下延伸”，增强对产业链的控制力，通过并购整合国内、国际资源，完善企业的产业链，实现均衡发展，提升各事业部的竞争力，进而大大提高企业的整体竞争力。所谓“聚变”，就是把国内事业部与国外同专业的企业聚合，形成跨国事业部，以实现“借船出海，里应外合”的战略目标。至此，建立国际化的全球企业成为中联重科的战略目标。

此外，工程机械行业是一个技术与资金密集、规模经济效应极其明显的行业。目前我国正进入加速城市化的阶段，基础设施建设已经进入快速发展期，并将在未来一段时期内保持这一趋势，与此相应，我国的工程机械行业也将获得长期持续发展；另外，与国际知名企业相比，我国工程机械行业依然面临数量众多但是单个企业规模小、核心技术能力不足的问题。在全球经济一体化的大背景下，我国的工程机械行业面临着如何尽快做大做强的问题，正在出现专业化、国际化的发展趋势。行业内的龙头企业都在尝试“走出去”、国际化，包括海外设厂、海外并购、海外设驻办事机构和服务中心等方式。在这种形势下，中联重科董事长詹纯新认为，国内工程机械市场将逐渐饱和，工程机械行业存在产能过剩的潜在风险；市场多元化是分散这种风险的一个重要途径，巨大的产能释放需要去国际市场找出口。他还认为，只有“走出去”，积极参与海外并购，图谋海外市场，才能真正做大做强中联重科。

可见，到 2008 年中联重科并购 CIFA 前，它不但具有海外并购的战略需求，而且具备了一定的经验和能力去实施较大规模的海外并购。如果能够收购 CIFA，对中联重科来说意味着“聚变”战略迈出了关键的一步，公司将熟悉和掌握运作全球化企业的经验，实现国际化接轨。同时，成功并购 CIFA 将使中联重科在混凝土机械方面的生产能力得到大幅提升，成为全球最大的混凝土机械制造企业。这对提升中联重科在该领域的竞争力将很有帮助。中联重科联手其他投资者收购意大利 CIFA 100% 股权，正是中联重科国际化战略的关键一步。

1. 双方的战略匹配性

（1）实际的战略匹配性。

中联重科和 CIFA 之间的战略匹配性主要表现在双方的产品和市场的互补性上。其中，产品方面的互补性包括：①在生产成本方面，中国的原材料和劳动力价格水平远远低于意大利，CIFA 则在生产工艺和技术方面有一定的优势，双方优势结合可以同时降低双方的生产成本。②在采购方面，由于采购规模扩大，可以提高采购谈判的议价能力，争取更好的供应条件，还可以进一步降低成本。③在产品技术方面，CIFA 可以在某些领域提高中联重科的技术水平，丰富中联重科的产品线，同时，中联重科的集团研发优势也将惠及 CIFA。总之，通过并购，两者技术和制造能力的优势互补能够使并购后企业的产品可靠性、先进性、市场竞争力大大提高，企业的产品研发创新能力也可以显著提高。市场方面的互补性包括：①在品牌方面，双品牌可以满足不同层次、不同要求的客户需求。②在营销网络方面，中联重科在中国国内具有优势，CIFA 在欧美等中国之外的市场具有优势，可以形成国内市场与海外市场互补的格局。中联重科和 CIFA 的战略匹配性还表现在 CIFA 在中联重科决定实施国际化发展战略而又尚未实现的时点为中联重科提供了机会，可以成为中联重科在发达国家市场拓展业务的重要支撑点。中联重科则是在 CIFA 股东出现财务困难，企业自身债务缠身的困难时期，不但可以为企业提供持续健康发展急需的现金支持，而且可以为 CIFA 开拓巨大的中国市场提供全方位的支持。

（2）中联重科对战略匹配性的认识。

并购之前，中联重科对 CIFA 战略态势的调查结论为：①CIFA 产品线齐全、研发力量雄厚、综合实力很强；②CIFA 公司的产品基本上与中联重科相一致，有的产品还可以形成互补；③CIFA 当时的资产负债率高达 83%，营利能力一般；④CIFA 还在正常经营，而且能够盈利，考虑其产品、营销和研发方面的优势，质地堪称优良。

董事长詹纯新认为："并购是中联重科参与国际市场的一个重要手段，而且 CIFA 质地优良，一直保持盈利状态，还拥有多项核心专利技术，这与以往中国企业海外并购的通常都是些亏损或累赘企业大为不同。"这就充分说明中联重科的管理层高度认可 CIFA 对于自己的战略价值。

2. 双方的组织匹配性

本书第三章定义企业并购时的组织匹配性为"两家企业在程序上、文化上以及资源上的相容性"。程序上的相容性从管理风格、报酬和评价制度以及公司治理三方面进行评价；文化上的相容性从相互对对方的开放性和合作性两方面进行评价；资源方面的相容性则从双方资产在工作原理、原料品种、规格标准以及产品质量标准等方面的通用性或者可适应性方面进行衡量。

（1）程序相容性。

1）管理风格相容性。在收购 CIFA 之前，中联重科精心实施了一项特别的组织匹配性评价——目标企业管理团队的评价。詹纯新认为，原管理团队与员工的关系千丝万缕，对员工的影响力难以预测。如果搞接管模式，派管理团队进驻，有可能形成上下异心、相互斗争的不利局面。如果目标企业有一个符合评判标准的好管理团队，就只需要在了解团队成员们个人能力的基础上进行调整，将人才安置到有利于激发其潜能的适当岗位上。双方的融合因此更加顺利、高效。事实上，中联重科虽然是国有控股，但是詹纯新作为企业的创始人，高瞻远瞩，具有很大的领袖魅力，在企业内部深孚众望，不自觉地被企业员工当成了家长，个人影响力巨大；CIFA 作为意大利企业，也是信奉权力导向文化，愿意把领导者当成“家长”加以信任和追随。此外，中联重科以董事长詹纯新为首的管理团队此前经历多次并购，看重目标企业的技术价值和经济潜力，与各种类型的管理团队相处的经验丰富；CIFA 作为全球混凝土行业的技术领导者，本身是公众公司，管理团队对技术领先、产品品质和企业生存发展的关注远远超过对个人利益的关注。综上所述，中联重科和 CIFA 的管理风格基本上是相容的。

最重要的是，调查还表明，CIFA 拥有一个优秀的高管团队。这一点在并购后整合和应对金融危机的过程中得到了充分的体现，也发挥了巨大的作用。并购 CIFA 时，中联重科曾宣布并购后不裁员，但是，金融危机发生后，CIFA 的订单剧减，工厂严重开工不足，人力资源成本浪费很大。在此形势下，以 Maurizio Ferrari 为首的本土高管团队在中联重科本部不知情的情况下主动做了一次裁员，把 1100 人的员工队伍减到了 700 多人，并且把矛盾和责任都在原 CIFA 的内部消化掉，事后才向董事长詹纯新汇报。Maurizio Ferrari 对詹纯新解释说：“裁员并不是因为并购，而是金融危机的影响太严重了。即便没有发生并购，CIFA 也必须用这种办法来应对环境导致的大衰退。裁员的事在西方也是很正常的，我们处理得很好。”这次事件证明中联重科当初对 CIFA 高管团队的判断是正确的，他们确实是一个品格高尚、具备很高职业道德水平的团队。

2）报酬和评价制度相容性。中联重科脱胎于国有企业，整体工资水平受国家相关政策的指导和制约较大，但是经过管理层的不懈努力，很多方面都已经与市场接轨，企业内部对较大的收入差距已经普遍认可，尤其是对较高的绩效奖金和国际人才的高工资都已习以为常。CIFA 是典型的欧洲企业，一直以全国和行业范围的谈判为其制定工资方案的基础，同时采用与绩效相关的以个人成绩为基础的奖励机制。这样，CIFA 方面没有特别的要求，中联重科方面能够包容多样性，两者的报酬评价制度自然就相容了。

3）公司治理相容性。中联重科的控股股东是国有企业，但是是上市公司，而且当时已经在努力争取股权的多元化和国际化（2010 年 12 月成功实现在中国香港上市），各方面都在朝着科学的现代企业制度靠拢。CIFA 是历史悠久的意大利上市公司，公司治理方面规范透明，国际化程度也很高。再加上本次收购的战略投资者之一曼达林基金是意大利本土企业，可以起到沟通和缓和矛盾的作用，所以两者在公司治理方面也是相容的。

公司治理方面的相容性还表现在中联重科在企业所有权方面对原 CIFA 高管持开放和欢迎的态度。后来的事实证明，在重组整合达到预期目标后，CIFA 的管理团队主要成员都买入了较大数额的 CIFA 公司股份，与中联重科的利益关系更加紧密。不仅如此，中联重科还接受了 CIFA 的原卖方股东之一 Edoardo Lanzavecchia 出资 200 万欧元重新入股 CIFA 的要求。

（2）文化相容性。

在并购 CIFA 之前，中联重科已经实施过多次并购，已经形成了非常适合并购的包容性文化。在过去的历次收购中，中联重科都没有对所收购公司的管理层进行太大的调整，而且都取得了成功。对于本次跨国收购，以詹纯新为首的中联重科管理层首先是承认东西方文化有差异；其次，他们认为东西方文化也有共同点，只要坦诚相待，促进沟通就有可能不发生冲撞。事实上，中联重科并不是第一家与 CIFA 洽谈收购的中国公司，也不是出价最高的。CIFA 卖方与原管理团队对中联重科文化的认可，是决定性的因素之一。他们觉得中联重科的文化能够与 CIFA 的文化融会贯通。

从 CIFA 的角度看，作为具有 80 多年历史的老牌上市公司，有过很多次大股东变换的经历，企业员工除了关心自己的福利待遇是否会受影响外，并不介意股东是谁。企业当时的债务负担较重，股东又出现了财务困难，重新找一个好的大股东，其意义对 CIFA 来讲远远超出普通的交易范畴，可以说是一个企业能否生存和发展的大问题。中联重科恰恰是这样一个既能够给企业带来急需的资金，又能够为企业带来降低成本、开拓市场等诸多好处的买家，所以当时的 CIFA 无疑是对中联重既开放又合作的。

（3）资源的相容性。

实物资产相容性的衡量貌似简单直观，尤其在横向并购的情况下，人们习惯上认为获得规模经济是必然的，技术、原料采供和市场都能够共享。事实上，生产同种产品未必使用一样的原材料，也可能使用不同的技术，产品规格和特性也可能相去甚远。目前，无论企业实践过程中还是理论文献上都没有看到有人在达成并购交易之前对实物资产的相容性问题给予足够的重视。只有在并购后整合阶段，遇到一些预想的规模经济性或者其他的经济性不能实现时，才会发现类似问题的存在。中联重科并购 CIFA 后就出现了 CIFA 产品在西方市场吃惯了“细粮”，对中国市场的“粗粮”水土不服的问题，预想中的中国市场双品牌战略大打折扣，部分技术转移的价值也相应大打折扣。

（4）双方对组织匹配性的认知。

中联重科方面，按照副总裁孙昌军的说法，中联重科从来都是谋定而动的。詹纯新董事长更是总结出了“要真正站在对方企业与员工的角度，提出合情合理、能够使双方都能有利可图的收购方案”的并购经验。收购 CIFA 之前，中联重科做了风险预评估，制定了对策方案。谈到并购之前的准备工作，孙昌军说：“对照后来在实际操作的过程发生的事，仿佛先前的这些资料是一个剧本，操作的过程只是一场演练。”在收购 CIFA 之前，中联重科还精心实施了组织匹配性评价，包括对目标企业管理团队的评价。正是有了上述准备工作和认识基础，中联重科管理团队在并购以及整合的过程中做到了连细节都不马虎的程度。2007 年下半年，中联重科获悉 CIFA 股东有意出让股权的消息后，董事刘权亲赴米兰了解目标企业的经营情况。这个过程中，刘权注重细节的表现就为中联重科得到不少加分。刘权说：“CIFA 的管理层陪我参观米兰工厂的时候，我就跟他们聊聊中意的不同文化。谈到正事时，我避开了‘purchase’（购买）这个触及人心的敏感字眼，谨慎地选用了‘cooperation’（合作）这个词。我们知道，每个 CIFA 员工当时的心情都会很复杂，心理非常脆弱。”最终，中联重科通过对 CIFA 管理团队的评价表明，他们完全符合中联重科的要求。①

CIFA 方面，首席执行官 Maurizio Ferrari 事后回忆这段中联重科对 CIFA 的并购经历时说：“出售 CIFA 的消息一公布，全球有不少制造业公司派员与 CIFA 接触，其中中国公司也有好几家。在最终报价相差不多的情况下，我们选择了中联重科，因为我们觉得中联重科能够让我们取得最好的发展。”CIFA 相关各方都接受了以中联重科为首的投资组合的并购申请。正是因为他们认为中联重科的文化能够与 CIFA 融合，并相信中联重科能引领他们达成心愿，他们才在众多的买主中选择了中联重科。

上述分析表明，以詹纯新为首的中联重科管理层及其联合投资者、以 Maurizio Ferrari 为首的 CIFA 管理团队以及 CIFA 的股东都对对方企业特性以及对方和自身企业之间的匹配性有足够充分的认知，而且并购整合后的事实证明他们的这些认识是符合客观实际的。

3. 环境许可性

为了提高收购成功的保证，中联重科邀请了弘毅投资、高盛和曼达林基金与自己一起联合对 CIFA 展开收购。高盛不但投资管理经验丰富，而且国际企业的形象为全世界所公认；曼达林基金则是由意大利和中国两国政府倡议并由两国的金融企业联合发起设立的产业投资基金（该基金的主要发起方为中国进出口银行、中国国家开发银行及意大利圣保罗意米银行）。这样的投资组合，既熟悉中国国情、中国文化，又具有国际视野和国际背景，而且具有东道国意大利的本土背景。尤其意大利本土的曼达林基金是在前总理普罗迪的倡导、关怀下，于2007 年 5 月正式成立的一只私募股权基金。该基金的宗旨就是帮助中国和意大利的中小企业进行跨境经济合作。在本次并购过程中，中联重科不仅从曼达林那里获得了所需资金，也从它那里获得了成功并购必不可少的政治支持。例如，在并购过

① 中联重科宣称的对 CIFA 团队的调查事实上涵括了团队、文化和程序方面的内容，但是缺乏对资源匹配性的评价。并购后确实出现了资源不匹配的问题。

程中德国的竞争者威胁要向欧盟委员会提出反垄断诉讼，还有人试图煽动劳工组织抵制中联重科牵头的收购，正是由于联合投资者中意方在意政治界和经济界所具有的广泛人脉关系，使联合体能够克服各种困难，成功地完成了对 CIFA 公司的收购。这种投资组合的方式极大地提高了并购方和 CIFA 之间的环境许可性，有效地减少和缓减了两者之间因文化和理念不同而带来的冲突，为达成并购交易和减少重组整合的阻力做出了巨大贡献。

（二）交易方案

2003 年，中联重科第一次收购浦沅时，曾经因为整合方案遭遇对方反对而被迫放弃，在认真反思后发现，只考虑自身利益是不合理的。因此，在收购湖南机床厂时，中联重科出台了整体收购方案，一举成功。此后，中联重科再将成功经验用于收购浦沅以及此后的一系列其他企业，都最终获得了成功。在收购 CIFA 以及与之整合的过程中，中联重科基本上也是运用这套经验，只是聘请了懂得国际商业惯例的人与专业中介公司共同操作并购 CIFA。

本次收购，中联重科联手弘毅投资、高盛和曼达林基金共同出资 2.71 亿欧元收购 CIFA 100% 股权，其中中联重科占 60% 股权。根据约定，三年后中联重科可行使购买其余 40% 股权的期权。中联重科为该项并购即期支出了 1.626 亿欧元，其中，5000 万美元以公司自有资金解决，2 亿美元的缺口通过子公司向巴克莱银行香港分行借款，期限不少于三年。这样一笔贷款在中联重科的可承受范围之内。从财务实力来看，中联重科作为上市公司，具有较好的融资平台。公司近年来高速增长，2008 年，集团收入 242 亿元，利税 30 亿元；上市公司实现营业收入 135.48 亿元，利润总额 17.85 亿元，同比分别增长 51% 和 31%；2009 年上半年，上市公司营业收入 92.67 亿元，同比增长近 50%。詹纯新坚信，通过一段时间的整合，以中联重科稳健的发展趋势和丰富的并购重组经验，收购 CIFA 发生的债务可以顺利回收。

为了稳定 CIFA 的管理团队和员工队伍，中联重科在整合之前向 CIFA 做出了“123”的承诺：“1”是指中联和 CIFA 是一个家庭；“2”是指两个品牌，即中联和 CIFA 两个品牌同时存在；“3”是指三个基本原则，即保持 CIFA 管理团队和员工队伍的稳定、保持 CIFA 公司独立自主经营以及两家企业在全球市场实现资源共享。

（三）整合阶段

中联重科与 CIFA 整合的结果按照詹纯新的说法是“我们进去后，发现这个企业没有黑洞和或有负债，所以融合进程非常顺利，没有遇到太大障碍”。詹纯新的这番总结充分说明，战略匹配性和组织匹配性不但是并购决策的重要依据，也是顺利整合的重要保证。事实上，中联重科与 CIFA 的顺利整合还因为它们制定了周详的整合方案，并得到了有效的执行。首先，中联重科制定了一套周详的业务整合方案，并且得到了所有战略投资者的支持（弘毅投资、高盛和曼达林基金）；其次，成立了专门的整合指导委员会（成员包括两家公司的管理人士和投资方）来实施整合计划，并设立了两家公司的高层管理人员都参加的整合计划办公室，以确保整合工作按既定的时间表进行；最后，整合计划特别强调双方的共同努力，其中既包括加强双方人员的交流，又包括两支团队的充分协调。中联重科与 CIFA 整合的具体措施包括：

1. 组织整合

并购 CIFA 一年后，为了提升整合速度，更好地整合资源、发挥协同效应，中联重科在充分尊重 CIFA 管理者的基础上对其原有管理机制、组织架构、生产能力、企业文化以及发展战略等进行了调整。

（1）程序的整合。

1）管理制度的整合。詹纯新认为，要进行企业管理制度的整合就要在并购前对目标企业进行深入的调查和分析，充分了解目标企业管理制度的优劣势以及目标企业管理制度与自身管理制度的兼容性。并购后双方的制度协作与整合必须在考虑双方兼容性的前提下，融合双方管理制度的优势，形成并购后企业的新制度，从而实现管理上的协同效应与共同的价值观。并购 CIFA 后，为了稳定 CIFA 员工的思想情绪，詹纯新和联想弘毅的赵令欢以及原 CIFA 董事长兼 CEO Maurizio Ferrari 先生共同磋商制定相关决策，然后再由 Maurizio Ferrari 负责具体执行，此举对保证 CIFA 的平稳过渡和稳定意义重大。

2）组织架构和工作流程的整合。过渡期后，中联重科成立了跨国的混凝土事业部，统一管理中联重科本部混凝土业务和 CIFA，并采取了一些组织架构和工作流程方面的调整措施，以加强双方的协同效应。这些措施包括：①总部设在长沙，负责国际战略、财务、信息化以及内部协同，便于汇总综合各个方面的信息、制定决策；②采购部设在长沙，利用总部的信息平台，根据各方汇集的信息，实施全球采购，实现产业链上、中、下游信息的充分共享，降低了采购成本和总的运行成本；③研发部放在意大利米兰，利用 CIFA 世界领先的技术平台，与中联重科的中国研发队伍开展技术交流与合作，推动中联重科的技术创新。

（2）资源的整合。

中联重科是国内混凝土机械行业中产品门类最全，也就是产品线最长的企业。CIFA 则是全球混凝土机械行业中产品目录最全、产品线最长的企业。除了普通的泵车、搅拌车，CIFA 还有隧道喷浆设备、带输送臂搅拌车，尤其后两种设备，不但没有中国企业能够生产，而且传统的全球行业巨头也只能生产其中的部分产品。如何整合双方的优势，取长补短、发挥协同作用是中联重科必须要解决的问题。此外，中联重科在并购时承诺不裁员，不裁员，成本又高了，怎么办？

为了解决上述问题，在进行组织架构调整的同时，中联重科对自身和 CIFA 的有形资产进行了整合。有形资产整合中最重要的就是技术和产品的整合。中联重科与 CIFA 通过技术整合充分整合了双方资源，提升了企业的整体竞争力，取得了“1 +1 >2”的效果。一方面，中联重科依靠自身原有的技术实力，全面加强与 CIFA 技术的嫁接，催生了一系列技术领先的新产品。在 2009 年亚太地区最大的工程机械展——第十届北京国际工程机械展览与技术交流会上，中联重科携 12 大类 18 款与 CIFA 融合后自主创新的新产品闪亮登场，这些产品一经亮相，立刻引起轰动，获得了大量订单，部分产品甚至在现场被客户提货。另一方面，混凝土事业部把研发总部放在意大利米兰，利用 CIFA 世界领先的技术平台与中联重科的本土研发队伍开展技术交流与合作，推动技术创新。2009 年，双方就合作研制出具有专利技术的 50 米、52 米、54 米和 56 米六节臂泵车，实现了双方技术的真正融合。2010 年，由整合后的研发总部研发的世界首台混凝土泵车超轻臂架成功完成 6 ~ 11 年的疲劳测试，即将投入商用。按照詹纯新董事长的说法，这种超轻臂架颠覆了目前国际通行的泵车臂架设计理念和传统制造工艺，使 CIFA 在该领域领先行业其他企业 10 ~ 15 年。需要特别指出的是，全球泵车市场规模每年有 220 亿元。

1）生产方面，中联重科与 CIFA 的整合也独具特色。一方面，中联重科在长沙本部设立“厂中厂”生产 CIFA 品牌的产品，主要管理人员来自意大利 CIFA 总部，采用 CIFA 成熟的生产制造加工工艺及管理流程。这部分 CIFA 品牌的产品主要面向亚洲市场销售，在保证 CIFA 技术和品牌优势的同时，大大降低了生产成本。另一方面，中联重科还巧妙地设计了一条体现“中国制造”优势的路径——在中国按照 CIFA 的标准生产零部件，然后运回意大利组装，把原来 CIFA 零部件生产线上的工人转移到组装车间，即便加上运输费用和税收等费用，价格还是比完全在意大利生产便宜得多。

2）采购方面，并购后在长沙设立采购总部，由总部收集信息，实施全球采购。中联重科和 CIFA，尤其 CIFA 可以利用总部的信息平台，降低采购成本和交易成本。

3）产品结构方面，总部根据全球战略布局的需要，发挥各自的网络优势和成本优势，调整双方产品结构，使双方产品在国际市场上更具有竞争力。CIFAC-SS3 混凝土喷射机械手的商业化应用就是一个典型例子。这是一种可以在井巷、隧道、涵洞等领域广泛使用的施工设备，除了具备一般湿式混凝土喷射机械手的优点外，与全球其他类似产品相比，还具有其他独特的性能。23 年前，CIFA 公司就成功研制出了世界上第一台混凝土喷射机械手，但是一直没能实现商业应用，在被中联重科收购后，借助中联重科在国内的营销平台，首次推销 CIFAC-SS3 混凝土喷射机械手大获成功，成为新的利润增长点。

（3）文化整合。

西方企业之间进行并购，由于文化理念和价值取向相似，整合难度相对较小。被陌生面孔的中国企业收购，CIFA 员工最初感觉难以接受，但是中联重科并购 CIFA 后的文化整合最终还是取得了良好的效果。总结其成功之道，不外乎坦诚相待、形成共同愿景、尊重对方和良好的沟通这几条原则。

1）原则一：坦诚相待。自古以来，由于地域的不同、文明的发源地不同等原因，东西方文化理念和价值观念差异很大。承认并且跨越这道文化差异的障碍是中联重科并购 CIFA 之类的跨东西方国界的企业并购取得整合成功的前提。近年来，有不少“走出去”的企业由于在文化整合方面没有足够重视而“败走麦城”。詹纯新认为，东西方文化有差异，但也有共同点，所以坦诚相待、促进沟通是整合海外并购企业能否成功的关键。正是由于中联重科正视中联重科和 CIFA 之间的文化差异，奉行简单而坦诚的沟通，很快就赢得了 CIFA 公司董事会的信任，是顺利完成并购和实施整合的基本前提。

2）原则二：构建为 CIFA 管理团队以及员工所接受的共同愿景。詹纯新十分推崇缔结共同愿景在双方整合阶段的重要性。他说，没有共同愿景的企业，员工很容易只考虑眼前利益，企业决策也容易偏失于短期行为；在并购整合阶段，如果没有被并购企业的管理团队和员工所认可的共同愿景，很难顺利整合。收购 CIFA 后，詹纯新把 CIFA 的员工召集起来与他们共同畅谈 CIFA 的发展愿景。詹纯新与他们谈得最多的是合并后的 CIFA 与中联重科将会对全球混凝土机械行业的发展承担什么样的责任，中联重科的发展目标是什么，CIFA 以及员工的未来将会怎样。这样，詹纯新很快就和 CIFA 员工一起明确了新的企业愿景：“现在的公司，不是中国的公司，也不是意大利的公司，我们要使它成为一个全球化的跨国公司，一个全球混凝土机械制造业的领导者公司。CIFA 公司的员工，将与中联重科一道共同缔造全球工程机械行业的大公司，目标是前五强。”共同愿景坚定了员工的信心，激发了员工的创造力。并购后，不少员工主动工作十多个小时解决疑难问题，有的科研人员站在中联重科整体研发的角度提出自己的设计方案。后来甚至还有因为有顾虑已经离开 CIFA 的员工表达了回归的意愿。

3）原则三：尊重对方。詹纯新把对对方的尊重列为中联重科并购过程中必须坚持的操守之一，要求所有与目标企业接触的人无论在并购谈判中，还是在其后的整合中，一定要给被收购企业足够的尊重，尊重他们的企业文化，尊重他们的每个人。詹纯新说，刚开始接洽的目标企业，不管是负责人来了，还是员工来了，他一定要起身热情招呼，这样的客套，是尊重对方的一种必要姿态。他还告诫自己的工作人员要入乡随俗，要充分尊重 CIFA 员工的文化理念和价值观念。有一次，一位中方员工在办公室打电话处理一件棘手的事情，声音很大，他发现后就告诉那位员工，打电话的声音只要对方能听到就行了，不要影响别人工作，在国外日常工作和生活要注意小节。他还强调，对对方的尊重不能停留在表面，要真正站在对方企业和员工的角度，提出合情合理、能够使双方都有利可图的收购方案。2003 年，中联重科第一次收购浦沅遭遇对方反对后，詹纯新作了认真的反思，认为只考虑自身利益是不合理的。因此，在收购湖南机床厂时，中联重科出台了整体收购的方案，一举获得成功。此后，中联重科将该经验应用于对浦沅的再次收购以及随后的一系列并购项目，都获得了成功。在收购 CIFA 以及与之融合的过程中，中联重科基本上也是运用这套经验，只是聘请了懂得国际商业惯例的人士以及专业中介公司共同操作。

4）原则四：做好双方员工的沟通工作。为了加速融合，詹纯新从自己做起，并要求所有中联重科高管层进英语补习班恶补英语，学习如何与外方人员打交道。中联重科定期组织 CIFA 的骨干人员到公司总部参观、交流，促进 CIFA 员工融入中联重科的大家庭。后来，有的 CIFA 员工主动邀请中方员工到自己家里赴宴，还有的员工为了能够更快地融合到中国的文化里，动员全家学用中国的筷子。

詹纯新还十分注意沟通的技巧和方式，以便收到最好的沟通效果。他与 Maurizio Ferrari 以及弘毅投资的赵令欢组成的三人小组定期商讨 CIFA 的发展问题，有了结论都由 Maurizio Ferrari 向 CIFA 员工传达，既保证了员工和管理层之间信息的畅通，又避免了员工对中方的戒备心理。为了加强沟通，三人小组还与管理层以及员工通过非会议的方式进行沟通。他们把大家组织起来，本着公开、透明的原则由詹纯新给大家讲 CIFA 的现状，在业务上大概会做什么调整。此外，还有定期的圆桌会议，主要针对不同的话题展开讨论。在最初的两个月里，这样的圆桌会议几乎每天都在进行。他们按照部门或者员工的层级将大家组织起来很随意地聊天，了解大家在这段时间里有什么想法。

除了重视与 CIFA 管理层以及员工的沟通工作，詹纯新还十分重视对中联重科本部员工的沟通工作。由于中联重科是国企，员工观念比较传统、求稳。并购以后，面临同工不同酬、外籍员工待遇和贡献比远超国内员工的现实，国内员工难免思想上转不过弯来。为了解决上述问题，詹纯新没有自己出面正面解答这个问题，而是通过“中外名家系列讲座”中联重科分场聘请知名专家办讲座，给大家释疑。“中外名家系列讲座”系由国务院国有资产监督管理委员会研究中心主办。中联重科看到企业在快速发展过程中，面临各种新生事物和新思潮的挑战，为了企业和员工与时俱进，同时借由权威的外部专家来统一员工的思想、提高企业战斗力，特意争取该活动以“特许经营”的方式在中联重科开设了全国第一个企业分场。自该讲座中联重科分场开设以来，中联重科利用它在很多关键时刻发挥了很好的作用。围绕并购 CIFA 后可能出现的潜在问题举行的几个讲座同样起到了很好的教育沟通作用，与 CIFA 的整合工作得到了中联重科内部的大力支持。

2. 环境整合

（1）价值链的整合。

1）营销渠道的整合。并购后的中联重科混凝土事业部把市场营销也放在米兰，利用 CIFA 完善的营销渠道以及较高的品牌影响力，在巩固原有市场的同时，积极拓展全球市场。首先，CIFA 保持原有代理商关系不变，但是对他们的代理方式进行调整，调整以后不仅可以代理 CIFA 的产品，也可以代理销售中联重科的产品，可以双品牌运作。其次，CIFA 的产品也可以通过中联重科的所有营销渠道进行销售，最终实现了在整个中联重科营销渠道的销售畅通。中联重科和 CIFA 通过渠道整合，实现优势互补，提升了双方的市场占有率，取得了明显的整合效应。在国内混凝土机械市场，中联重科作为市场领导者，并购前市场份额已经高达 38%，并购后，2009 年在金融危机的影响下仍然取得了 6% 以上的份额增长，同时取得了工程机械行业收入和利润增长最好的纪录，增长速度明显高于同行竞争者。就 CIFA 而言，由于中联重科混凝土事业部出于战略发展的考虑，对其主打市场范围进行了调整，在增长较快的非洲、拉丁美洲新设立了十多个海外子公司，同时在全球确立了 20 多个新的代理商网络，并注重向区域代理加直销模式方向发展，促进了其海外业务的进一步拓展。正是因为 CIFA 和中联重科的上述整合举措使它在西方国家同类企业中第一个走出了金融危机的影响。这是因为东欧本来是 CIFA 调整以前的主要市场，调整以后中联重科将 CIFA 的市场重点向中东和非洲拓展。东欧是金融危机影响的重灾区，危机后需求接近于零。

2）物资采购和资源获取的整合。并购以后，中联重科把 CIFA 当作企业整体国际化发展的“桥头堡”，当作国际战略的支点加以夯实。通过与 CIFA 在全球的物资采购、人才资源和技术来源等方面进行共享整合，中联重科集团实现了成本降低、效率提升和人才国际化，CIFA 成为中联重科在发达国家获取资源的重要支撑点。

（2）外部环境整合。

成功地处理与外部环境中各种力量的关系是中联重科并购 CIFA 以及并购后整合成功的重要原因之一。中联重科之所以能够处理好与各种外部力量的关系，除了它聘请了专业的中介机构外，还因为它引进了合适的战略投资者，更因为中联重科自身具有正确的理念。任何进行海外并购的企业，要想取得成功，除了必须对被并购企业的财务状况、发展水平有深入的了解外，还必须熟悉当地的法律制度、社会文化。国内企业往往缺少相关的专业人才和专业知识，借助专业的中介机构有助于这些问题的解决。中联重科就是通过聘请各种类型的国际水准的专业中介机构解决上述问题的。

中联重科并购 CIFA 取得的成功从一开始就离不开它引进的几家战略合作伙伴。为了并购 CIFA，中联重科联合了具有国际视野的本土私募基金——弘毅投资，具有全球投资管理经验的顶级国际投资机构——高盛公司以及熟悉中国国情、致力于中国企业“走出去”的意大利本土投资机构——曼达林基金。这些战略投资者不但分担了中联重科的财务风险，而且起到了中联重科和 CIFA 之间文化和理念冲突“缓冲带”的作用，尤其是意大利本土的曼达林基金在并购成交过程中起到了决定性的作用。

关于国际并购的环境问题，詹纯新曾说，无论是企业管理，还是人际沟通，中外有差别但不存在无法逾越的鸿沟。“到什么山上唱什么歌”，关键就是我们中国企业在国际化运作时，要懂得站在对方的立场思考问题，要讲“国际话”、按国际通行规则运作，还要对所在国、所在地的经济与社会发展做出应有的贡献，以稳固地位、获得有利的生存与发展环境。在 2011 年 11 月 16 日举行的首届中国海外投资年会主题论坛上，詹纯新的主题演讲对中联重科的国际并购理念做出了更进一步的补充和阐释。该演讲中，詹纯新董认为：“中国企业海外投资不是经济殖民，不是文化殖民，不是谁征服谁，也不是谁买下谁，中国企业要国际化，一定要本土化，也就是要遵循国际规则，融入目标市场当地文化和氛围中，利用本土化的人才、资源、运营模式等，在整个国际化推进中，获得共赢甚至多赢。”“越是本地化，就越是国际化。”

正是以詹纯新为首的中联重科管理层践行上述科学合理的国际并购理念，中联重科并购 CIFA 后与外部环境的关系极其融洽，最终甚至获得了“莱昂纳多奖”的荣誉。

中国制造企业海外并购的重要目的之一就是获取技术。大部分关键技术和工艺是无法文字化存档转移的，必须以人为载体。因此，在某种意义上可以说中国制造企业海外并购就是为了并购海外优秀人才。成功地挽留人才是中国制造企业海外并购能否成功的关键。中联重科并购 CIFA 后的员工关系处理堪称中国制造企业海外并购的典范。

（四）耐受型整合后管理

1. 准备充分

决定并购前，中联重科做了详尽的人力资源尽职调查。在各个细节上都做了仔细调研，细到对 CIFA 的员工构成都进行了详细考察。通过调查，中联重科发现 CIFA 员工大多居住在工厂周围不超过 15 千米的范围内。他们据此认为，CIFA 员工对企业的“黏性”非常强，只要整合措施得当，稳定员工队伍是可能的。中国企业在发达国家很难招聘大量优秀员工，并购 CIFA 完全可以解决这个问题。所以，中联重科决定收购 CIFA，同时在并购成交之前就有了成熟的人员整合方案和策略。

2. 不变的待遇稳定了员工

并购之初，有的 CIFA 员工认为，CIFA 的福利待遇，作为中国企业的中联重科是不可能给的，所以与其被新东家辞退，还不如自谋出路。正是由于上述原因，并购之初大约 80% 的 CIFA 员工不赞成此次收购。为了稳定员工队伍，中联重科在并购协议签订之后立即承诺不裁员，所有员工的工资福利都不变。中联重科的承诺避免了 CIFA 员工的大规模离职，使他们有机会切身感受中联重科的文化和政策。通过一段时间的了解，CIFA 员工感受到了中联重科的诚信文化，打消了原有的顾虑，增强了归属感。

3. 稳定管理团队

中联重科并购时，奉行稳定目标企业管理团队的原则。无论是在国内还是海外，除了 CFO 由中联重科任命外，其余被并购企业高管都保持稳定。詹纯新认为，稳定管理团队有几大好处：①有利于稳定目标企业管理层和员工的情绪，避免因并购导致人员流失；②有利于品牌的维护和建设；③有利于经营渠道的延续和开拓；④保证目标企业经营的稳定。

收购 CIFA 的协议签订后没几天，詹纯新就接到时任 CIFA CEO Maurizio Ferrari 的电话，他气势汹汹地指责中联重科诚信有问题。费了好大力气，詹董事长才发现，原来是对方对收购协议中的某些条款存在误解，认为中联重科有意在完成收购后进行裁员。裁员在海外并购中无疑是一个敏感的话题，最严重的情况可能引起工会的抗议。一旦工会势力介入，整合工作就会非常困难。詹纯新明确告诉对方：“一位中方经理都不派驻，完全保留 CIFA 的管理团队。”他同时还请 Maurizio Ferrari 转告大家：“两个企业拼在一起，要像两张一模一样的桌子接在一起一样，没有任何缝隙。”

并购 CIFA 时，中联重科曾宣布并购后不裁员，但是 2009 年的某一天，Maurizio Ferrari 突然告诉詹纯新，CIFA 做了一次裁员，由 1100 人减到了 700 多人。Maurizio Ferrari 解释说："裁员并不是因为中联重科并购导致的，而是金融危机的影响太严重了。即便没有发生并购，CIFA 也会用这种办法来应对经济环境的恶化，我们处理得很好。"这次事件不仅证明了 CIFA 的管理团队具备优秀的职业操守、负责任，而且也证明中联重科稳定 CIFA 管理团队的策略是极其正确的。

4. 自我管理

在稳定员工队伍和稳定管理团队的基础上，以詹纯新为首的整合管理团队还在 CIFA 应用自我管理的方法解决整合过程中遇到的各种问题。中联重科与 CIFA 整合期间，为了稳定 CIFA 员工的思想情绪，詹纯新和联想弘毅的赵令欢以及原 CIFA 董事长兼 CEO Maurizio Ferrari 先生共同磋商制定相关决策，然后再由 Maurizio Ferrari 负责具体执行，此举对保证 CIFA 的平稳过渡和稳定意义重大。

后来，自我管理的办法又被用于众多的人事调整。通常，对于任何重大人事任命詹纯新都不急于宣布，而是先与 Maurizio Ferrari 做充分的交流，再由他出面向团队的其他成员传达。一年过后，詹纯新对 Maurizio Ferrari 先生的 CEO 职务进行调整，同样没有引起任何波澜。

按照詹纯新的说法，重大决策如果由中方宣布，意大利职员都会非常敏感。Maurizio Ferrari 作为 CIFA 长期的掌舵人更了解自己的团队成员，懂得该如何与他们沟通和相处，这要比詹纯新一个个去做工作更好。

5. 全球胸怀

詹纯新说："跨国并购一定要有全球胸怀，在人才的任用上，也要有全球眼光，要淡化国别概念，尚贤任能。这样，才能根据双方的技术、市场、人才、资源等优势合理调配，谋求利益的最大化。"一方面，在 CIFA 的人事任免上不以国别为依据，以胜任为依据；另一方面，在中联重科本部实施全球人才招聘，主要职能部门负责人大多数是拥有全球 500 强企业工作经历、相对比较了解东西方文化的海归精英。这些措施一方面促使中联重科的管理层学会站在全球视野看问题，另一方面也加速了与 CIFA 的交流和融合。

6. 员工反应

2009 年 7 月，原 CIFA 公司 CEO Maurizio Ferrari 先生、原财务总监（现任 CEO）Stefano Marcon、市场营销总监、生产及研发总监以及隧道及基础设施事业部总监五名原 CIFA 的意大利高管以总价 310 万欧元入股并购后的新 CIFA 公司。他们的入股是表达信心和决心的一种方式。CIFA 现任 CEO Stefano Marcon 明确表示，在金融危机的大背景下他们把真金白银拿出来，没有对公司的高度认同是办不到的。原 CIFA 的管理团队主要成员都买入较大数额的新 CIFA 股份起码能够说明两点：①中联重科并购 CIFA 后的重组整合效果不错，他们对将来有信心；

②他们对企业的组织承诺没有降低，甚至有所提高，因为他们愿意把自身利益与中联重科的利益关系紧密联系到一起。

并购一年以后，中联重科对 CIFA 进行了一次人事调整，原 CEO 调到长沙总部，原财务总监升任 CEO，其他职位也有部分调整。人员调整之后，詹纯新很快接到了一份意大利籍研发负责人的详细计划书。引用詹纯新的原话是“这种现象让我感到很欣慰。这说明大家已全身心地投入新的工作中了”。现在，不少员工为了工作上的问题主动加班到晚上很晚才下班；有的科研人员在提出 CIFA 的研发设计方案时能够从中联重科整体角度出发；甚至还有部分因为有顾虑已经离开 CIFA 的员工也表达了回归的意愿。

这些现象充分说明，中联重科并购 CIFA 以后无论管理团队还是普通员工，对新 CIFA 的组织承诺都没有降低，甚至有所提高。还有部分人对中联重科集团都产生了组织承诺。在并购过程中和整合过程中，CIFA 的意大利籍员工和管理层都没有因为企业的所有者来自其他国家而有所保留。尽管没有充分的证据说明他们还具有多高的民族属性和经济人属性，但是很明显的是表现出来的自然人属性远远超过了他们的民族属性，组织承诺属性远远超过了经济人属性（见图 5-1）。

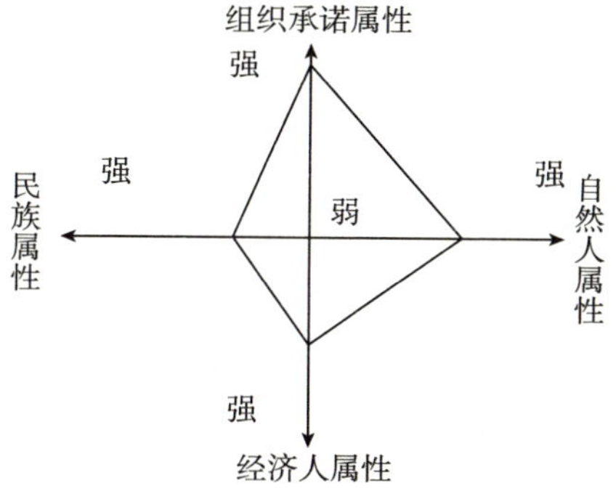

图 5-1　CIFA 的员工属性

（五）并购绩效

2012 年 1 月 20 日，同处长沙的工程机械巨头三一重工宣布，其德国子公司与德国工程机械制造商普茨迈斯特股东签署了《转让及购买协议》，三一重工德国和中信产业基金共出资 3.6 亿欧元收购普茨迈斯特 100% 的股权，其中三一重工德国收购 90%，中信产业基金收购 10%。同日，数百名普茨迈斯特工人在公司总部门前举行了示威活动，他们除担心因为并购失业外，还抗议事先对这项交易毫不知情。

略加对比，不难发现中联重科并购CIFA从交易本身来说是成功的。普茨迈斯特和CIFA同为全球知名的混凝土工程机械制造商，同为欧洲企业，并购方同为中国企业，甚至是同处一个城市的中国竞争对手。中联重科在金融危机发生之前并购CIFA 100%股权的价格是2.71亿欧元（含联合投资者的投资），三一重工在欧债危机期间出价达到3.6亿欧元，高出30%。中联重科并购CIFA得到CIFA员工和管理层的大力支持，三一重工并购普茨迈斯特刚签协议就遇到了游行示威。且不说三一重工并购普茨迈斯特是否成功，但是足以说明中联重科并购CIFA从达成交易这一点来说是成功的。

中联重科并购CIFA后与CIFA的整合也是成功的。在前文介绍并购后整合措施时已经介绍过，无论组织整合还是环境整合，都进行得很顺利，取得了很好的效果，管理层和员工的组织承诺都没有降低，反倒有所增加。在具体的业绩表现上，就CIFA而言，双方的协同及融合让CIFA在欧美同行中率先走出金融危机的影响，于2009年在欧洲同行中实现首家盈利，取得了比国际同行德国普茨迈斯特、施维英等企业更好的业绩。2011年1~10月，CIFA公司业绩同比增长39%。为了表彰中联重科为意大利经济发展做出的突出贡献，意大利总统亲自授予中联重科董事长詹纯新“莱昂纳多国际奖”。

就中联重科而言，按照副总裁郭学红的总结，通过并购，中联重科把CIFA在混凝土泵车领域领先的“独门秘籍”拿到了手，并利用CIFA的采购平台与欧洲的关键零部件供应商进行直接谈判。此举使中联重科以欧洲标准生产的零部件，反而比欧洲本地的零部件便宜50%，为中联重科集团的全球化奠定了很好的基础。目前，在联合投资者以及意大利各方的共同努力下，中联重科与CIFA已经合力在全球混凝土设备市场铸就越来越明显的产品、技术、品牌和市场等全方位的优势。

三、小结

詹纯新把中联重科的并购制胜法宝总结为“六不原则”。这“六不原则”分别为：不符合企业发展战略的不碰；行业前景不行的不碰；基本状况不好的、摊子太烂的不碰；管理团队不好的不碰；不是同类型的不碰；不符合国家利益的不碰（也包括企业所在地国家的利益）。国内并购，以前四条为主；海外并购，加上后两条。这些原则同为必要性原则，缺一条就一票否决。詹纯新的这“六不原则”实际就是中联重科选择并购对象的原则。把他的“六不原则”与企业并购相关理论进行对比后可以发现，实际上也就是战略匹配和组织匹配的一种具体提炼。经过前几节的分析，我们可以认为中联重科与意大利 CIFA 公司的结合潜力是很大的，管理风格的相容性和组织匹配性程度都很高。中联重科之所以看中 CIFA，有市场方面的考虑，但更多的是为了获取技术和品牌等战略资产。

中联重科并购 CIFA 后的整合工作堪称中国制造企业海外并购后整合的典范。首先，中联重科不但组织整合工作到位，而且环境整合工作也极其出色；其次，中联重科在对 CIFA 工作流程和管理框架做出很大调整的同时，获得了很高的员工组织承诺。究其根源，一方面确实因为中联重科的管理风格与 CIFA 管理团队的管理风格相容；另一方面也是主要的方面，因为以詹纯新为首的中联重科管理团队最大限度地主动调整自己去适应 CIFA 的员工和管理团队，自始至终体贴对方的感受，给予对方足够多的尊重。

中联重科并购 CIFA 成功的原因中还有一个因素不是特别显眼，但是从成交到整合以及此后的管理过程中都发挥了不可忽视的作用，那就是意大利本土的曼达林基金的作用。某种程度上，曼达林基金起到了 Medawar（1945）试验中同一个子宫里长大的异卵双生小牛的作用，由于 CIFA 和曼达林基金彼此熟悉，因此它们的免疫系统对对方的细胞具有耐受性。所以，并购过程中中联重科、弘毅投资和曼达林基金的组合受到了青睐；整合过程和整合后管理过程中也实现了比较理想的耐受型管理。

第六章　金风科技并购德国 VENSYS 案例研究

从全球范围来看，欧盟为了保障能源安全，实现能源供应多元化，并应对气候变化，很早就开始积极发展可再生能源。早在 20 世纪 90 年代初，欧盟就提出了大力发展风电的目标，并制定了在 2010 年风电装机容量达到 4000 万千瓦的目标，要求各成员国据此制定各自的风电发展计划。实践过程中，欧盟 2005 年风电装机容量就达到了 4000 多万千瓦，提前五年实现了发展目标。正是因为欧盟有效地推进风力发电，使欧盟各国在风电及其设备方面占据了全球范围领先且主导的地位。目前，国际上 80% 左右的风电市场在欧洲，仅荷兰和德国就拥有 60% 以上的风电设备生产能力及研发力量。

近年来，风电热潮席卷全球，美国、印度、中国等新兴风电市场开始高速增长，全球风电设备一度供不应求。行业的高速增长使大量企业涌入风电设备制造行业，风电设计技术公司因此成了稀缺资源。在此背景下，全球范围的风电设备行业并购接连发生，例如，印度 SUZLON 公司并购案、芬兰 WINWIND 公司并购案、德国 MULTI - BIRD 公司并购案和奥地利 WINTEC 公司并购案等，它们的目标都是拥有风电设计技术的公司。

我国加入《京都议定书》后，开始重视对风能和太阳能等可再生能源利用的重视。自 2000 年左右就开始对可再生能源实施“还本付息、合理利润、全额收购”的激励政策，这个政策极大地促进了风电产业的发展。2003 年以后，国家的风电政策开始由只注重发电转向更注重设备制造，开始实施风电特许权招标。2005 年 7 月，国家出台了《关于风电建设管理有关要求的通知》，要求风电设备国产化率要达到 70%。2006 年 1 月，《可再生能源法》正式颁布实施，这些政策和法规的颁布实施为风电产业尤其是风电设备产业超常规发展创造了有利条件，风电设备产业取得了连年增长超过 100% 的业绩。

我国的风电设备产业在取得骄人业绩的同时也存在巨大的隐忧。目前，国内有几十家风电设备制造公司，但是绝大多数都没有自己的核心技术，主要通过许可证生产的方式获得技术来源，需要向国外企业缴纳巨额的技术使用费，在全球产业发展中的话语权也很有限，在国外同行眼里，它们只是生产制造商而已。即便是华锐风电、东方电气等重量级国资背景的整机生产商都是如此。国内设备企业在技术研发方面没有发言权的现状是整个中国风电设备乃至风电产业的发展“短板”。

金风科技并购德国 VENSYS 就是在这种背景下进行的。VENSYS 本身规模不是很大，但是直驱永磁技术的开创者之一。在西方发达国家对中国实行高技术封锁的大背景下，金风科技成功并购 VENSYS 意义非同一般。相比于其取得的经济效益，其示范效益更加巨大。这个案例说明，西方的封锁并非铜墙铁壁，某种程度上还是可以事在人为的。只要自己做得足够好，中国企业也是可以买到先进技术的。本章同样先介绍案例资料的获取渠道和方法，然后根据案例研究框架依次介绍本案例的主要内容并进行扼要的小结。金风科技并购案例概况如表 6－1 所示。

表 6－1　金风科技案例概况

工作进程	主要工作	指标
并购前	结合潜力评估：金风科技和 VENSYS 在并购之前有长达十年的合作历史，知根知底	战略匹配性：金风科技需要 VENSYS 的技术，VENSYS 需要金风科技的市场和产业化能力 组织匹配性：从资源来说，两者共同开拓的直驱永磁市场；从文化来说，金风科技认可 VENSYS，VENSYS 接受金风科技；从程序上来说，VENSYS 仍然独立经营 环境许可性：VENSYS 的技术虽然先进，但是通过金风科技实现产业化的，合作历史久远，外界对金风科技的并购不是很敏感
并购谈判	并购谈判和交易方案设计：价格相对公允，VENSYS 原核心团队保留 30% 的股权，并且继续为公司服务	交易价格：70% 的股份（计 350 万股）总价为 4124 万欧元 支付方式：现金支付 整合方式：VENSYS 除了法人代表变更为武钢外，不做人事调整，但是在德国开办工厂自己生产风机，技术人员与“金风科技”实行“掺沙子”式整合
并购后整合	全方位整合	组织整合：沿袭既往的合作传统，加大了技术转移的力度，把各自的优势发挥到极致 环境整合：对 VENSYS 的周边环境基本没有触动
整合后管理	员工关系管理	耐受型：金风科技不断提高自身的国际化程度，减少甚至消除交往过程中的摩擦

续表

工作进程	主要工作	指标
并购绩效		实现的协同效应："双赢"，金风科技实现了产品、技术、资本和市场的国际化；VENSYS 实现技术、生产双丰收，2011 年利润过 2 亿元，目前回报已经超过购买成本

一、资料来源

对金风科技并购案例的调研包括五方面的内容：金风科技企业概况和并购需求；VENSYS 企业概况和被出售的原因；并购过程；整合过程（含本书提出的整合后管理阶段）以及并购绩效。

接触金风科技并购案例源于摩根大通亚洲区投资银行副主席方方在清华大学西阶论坛把金风科技并购 VENSYS 当作一个中国企业海外并购的典范。他作为本次并购的投行服务机构全程参与了并购过程，并在随后的金风科技香港上市过程中作为证券承销机构与金风科技高管团队以及德方团队有较长时间的交往，亲历了它们整合过程中的很多事情。通过他的报告以及随后的问答，笔者掌握了很多当面访谈也不一定能够得到的信息。

正式的调研工作始于对二手资料的收集，主要通过网络搜索和阅读各种期刊以及公司内部资料进行。在了解金风科技并购 VENSYS 事件的背景和经过之后，再找金风科技高管以及行业相关人员进行访谈，验证以前的信息和假设，并获得一些新的信息。本案例的访谈对象主要包括：金风科技董事长、金风科技投资部员工、金风科技战略部员工以及金风科技的战略投资者（长期参与、跟踪金风科技重大经营活动）。

笔者有幸得到了金风科技董事长武钢先生给予的宝贵访谈机会，获得了很多一般访谈很难得到的关于企业战略考量的信息，并得到了武钢董事长的大力支持。本案例访谈对象情况如表 6－2 所示。

表 6－2　主要访谈对象

调研对象	职位	人数	访谈形式
金风科技	董事长	1	面谈、邮件
	投资部人士	2	电话访谈、邮件
	战略部员工	1	电话访谈、邮件

续表

调研对象	职位	人数	访谈形式
为本次并购服务的投行人士	副主席	1	面谈
金风科技战略投资者	总经理	1	面谈

二、并购过程

金风科技自创立之初就意识到国内企业的劣势是缺乏自主的技术研发能力，因此一直就致力于改变这种被动的状况，确定了“引进吸收，联合开发，自主创新”的产品研发策略，在早期引进技术进行生产的基础上，逐步通过联合设计实现产品的自主开发和生产。通过十几年的不懈积累，金风科技在技术研发上取得了丰硕成果，在目前国内大部分风电设备企业仍然处于单纯引进技术或联合开发的阶段时，金风科技进入自主创新的发展阶段都已经好几年。金风科技取得上述成功的关键一步便是成功并购德国 VENSYS 公司。

（一）并购前阶段

金风科技 1998 年以 300 万元人民币的注册资本开始发展风电设备，是国内最早涉足风电设备制造的企业。创业之初，正值中国风电市场开始爆发，加上资本有限，金风科技选择了轻资产的“哑铃型”发展模式，也就是重点发展技术研发和销售，集中力量做好这两件事情，中间的制造环节则主要依赖零部件供应商，金风科技只做组装。和所有的中国整机厂商一样，2008 年之前的金风科技走的也是从国外购买技术许可证的路子，此时的技术研发实际上只是消化吸收买来的国外先进技术，在此基础上再组织专业化的协作生产，从而实现风电设备的国产化。按照金风科技董事长武钢的说法，这样的产业发展路径导致的直接后果就是“中国没有一家（风电设备）企业拥有核心技术和自主研发能力，每生产一台风机都要向国外设计公司交一笔费用”。

1. 双方的战略匹配性

对于并购 VENSYS 可以获得的战略利益，金风科技看重的有以下几点：①将提升企业的自主创新能力。本次收购如果顺利完成将使金风科技完全具备自主知识产权的风电机组技术，并将进一步加快公司正在研发的其他机组的开发速度。因为 VENSYS 及其前身从事直驱永磁风电机组有近 20 年的历史，在直驱永磁发电机组设计领域拥有众多专利和专有技术，收购它可以使金风科技完全掌握自主知识产权的风力发电机组技术和设计能力。②顺利收购 VENSYS 公司将为金风科技打开国际市场销售的空间，加速金风科技的国际化进程，实现市场国际化、技术国际化和人才国际化的目标。③在 VENSYS 设计人员的培养和带动下，公司国内现有技术人员能够得以快速成长，全面提升自主创新能力。还可以把 VENSYS 变为金风科技的研发基地之一，实现人才和技术的国际化，VENSYS 成熟稳定的团队能够在更高兆瓦级的风机研发方面给予金风科技极大的支持，尤其是在已经进入合作研发阶段的 2.5 兆瓦和 3 兆瓦新产品以及电控技术等零部件的研制方面。④收购 VENSYS 后，金风科技可以以之为跳板继续收购其他拥有关键核心技术的欧洲公司，提高企业整体的技术国际化水平。⑤实现自身产业化优势和 VENSYS 技术优势的结合，生产出"中国成本、德国品质"的风力发电机组，在世界风电设备市场获得竞争优势，打开欧洲高端市场进而国际市场销售的空间，有助于进一步提升公司价值。

对于 VENSYS 来说，接受金风科技的并购可以：①实现自身技术优势和金风科技产业化优势的结合，有助于获得更多、更准确的产业信息，提高技术研发的成功率并降低成本，从而提升公司核心竞争力。②通过金风科技在高速增长的中国市场上实现自身的技术价值，能够实现技术价值的最大化。③在技术研发方面取得更多的有效支持，从而取得更大的发展，由于金风科技在引进技术的基础上，通过联合设计实现了产品的开发和生产，在直驱永磁方面具有一定的技术实力，在并购前已经成为 VENSYS 的最佳合作方，因此在竞购过程中，VENSYS 的经营层和主要股东一致认为，将股权出售给金风科技是最佳选择。④借力金风科技的资本实力和制造优势，使先进的直驱永磁技术在庞大的中国市场迅速产业化，从而巩固和提高直驱永磁技术的市场地位。

总之，金风科技和 VENSYS 之间在历史上和发展战略上都存在极高的互补性。也就是说，两者之间的战略匹配程度很高。按照武钢的总结，德国风机技术植根于成熟的欧洲风电市场，已经经历了 20 多年的积累和磨砺，在稳定性和先进性上位于世界前列；中国是世界上发展最为迅速的风能市场，蕴含了巨大的市场开发潜能；同时，中国是世界制造强国。因此，金风科技并购 VENSYS 是将德国的先进技术与中国的制造产业强强组合，具有得天独厚的天时、地利、人和条件。他还强调，这一中德风电产业结合的并购案例必将对世界风电的发展和进步，起到强大的推进作用。

早在 2000 年左右，金风科技就前瞻性地认识到了直驱永磁技术的技术领先性及其巨大的潜在市场价值，而当时直驱永磁技术在市场上是鲜为客户认可的。认准直驱永磁技术后，金风科技就开始与这一领域的先行者——德国 VENSYS 公司，联合开发这一即将代表未来全球风电技术发展方向的新技术。2006 年以后，国际上风电设备企业之间的频繁并购给金风科技敲响了警钟，金风科技意识到国际化竞争才是中国风电设备企业做大做强的根本。“中国制造”在国际上的一般策略和通常的形象都是价格低廉，但金风科技希望能突破这种怪圈，在海外市场走高端路线。在金风科技谋划的海外版图中，欧洲无疑是最重要的市场。早在 2007 年，它就已经在欧洲安营扎寨，成立了德国金风，展开前期的市场调研并进行研发工作。

金风科技认识到，成功实现上述国际化的前提是必须拥有自主知识产权的技术和世界领先的设计能力。并购 VENSYS 前，金风科技已经是中国最大的风电设备制造公司，但是世界排名仅仅第八，怎样在较短的时间内实现飞跃，获得世界领先的技术呢？武钢的回答是“我们需要自己的核心技术，但没有必要一切都从头做起”。在此形势下，收购 VENSYS 就成了金风科技走向自主研发的必然之选。如果成功收购 VENSYS，金风科技将可以在全球化战略布局方面迈出关键的一步，因为 VENSYS 可以成为其重要的全球研发平台之一，同时成为其欧洲市场的营销主体，对金风科技开拓全球市场具有战略意义。对于并购 VENSYS 的必要性和重要意义，武钢认为“金风科技如果成功收购 VENSYS 将对企业未来的战略发展产生深远影响”，具体表现为“通过并购 VENSYS，金风不但获得了其成熟的技术团队和核心技术，而且利用 VENSYS 品牌打入了欧洲市场。除此之外，我们还将继续分享来自印度、阿根廷与欧洲等国客户的技术使用费用”。

VENSYS 则不但看好中国的巨大市场，更看重与金风科技的合作历史以及金风科技让它拥有自己的工厂之承诺。事实上，在竞购过程中，金风科技之所以能够从众多竞购者当中胜出，就是因为 VENSYS 经营层和主要股东认为，将 VENSYS 交给金风科技是最佳选择，因为金风科技不但是该公司长期的最佳合作方，通过金风科技能够实现企业价值的最大化；而且因为如果金风科技成为大股东，VENSYS 技术可通过金风科技在高速增长的中国市场上实现更大的价值。

2. 双方的组织匹配性

（1）程序相容性。

1）管理风格相容性。管理风格方面，金风科技的高层管理团队拥有群策群力。民主决策的优良传统，董事长武钢一直在努力推动金风科技人才的国际化，他希望空降的高管能够给金风科技带来变化，带来规范的管理；VENSYS 是典型的德国企业，职务说明书是企业员工开展工作的框架，它明确界定了各个职位的职责范围，每个职位都按规定享有一定的决策制定权并承担相应的责任。

武钢承认并且重视东西文化之间的差异，认为两种文化各有优势，作为并购企业必须对目标企业的文化给予足够的尊重，特别要求所有中方员工尊重德国企业文化的先进性。此外，并购之前双方已经有很长时间成功的合作历史。在这些因素的作用下，双方的管理团队既相互熟悉，又相互认可，还有某种程度的潜移默化，所以两者的管理风格是相容的。

2）报酬和评价制度相容性。在报酬和评价制度方面，金风科技聘请了前摩托罗拉中国公司的人力资源总监来负责相关方面的制度建设，与国际接轨的程度较高。金风科技大力推进的国际化战略中，人力资源的国际化占有重要的地位。按照武钢的说法，“金风的人才机制和人力资源管理一定要国际化才能适合不同国家、地区分、子公司的发展需求”。目前，金风科技的人力资源总监是马来西亚人，CTO 是德国人，境外分、子公司的 CEO 基本都是本地化人才。这是因为武钢认为，只有实现人力资源的国际化和本土化才可能真正开拓好国际化的市场。受制于中国的国情，金风科技的总体薪资水平远远低于西方发达国家企业的薪资水平，但是较大的薪酬差别以及国际人才拿更高的工资已经被企业普遍接受。

VENSYS 作为德国企业，全国和行业范围的谈判结果是其工资方案制定的基础，同时遵循“先确定企业的工资总量，再在雇员之间进行分配”的原则，和大多数德国企业一样，VENSYS 内部不同层次的雇员有不同的工资制度。由于金风科技全力推进国际化建设进程，秉持“越是本地化，越是国际化”的指导思想，按照武钢的说法，“除了我作为出资人代表必须做董事长以外，金风科技不对 VENSYS 的人和制度做任何变化”。一方面 VENSYS 的报酬和评价制度不做任何调整，另一方面金风科技为了国际化而容忍甚至提倡这种差异化的制度同时存在，可见两者在报酬和评价制度上也是相容的。

3）公司治理相容性。公司治理方面，金风科技的控股股东是国有企业，但是股权的多元化和国际化程度较高，公司治理相对来说也较规范合理，与国际通行做法接轨程度较高；VENSYS 是典型的知识密集型企业，公司规模不大，治理方面相对简单。由于金风科技不打算在并购后对 VENSYS 做较大调整，加上原设计团队仍然保留 30% 的股份，VENSYS 的公司治理实际上不会发生特别大的变化，所以两者在公司治理上也是相容的。

（2）文化相容性。

VENSYS 有将近 20 年的技术研发经验，研发团队素质很高，而且朴实、有凝聚力。他们之所以在德国一个很不起眼的小地方从事高科技研发工作就是因为他们发自内心地喜欢这个行业。还有一点，出于德国人对制造业的真挚热爱，所有 VENSYS 人都以用自己的双手制造出自己的发电机作为最大的梦想。

金风科技这边，企业核心价值观为“学习，卓越，创造价值”，企业精神为“拼搏、负责、优化、求实”，企业愿景为“中国的金风，世界的金风”。可以这么说，金风科技就是在上述文化理念指导下以开放合作的文化整合全球技术与零部件资源发展起来的。金风科技不但提炼出了上述文化理念，而且得到了以武钢为首的高管团队的大力贯彻。武钢在接受访谈时说："我经常跟我们公司的博士、硕士、MBA，以及在西门子、GE 等公司工作过的中国员工说，我们中国人要想将来在世界上有一席之地，首先必须承认我们和西方制造业方面的差距。只有承认了这个差距，你才可能虚心地去向别人学习，才可能改善，才可能迎头赶上。如果你现在没有这个意识，将来的差距只可能越来越大。"

到并购发生的 2008 年为止，VENSYS 与金风科技的合作历史已经接近十年，公司股东和主要技术人员都熟悉金风科技。作为金风科技开发 MW 级以上机组的技术合作方，VENSYS 与金风科技在 2005 年联合开发了 1.5MW 的直驱永磁机组技术，2006 年又与金风科技签订了 2.5MW 机组的联合设计合同，计划于 2008 年完成 2.5MW 机组的样机开发。多年来，双方的高管团队在合作过程中建立了良好的沟通协调机制，保持着密切的联系，相互了解和信任。通过长期的磨合，VENSYS 团队对金风科技的企业文化已经逐渐认同。事实上，VENSYS 在竞购过程中从众多的竞购者中选择了金风科技的主要原因之一就是因为金风科技是该公司的最佳合作方。

VENSYS 和金风科技各自企业文化的特点以及它们长期而且富有成果的合作历史共同决定了两者之间的文化是相容的。

（3）资源相容性。

VENSYS 是全球直驱永磁技术的开创者之一，但是其技术的产业化是通过金风科技实现的。到并购发生的 2008 年，金风科技已经实现 1.5MW 直驱永磁机组技术的产业化，2.5MW 机组的联合设计合同在执行过程中。并购发生之前，金风科技已经决定做阵痛型的战略转型，停止了传统利润来源的双馈式机组的生产，只生产直驱永磁机组。

可见 VENSYS 公司与金风科技不但在实物资产上是相容的，而且某种程度上已经成了一种共生关系。也正是这种相容性将有效降低本次并购的整体风险，缩短并购完成后业务衔接和技术研发的磨合期，使 VENSYS 公司尽快为金风科技的整体技术发展做出贡献，从而进一步加快金风科技的发展速度，提升 VENSYS 和金风科技的整体价值。

金风科技与 VENSYS 在并购之前已经有多年愉快的合作经验，成果丰硕，双方可谓知根知底。并购发生之前，尽管没有请专门的中介机构对这方面的内容进行评估，但是武钢和 Jürgen Rinck 都对并购后的整合有充分的认识而且具有信心。对于文化差异，武钢一贯强调国际化进程中一定要理解并尊重国外的文化。同时，武钢要求金风科技必须承认自己和 VENSYS 所代表的德国制造业方面的巨大差距，虚心地去向对方学习。

对于 VENSYS 的股东和主要技术人员来说，由于和金风科技有着十年以上的合作背景，特别是与以武钢为首的金风科技高层管理团队保持了多年的友好而且紧密的联系，建立了良好的沟通协调机制，十分了解、信任金风科技。正是由于这种这种长期合作的磨合，使他们逐渐认同了金风科技的文化和中国高速发展的市场。因此，他们认为 VENSYS 与金风科技开展进一步的全方位合作是该公司延续技术优势和持续发展的最佳选择。

3. 环境许可性

金风科技和 VENSYS 有悠久而且愉快的合作历史。VENSYS 直驱永磁技术的第一台实物样机是金风科技生产的，从某种程度上讲，两者曾经患难与共。尽管 VENSYS 确实拥有全球领先的技术，但是也不会让德国民众产生若有所失的感觉。所以，本次并购遇到外部阻力的风险较小。后来的事实也证明，无论是地方政府、供应商，还是客户都对金风科技的并购欣然接受，并且给予了大力支持。

（二）交易方案

最终的交易方案为，金风科技以每股 11.78 欧元的价格购买 VENSYS 70% 的股份（计 350 万股），总价为 4124 万欧元；同时，金风科技承诺在成交后两年内为 VENSYS 提供担保，使它获得总额不超过 2000 万欧元的银行流动资金贷款，用于日常经营和业务发展。德国金风的收购资金主要来自金风科技总部注入的自有资金和银行贷款。具体为：①金风科技总部对德国金风现金增资 490 万欧元；②德国金风以自有资金支付 VENSYS 股东 490 万欧元，余下的 3634 万欧元通过中国建设银行的“融资性保函”业务解决，即德国金风分两期向中国建设银行法兰克福分行申请贷款 3634 万欧元（其中，一期 1638 万欧元，二期 1996 万欧元）。德国金风的上述贷款申请由金风科技总部提供担保，贷款期限为三年。

关于并购后的整合原则，金风科技主要领导都没有明确的回答，但是从董事长武钢的其他言论中我们可略知一二。武钢曾经说过，他希望空降的高管能够给金风科技带来变化，带来规范的管理。他不乐见金风科技变成一个“大染缸”，无论谁进来都被染成一个固有的色调。相反，他希望金风科技是一个“大熔炉”，能够把各种背景的优秀人才融为一个整体。关于人才融合，他强调所有人都要找别人的优点，大家要互相欣赏，融合不同于简单地适应。此外，作为金风科技间接控股的子公司，交易完成后德国 VENSYS 的整机制造业务限定只能在金风科技不拥有销售权限的区域进行销售，与金风科技不构成同业竞争的关系。

（三）整合阶段

1. 组织整合

（1）程序的整合。

1）管理制度的整合。由于 VENSYS 本来规模很小，只有 40 个人，组织结构十分扁平，也没有复杂的管理制度，所以金风科技并购以后基本上没有对其制度做任何调整。按照武钢的说法，“除了我是董事长，必须换过来以外，什么都没有变化”。

2）组织架构和工作流程的整合。并购以后，VENSYS 在金风科技国际化的进程中扮演了重要的角色。金风科技的国际化战略包括人才、市场、技术和产品以及资本四个维度。并购以后的 VENSYS 不但成为金风科技重要的全球研发平台之一，同时成为其欧洲市场的营销主体，为金风科技的人才、市场以及技术和产品的国际化做出了巨大贡献。

早在并购 VENSYS 之前，金风科技就规划把德国金风建设成为集团的三大研发基地之一，但是只有在并购 VENSYS 之后，这一设想才成为现实。VENSYS 成熟稳定的设计团队在风机研发方面给金风科技贡献了不少力量，参与了金风科技 2.5MW 和 3MW 新产品以及电控技术等零部件的研制。金风科技副总裁余丹柯说：“海外业务的第一点就是继续发挥 VENSYS 的技术开发优势，同时生产一些高端品牌的产品出售到欧洲、美国。在德国的高成本下，量不可能做大，最多不超过 100 台，但是我们觉得已经够了。”他还说，金风科技更希望通过 VENSYS 进一步获得瑞典等国的技术。

（2）资源的整合。

金风科技收购 VENSYS 的战略目标是实现 VENSYS 技术优势和金风科技产业化优势的结合，生产出“德国品质、中国成本”的风力发电机组，在全球风力发电设备市场取得竞争优势。为了实现这一目标，并购以后的金风科技围绕 VENSYS 在生产、品牌和技术交流等方面采取了一系列的整合措施。

首先，金风科技让 VENSYS 有了自己的生产工厂。长期以来，用自己的双手造出一台风力发电机是 VENSYS 员工最大的梦想。并购以后，金风科技花了不到半年的时间就在德国建造了一个工厂，把工厂以市场价格租给 VENSYS 使用，VENSYS 在这里生产 VENSYS 品牌的风机在欧美市场销售。同时，VENSYS 公司也在不断扩展全面的产品设计能力，并购的当年就在不来梅市成立了 VENSYS Elektrotechnik 公司，进行电控部件的设计和生产。其次，金风科技在并购以后实施的是“金风”和“VENSYS”联合品牌运作战略。中国本部和德国子公司在技术研发和制造上同步，但是采用两个品牌以满足用户的多样化需求。

金风科技并购 VENSYS 的最大目标是其技术，但是并购成功还不能保证 VENSYS 的技术能够为自己所用，在德国技术基础上的二次研发十分关键，所以并购以后的技术整合是决定本项并购成败的关键。由于 VENSYS 的技术方案是建立在德国的装备制造水平基础之上的，中国的装备制造水平远远达不到人家的水平，因此如何让德国技术在中国落地成为金风科技必须解决的难题。最终，金风科技采用了“掺沙子”的办法，也就是既把中国工程师派到德国去，又把德国工程师请到国内来，提供一切机会让技术研发人员一起工作与交流，把 VENSYS 技术人员满脑子的技术“吸”出来。“掺沙子”的效果立竿见影，金风科技的整体研发能力在 2008 年以后迅速提高，一系列的技术本土化问题都得到了解决。武钢的原话为“当我们真正了解了 VENSYS 的全部技术方案之后，高兴的心情无法表达，有一种醍醐灌顶的感觉”。

（3）文化整合。

武钢认为，中国文化有很强的两面性，如果能够将中国文化中好的一面充分发挥，中国企业就可以在国际上大有作为；但是中国文化也有不好的一面，那就是中国人的性格中有比较浮躁的一面，太活、不讲制度、不讲规范，稍微取得一点成绩就觉得自己很了不起，对别人都看不惯、不服气。这个不好的一面在中国企业的全球化进程中非常危险。按照武钢的说法，“如果你太骄傲，别人会觉得你这个人有攻击性，非常反感跟你进行交流，当然就谈不上和人家的文化以及资源进行整合”。

正是有了以上认识，武钢把教育中国团队当成了整合 VENSYS 的工作重点，最大的重点。为此，武钢经常开会沟通，让中国员工不惜成本地共同和外国员工做一些事情。武钢要求中国员工要有更宽阔的胸怀，要承认差距，要看到 VENSYS 不是一个德国企业那么简单，要看到它背后的德国制造业。

金风科技对 VENSYS 的文化整合也是首先从企业愿景开始的。并购以后，金风科技很快就与 VENSYS 明确了共同的愿景，即在技术上追求不断创新并将其转化为一流的产品以满足市场的需求，帮助用户实现并体现价值最大化。共同的愿景统一了中德双方员工的思想，减少了摩擦，为顺利整合营造了有利的氛围。

金风科技为 VENSYS 提供厂房，让他们做生产，其实也是一种文化融合的措施。因为 VENSYS 原来是纯设计企业，对制造和市场没有概念，亲自做制造、做市场，便于和金风科技互相理解。金风科技还在 VENSYS 员工中普及中国食品，他们来中国后临走都会收到公司赠送的中国食品、小吃和火锅等，他们很多人都特别喜欢。此外，金风科技特意招了一个省队退役的乒乓球运动员，教他们打乒乓球。

2. 环境整合

（1）价值链的整合。

1）营销渠道的整合。并购以后，金风科技实行金风科技和 VENSYS 双品牌战略。VENSYS 作为德国高档产品主打欧洲市场，金风科技则主打中国以及亚非市场，兼顾少数发达国家市场，两者不构成同业竞争的关系。随着金风科技全球化战略的逐步实施，VENSYS 作为其欧洲市场的营销主体，在金风科技的全球市场拓展中扮演了战略意义的重要角色。

2）物资采购和资源获取的整合。收购 VENSYS 后，金风科技随即又通过 VENSYS 收购创建了 VENSYS 制造变流和变桨系统的德国子公司。目前，该子公司的产品已经利用 VENSYS 高端德国制造品牌的形象打入了欧洲市场。VENSYS 还在金风科技内部扮演了跳板的角色，金风科技通过这个跳板可以进一步获得瑞典等欧洲国家的先进技术。

（2）外部环境整合。

金风科技把并购 VENSYS 当作自己国际化进程中的关键性战略步骤，特别注意借助 VENSYS 的周边环境树立自己国际企业的形象。按照武钢的说法，"我们收购的 VENSYS 公司虽然是德国一家很小的公司，但 VENSYS 的背后，是德国强大的制造工业基础"。正是由于存在上述认识基础，金风科技以 VENSYS 为窗口，进入德国风机制造业内部，获得了大量的风机制造基础信息，这对企业的成长和进步起到了很大的作用。

（四）耐受型整合后管理

1. 员工整合措施

关于企业员工，武钢一贯认为，企业活力源于鼓励员工到市场中去打拼，形成天然的激励；企业做大后要做减法，不断创造出新的创业平台，减少对员工的控制和干预，仅作战略指导，用人不疑。武钢把这种公司人力资源管理的思想也用到了并购后的 VENSYS 中。并购后，VENSYS 没有裁员，也没有换 CEO，没有控制管理层，到现在也没主动换过人。

再有就是感情留人，无微不至地关怀员工。长期以来，VENSYS 员工最大的梦想就是用自己的双手造出一台风力发电机来。并购后，金风科技在不到半年的时间内就在德国专门为 VENSYS 建造了一个工厂，供他们使用，这一点让 VENSYS 所有人都非常感动。让他们感觉虽然金风科技收购了 VENSYS，却帮助他们实现了自己的梦想。还有一个故事就是，金风科技赴中国香港上市前到美国去路演，恰逢 VENSYS 总经理 Jürgen Rinck 过生日，在他自己都忘记的情况下，武钢给他献上了鲜花，并组织大家按照中国风俗和他一起吃长寿面。

2. 员工反应

金风科技开明的人力资源政策加上以武钢为首的管理层精心的管理，VENSYS 员工在并购后的组织承诺完全没有受到任何负面影响。首先，收购 VENSYS 后通过三年时间的磨合，双方合作越来越好，员工不但没有流失，反而从并购之初的40 多人发展到了现在的200 多人，研发力量得到了加强。目前，VENSYS 是金风科技集团大研发系统中的最重要的组成部分之一。其次，VENSYS 员工和管理层能够自发超出 VENSYS 维护金风科技集团的整体利益，例如，Jürgen Rinck 在武钢没有要求的情况下，主动在金风科技路演的过程中发表演讲，现身说法，高度评价金风科技是德国技术、中国制造的典范，而且责怪武钢没有提前给他足够的时间以便精心准备。最后，根据《德国 VENSYS 能源股份公司收购协议书》第 3. 1 款约定：德国金风承诺最晚于 2009 年 12 月 31 日之前对德国 VENSYS 进行增资，增资金额为 300 万欧元，最终原 VENSYS 股东，也就是所有的原员工团队，不再要求德国金风履行该义务。

还有一个感人的故事可以用来说明并购以后 VENSYS 员工对新企业的反应。2009 年 9 月 4 日，在 VENSYS 第一台 2. 5MW 风机下线仪式上，当着近两百位来自欧洲各地的客户、供应商、政府及社会各界人士，Rinck 先生在致辞中讲道："感谢 VENSYS 的三位'父亲'，第一位是技术发明人 Klinger 教授，第二位是公司创始人 Denker 先生，第三位是公司发展的重要支持者、也是拥有 VENSYS 公司 70% 股份的金风科技股份有限公司的董事长武钢先生。"

这些事实充分说明，金风科技并购 VENSYS 以后，员工对新企业的反应为组织承诺属性明显高于经济人属性，自然人属性明显高于民族属性（见图 6 –1）。

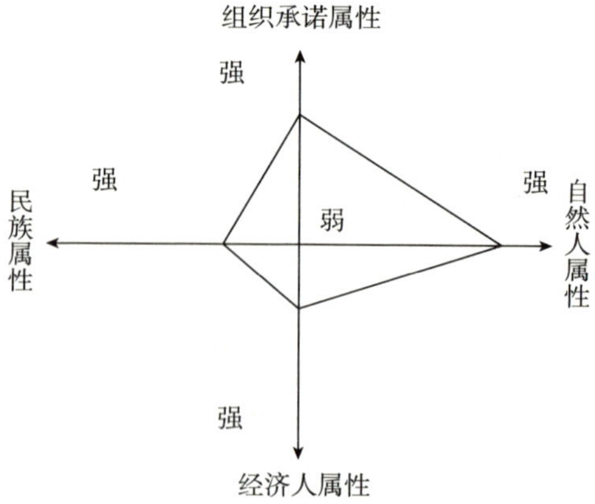

图 6 –1　VENSYS 员工属性

（五）并购绩效

武钢认为，衡量一个收购兼并是否成功，首先必须看收购之后这个企业是成长了还是衰退了，但是最终必须看是否实现了并购的目标。就金风科技收购 VENSYS 而言，并购当年，也就是 2008 年，VENSYS 就为金风科技带来了 300 万欧元的利润，而且自 2008 年并购以来，VENSYS 的成长性一直很好，几乎每年都能实现 100% 以上的业绩增长，在金融危机期间也是如此，2011 年的净利润已经达到 2 亿元的水平。2010 年的年报表明，公司当年完成营业收入 175.96 亿元；实现营业利润 26.91 亿元。其中，兆瓦级机组全年实现销售收入 162.68 亿元，占机组销售总收入的 96.86%；年报还表明，金风科技的在手订单饱满，公司业绩的稳定增长具有可靠的保证。这就表明金风科技已经成功实现产品的转型，兆瓦级直驱永磁风机得到了市场的认可。事实上，公司 1.5MW 直驱永磁机组的可利用率已经稳定在 98% 以上，并且通过了规模化工况条件下的低电压穿越测试与认证。2010 年，为了适应市场，金风科技加快了机型研发、生产系列化及技术优化的速度，针对低风速、沿海、高海拔、高低温、极大风速等不同运行环境的系列化机组全部投入市场，全年销售 1.5MW 机组 2567 台；同时，2.5MW 直驱永磁风机已经进入批量化生产阶段，6 兆瓦级直驱永磁海上风机的开发工作也已经启动。

就金风科技收购 VENSYS 的终极目标而言，本次并购也是成功的。不但实现了获得先进技术的目标，还极大地加速了金风科技的国际化进程。在金风科技的市场国际化、技术和产品国际化、人才国际化以及资本国际化四个方面都做出了巨大的贡献。首先，原 VENSYS 团队是全球范围直驱永磁技术的开创者之一，技术团队是国际水准的团队，并购以后人员从 40 多人发展到 200 多人，大大提高了金风科技的人力资源国际化水平。其次，收购 VENSYS 后金风科技实现了将该公司的技术优势和自己的产业化优势结合，制造出了“德国品质、中国成本”的风力发电机组，获得了在世界风电设备市场的产品竞争优势，得到了美国和澳大利亚等国客户的认可，实现了产品和市场的国际化。

在金风科技并购 VENSYS 的主要目标，也就是技术方面，此次并购更是取得了丰硕的成果。目前，在全球采用直驱技术制造的 1.5MW 风机中，金风科技占据了很高的一个市场份额；集团和 VENSYS 联合研制的 2.5MW 样机、3.0MW 样机已经完成吊装测试，已并网运行，且效果良好，达到了设计要求；由金风科技自主研发的风电场运行远程监控系统和风电场能量管理平台也在通过现场验证后成为一些地方电力公司的风电控制和并网执行标准，获得了客户的高度认可，被誉为“电网友好型产品”。2011 年 2 月，金风科技因为直驱永磁技术被美国麻省理工学院评选为年度全球最具创新能力 50 强企业之一。在风电设备行业，只有金风科技和西门子获得了这一奖项，这充分说明直驱永磁技术在风电领域的领先地位得到了认可，将会成为一个主流的发展方向。此外，金风科技于 2010 年 10 月 8 日在香港 H 股上市，实现了资本的国际化。正如前文提到的那样，VENSYS 的技术、人员和产品都为金风科技得到国际投资者的认可得分颇多。

武钢董事长总结金风科技并购 VENSYS 时说道："当时花 4 亿元购买 VENSYS 公司的股份，占了我们当年利润的很大一部分，现在回过头来想想，这样的决策是正确的。"这也就表明金风科技并购和整合 VENSYS 都是成功的。

三、小结

综观本次并购的全过程，两者极高的战略匹配性和长期的合作基础是促成交易的关键因素。整合工作之所以顺利，与金风科技没有对 VENSYS 做较大调整，反倒给它带来很多自己过去无法得到的东西有很大关系。金风科技之所以能够如此，又是与两者之间高度的战略匹配性密不可分的，当然以武钢为首的金风科技管理层的认知和管理艺术也起了很大的作用。

还有一个极其重要的因素就是金风科技和 VENSYS 长期的合作历史。这种长期的合作关系和 Medawar 小鼠实验中的小鼠关系极其类似。该试验中，Medawar 把一只小鼠的细胞注射进另一只小鼠的子宫内，然后等这只小鼠出生后再把前者的皮肤移植到后者的身上，两者还是相安无事。这是因为免疫系统是可以被改变的，免疫耐受性是可以"获得"的。金风科技和 VENSYS 长期合作、共同成长的关系使双方都对对方免疫耐受了。这种免疫耐受在并购交易、整合以及整合后管理过程中都起到了至关重要的作用。

第七章　TCL 并购法国汤姆逊彩电业务案例研究

TCL 并购法国汤姆逊彩电业务是较早的一个中国企业并购国际知名企业的案例。在 TCL 内部，并购汤姆逊彩电业务和并购阿尔卡特通信业务一同被视为 TCL 集团国际化道路上的重要步骤。客观地说，TCL 集团的国际化到目前阶段还是可圈可点的，成绩很多。并购的阿尔卡特通信业务也在 TCL 集团的通信业务上贡献颇多，发挥了一定的战略价值。正是由于上述原因，以李东生为代表的 TCL 管理层从来不承认自己的并购行为是失败的。不过，无论是研究 TCL 的学者还是家电行业内部的同行都认为并购汤姆逊彩电业务是失败的。事实上，TCL 对汤姆逊彩电业务的整合中途放弃了，从这个意义上讲，把它归入绩效欠佳的中国制造企业海外并购案例是合理的。TCL 案例概况如表 7－1 所示。

表 7－1　TCL 并购案例概况

工作进程	主要工作	指标
并购前	结合潜力评估：TCL 高管团队没有看到传统电视技术即将没落的大趋势，仍然给予并购对象这方面较高的估值，对组织匹配性和环境许可性方面的认识不足	战略匹配性：汤姆逊方面除了得到急需的资金，得不到其他东西；TCL 希望得到技术、品牌和渠道 组织匹配性：企业生存哲学、技术文化等各方面都严重冲突 环境许可性：对于 TCL 计划的裁员增效方案来说，在法国实行的成本由于工会力量的牵制过于高昂
并购谈判	并购谈判和交易方案设计：TCL 方面对于整合工作过于乐观，对未来充满信心，所以对主要基于资产和历史盈利情况的估值方法很满意，甚至觉得捡了大便宜	交易价格：汤姆逊投入估值超过 3 亿欧元的资产，获得双方电视机业务都注入后的合资公司 33% 的股份 支付方式：汤姆逊向 TCL 支付了 7000 万欧元的现金，其他没有现金支付，都是以股权形式支付对价 整合方式：计划采用 TCL 的供应链管理和成本控制办法

续表

工作进程	主要工作	指标
并购后整合	全方位整合	组织整合：局部得以按计划完成，主体部分整合不顺利，欧洲部分最终彻底放弃 环境整合：TCL 在中国成功的经营哲学在欧美水土不服，寸步难行
整合后管理	员工关系管理	抑制型：双方激烈碰撞，至今仍然深陷欧洲的员工索赔纠纷当中，破坏性巨大
并购绩效		连年巨额亏损以后以关闭结束

一、资料来源

与其他案例一样，TCL 案例需要调研的内容同样是五个方面：TCL 当时的并购需求；汤姆逊彩电业务被出售的原因；并购过程；整合过程（含本书提出的整合后管理阶段）以及并购绩效。

正式的调研工作始于对二手资料的收集，主要通过网络搜索和阅读各种期刊以及公司内部资料进行。在了解 TCL 并购汤姆逊彩电业务事件的背景和经过之后，再尽可能找 TCL 内部知情人士以及行业相关人员进行访谈，验证以前的信息和假设，并获得一些新的信息。在访谈问题上，TCL 并购案例比较特殊。由于李东生一直把并购汤姆逊彩电业务和阿尔卡特通信业务当作 TCL 国际化过程中的关键一步，不愿意把两者分开谈，也不承认哪次并购是失败的。正是由于上述原因，联系访谈是件十分困难的事情，所有人的第一反应是需要公司的批准。在正面接触遇到障碍后，笔者采取了一些变通的办法。首先，通过另外一家同处珠三角的彩电生产企业的董秘，联系到了几个已经跳槽并且当时正好在 TCL 担任中层职务的员工，在同意不说出姓名的条件下，回忆了一些他们还有印象的细节；其次，也请这位董秘以业内专家的身份评价了这次并购事件；最后，就是求得了部分这家竞争对手战略部对该事件的研讨信息。

二、并购过程

(一) 并购背景

1. 我国家电行业当时的特点

长期以来，我国家电行业一直饱受缺乏自主的国际性品牌、缺乏对海外市场的控制力、产业分工地位低端、产品附加值低、企业利润低等问题的困扰，而且这些问题有日益严重的趋势。20世纪90年代，我国家电企业以“价格战”的形式实现了大发展。到了21世纪初期，我国普通家电基本上已经普及，大部分家电市场已经相对饱和。

由于中国的家电企业多半缺乏核心技术，导致产品同质化非常严重，整个行业普遍处于过度竞争状态，各类产品生产线都产能严重过剩，加上企业的创新能力又严重不足，企业和产品的毛利率都急剧下滑。由于中国国内市场已经趋于稳定，家电企业要想进一步拓展生存空间，扩大出口就成了最可行的选择。对于拥有巨大库存压力的中国家电企业来说，扩大出口、释放生产力成了企业求生存、求发展的关键。

中国家电企业要想扩大出口就面临两方面的压力。一方面，扩大出口就要“走出去”占据别人的势力范围，这就必然引起一些欧美国家和企业的不满，引发贸易摩擦。例如，美国对来自我国的彩电征收反倾销税（美国商务部裁定TCL的税率为31.35%）就造成TCL对美国的彩电出口在2003年底连续三个月大幅度下降，12月的出口量还不及9月的一半。频繁的“两反一保”调查问题成了当时困扰我国家电企业的魔咒之一。

另一方面，经济全球化与区域经济一体化也给我国家电企业带来了不小的冲击。印度、越南等国以更低廉的劳动力和土地成本进入国际市场，与此同时，我国家电企业的劳动力和土地成本却在上升。因此，我国家电企业如何调整其国际市场进入战略当时已经成为各界密切关注的热点。

2. TCL的并购需求

在企业成立后的头20多年，TCL的发展迅速而且稳健，特别是20世纪90年代以后，取得了连续12年增长速度达到或接近50%的佳绩，是同期全国增长最快的工业制造企业之一。到21世纪初期，TCL集团涉足的家电、通信、信息和电工几大板块都位居国内同行前列。2003年，TCL集团的销售总额达到282亿元，利润 13.51 亿元，在全国电子信息百强企业中列第六名，是国家重点扶持的大型企业之一。

到本次并购发生的 2004 年之前，TCL 集团已经在世界十多个国家和地区设立了销售公司或商务代表处，在越南和印度建立了彩电制造基地，国际化已经具备一定的基础。在并购方面，TCL 于 1996 年一举兼并了香港陆氏公司彩电项目，开创了国企兼并港资企业之先河；1997 年与河南美乐彩电实现强强联合；1999 年以资产无偿划拨方式受让内蒙古彩虹电视机厂；2000 年 12 月兼并中山索华空调厂；2001 年 2 月又兼并无锡永固电机厂。这一系列的并购使 TCL 的产品规模和整体实力得到了发展和壮大，增强了 TCL 集团在市场上的竞争优势，一年净利润 7 亿元。“大不一定强，但不大一定不强。”这是李东生这两年时间内最爱说的一句话。

为了规避风险，实现企业的可持续发展，TCL 同国内其他家电企业一样，走上了多元化的道路，寻求更大的盈利空间。与此同时，TCL 也在探寻多元化的国际市场进入战略，力求规避国际贸易壁垒，并且提高企业的核心竞争力。在这种情况下，TCL 在国外设厂的同时，开始尝试通过并购欧美同类企业，然后在当地生产和营销以规避这道障碍。2002 年，TCL 小试牛刀，收购了德国施耐德电器有限公司，绕开了欧盟精心设计的“马其诺防线”。

此外，TCL 集团 CEO 李东生认为：TCL 由于缺乏自主知识产权的技术，导致在产品技术上付出的成本过于高昂；在世界各地都采用单一品牌也有较大的风险。因此，他希望 TCL 能够通过一次成功的海外收购来有效地降低品牌风险和研发成本。

（二）并购前阶段

1. 双方的战略匹配性

2004 年，李东生曾经会感慨：“加入世界贸易组织以后，中国市场正处在全球竞争的状态下，固守一隅的本土家电企业很难与调动全球资源的跨国公司长久竞争。”这句话充分反映了当时李东生对企业经营思路进行调整的渴求，他希望通过国际化改变 TCL 的经营格局。并购汤姆逊彩电业务的机会就是在这种背景下进入 TCL 决策层的视野的。

就两者之间的战略匹配性而言，对汤姆逊彩电业务来说可以得到 TCL 的大量现金支持，而汤姆逊集团由于多年亏损加上决心战略转型，无意再对彩电业务做较多的继续投资；对 TCL 集团来说，收购汤姆逊彩电业务有助于实现企业的国际化战略。一方面，该项收购可以获得汤姆逊彩电的产能、品牌和销售网络，扩大 TCL 在欧美地区的市场规模；另一方面，通过并购汤姆逊彩电业务，TCL 得以近距离接触学习汤姆逊的大量专利技术。

事实上，TCL当时所做的上述判断并无太大的问题，但是它没有预料到汤姆逊彩电的技术已经很快就要被市场淘汰，不但技术没有多少价值，就连原有的产能和渠道都会成为沉重的负担。从2003年开始，欧洲彩电市场已经开始迅速向平板电视转换，以飞利浦为代表的平板液晶电视产品迅速降价，市场需求大幅度提升。汤姆逊由于在面临技术变革的时候，放弃了平板液晶电视技术，属于战略方向失误，现在市场证明汤姆逊的选择是错误的，它的产品已经落伍。TCL在彩电技术发生变革之际并购了旧技术路线的代表汤姆逊彩电，表面上具有战略匹配性，实际上并非如此，就好比心脏病人换了一个百岁老人的心脏，尽管这个百岁老人可能没有任何疾病。

2. 双方的组织匹配性

TCL在并购汤姆逊彩电业务之前没有对它的制度和文化等组织匹配性影响因素进行调查，导致并购后整合过程中麻烦不断，最终也未能实现整合目标。这一点是李东生自己反省最多，也被人批评最多的方面。汤姆逊作为法国的老牌国企，员工福利待遇好，工会势力强大，TCL作为典型的“中国制造”企业，依靠的是低成本取胜策略，两者是不相容的。此外，在技术文化上TCL和汤姆逊也相差很远。长期以来，TCL对技术的重视和创造专利的能力不够，只是在技术商品化上通过快速的模仿转化为产品，所以只是技术模仿，而没有技术文化。汤姆逊则长于对技术进行深度研发，研发流程很规范。这些差异都在最终的整合过程中带来了很大的摩擦，甚至可以说是导致了整合的失败。

3. 环境许可性

欧洲国家工会势力强大，保护工人权益的法律条文多如牛毛，严苛而且有力。TCL想通过裁员的方式降低成本，提高效益的整合思路其实是走不通的。也就是说汤姆逊的外部环境是不支持TCL并购其彩电业务的。

4. 管理层认知

2003年前后，TCL在国内市场高歌猛进，年利润到了7亿元以上的水平。受企业业绩和国际化的大环境影响，李东生一心想在欧美主流市场上有所作为。这个时候汤姆逊的彩电业务进入TCL的视野，按照一位曾经在李东生身边工作过的人士的说法，他把国内市场环境中的一些所谓“经验”用到国际上去了。

在李东生看来，汤姆逊有品牌、有生产线、有技术和研发能力，在北美和欧洲的产业结构也很好，这些都是TCL需要的。更难得的是，当时汤姆逊由于转型而退出家电制造领域，在全球范围内寻找买家，李东生感觉这简直是上天的恩赐。引用他的原话就是“汤姆逊这个机会对我们来说是唯一的”。

正是基于上述认识，以李东生为首的TCL管理层决定要“敢于接盘”。他们认为，TCL 如果能把汤姆逊的供应链采购和制造这些环节整合好，做到这个项目不亏损是可能的。与此同时，TCL 会因为得到汤姆逊而至少在三个方面取得突破——市场、技术和供应链。其中，李东生很看重的一点是，如果把汤姆逊纳入 TCL，TCL 彩电总销量将突破 1800 万台，成为全球头号彩电生产商。这将是中国企业有史以来第一次通过企业并购改变一个产业的全球格局。

事实上，要是 TCL 在收购汤姆逊彩电业务前能够多问几个为什么，结果也许会不一样。首先，它为什么连年巨额亏损？其次，它有那么多技术专利，如果看好将来的市场，它为什么要把彩电业务卖掉？最后，TCL 把它拿过来以后怎样才能盈利？很显然，如果能够冷静客观地回答上述三个问题中的一个就会放弃对汤姆逊彩电业务的收购。因为 2003 年的时候，欧洲乃至全球彩电市场已经开始进入转向平板电视的更替时代，汤姆逊没有选择平板电视技术的战略决策是错误的，它的亏损和转型退出是无奈之举。TCL 管理层并购之前与当初的汤姆逊一样，做出了错误的战略判断，买过来的技术明显价值高估，连带把品牌和产能等其他资产的价值高估了很多。也许这才是最后整合以失败告终的根源。此外，TCL 决策层对本次并购的环境许可性也认识不足，导致计划的整合最终无法实施。

（三）交易方案

双方最终商定，TCL 和汤姆逊按照 2∶1 的比例成立合资公司 TTE。TCL 多媒体业务作价 6 亿欧元，汤姆逊公司的彩电业务估值 2.1 亿欧元，再投入 14000 万欧元（其中 7000 万欧元以知识产权方式兑现，其他 7000 万欧元为现金）。当时，TCL 多媒体中除了彩电业务外还有 DVD 播放机业务，并持有 TCL 通信部分股权。按照最终的并购方案，TCL 集团将 TCL 多媒体持有的部分 TCL 通信股权剥离，再将 DVD 播放机业务和彩电业务整合，使 TTE 成为 TCL 多媒体的全资子公司。汤姆逊占整合以后的 TCL 多媒体 29% 的股权，派两人加入董事会，TCL 集团占 37% 的股权，并继续控制董事会。

在并购汤姆逊集团彩电业务之前，作为 TCL 彩电元老级人物的胡秋生发现双方拟签的合同对 TCL 非常不利，曾经坚决反对 TCL 签这个协议。这些不利因素主要包括以下三方面：①汤姆逊集团的出资内容不包括其已申请专利的电视机技术，合资后 TTE 使用专利技术还得按照协议缴纳费用；②被收购业务本身关系复杂，单位产出成本极高，但是都是现状移交，把问题留给了 TCL（这也是 TCL 最终整合失败的根源）；③TTE 承担了汤姆逊集团彩电业务原有的债务 1.43 亿欧元，使 TCL 背上了一个大包袱，财务风险将逐渐显现。

业务整合上，TCL 认为汤姆逊的亏损主要在北美，因此制定了“稳住欧洲，主攻北美”的整合方案。

（四）整合阶段

1. 组织整合

（1）程序方面的整合。

并购以后，TCL 把几个主要的国外业务进行了管理整合，尤其是把汤姆逊和阿尔卡特两个并购项目的管理系统统一到了一个系统中。经过几年时间的发展和完善，目前该系统的效率已经相对比较高。

李东生的观点认为，西方的管理方式未必比中国的管理方式更有竞争力，至少在相当一个时期内，中国企业完全照搬西方那一套东西肯定不行，中国企业一定要有中国的管理制度。所以，在 TCL 集团并购汤姆逊集团彩电业务以后，对其主要领导和管控模式都进行了调整。

当然，李东生没有一味排斥西方的管理方式，而是在中国特色和西方风格之间寻求平衡。比如，并购以后 TCL 集团对待业务链问题时开始强调建立端到端的业务流程，让管理者更多地从产业发展的内在规律出发进行分析、学习掌握一些新的管理工具，与此同时，要求他们在这个过程中一定要保持企业家精神。

（2）资源整合。

并购以后，TCL 集团首先对品牌和产品战略进行了重新梳理。在北美地区使用 RCA 品牌，主要走中高端路线；在欧洲市场，TCL 主要使用汤姆逊的品牌；在新兴市场则主要采用 OEM 战略。其次，TCL 对成本支出方面也进行了调整。由于 TCL 通过控制汤姆逊的彩电业务间接拥有了它在欧美地区的销售点，就节省了开辟销售网络的费用，相应就可以增加宣传广告方面的费用。再次，TCL 对整体产能布局进行了调整。由于欧美的原材料、人工成本过高，收购后 TCL 采用了自己在国内基地制造的机芯；对墨西哥的工厂进行了合并；将德国施耐德的生产线转移到了波兰。最后，TCL 改用祖国大陆的生产支持北美的市场。这些措施很大程度地降低了 TCL 彩电业务的成本，TCL 在其 2005 年半年报告中提到，TTE 的彩电毛利率从最初的 13% 提升到了 16%。

TCL 集团在收购前没有及时地为了并购而组建好一支专门的操作团队，这就导致并购以后的整合一波三折。收购后，由于双方签订的协议不够明确，争议和矛盾不断，直接导致了汤姆逊推迟转移在欧美地区的销售权。由于没有及时获取欧美地区的销售经营权，导致这些地区的销售业绩不升反降，直接导致了欧洲和北美地区在并购后的头两年继续严重亏损，掏空了 TCL 的全部家当。

2005 年，TCL 集团对北美业务从制造、开发、销售等多方面进行大力整合，采取了与关键伙伴结盟、聚焦价格、成本控制等一系列措施。经过一年多的流程再造和整合，于2006年取得了明显的成果。销售量和销售额都与前一年同期相比有较大幅度的增长，同比大幅减亏，并与第三季度首次扭亏。

TCL对欧洲业务的整合遇到了较大的困难，导致了2004年和2005年接连两年的巨额亏损，被迫于2006年彻底剥离了欧洲彩电业务。这次壮士断腕似的重组内容主要包括：终止除OEM业务外的所有电视机生产及营销活动、对TCL多媒体从事欧洲业务的大部分员工进行重组、对TCL多媒体在欧洲的部分附属公司进行重组以及处置TCL多媒体在欧洲的部分资产和库存。

（3）文化整合。

TCL并购汤姆逊以后由于李东生的思想实际是中方主导的文化，想要同化跟随汤姆逊彩电业务过来的外籍员工，这就导致了比较严重的文化冲突。首先，欧洲的工会势力比较强大，员工利益受到法律和工会的强有力保障。TCL按照国内习惯的套路，想根据效率原则裁员，直接导致了双方强烈的对抗。这种对抗严重影响了并购后的所有运作和效率。其次，东西方文化的差异也为TCL的整合带来了不少问题。一位曾经参与销售渠道整合的TTE人士回忆到，即使你讲得满嘴起泡，甚至拍桌子，对法国人来说都没有效果，人家该下班就下班，该请你吃饭就请你吃饭。这种文化的碰撞导致中法双方的合作效率很低，工作效率都很低，新产品上市的速度也很慢。

并购以后，TCL遇到了挫折，重新审视了企业的愿景、使命和价值观。修改以后的新愿景、使命和价值观分别为“成为受人尊敬和最具创新能力的全球领先企业”、“为顾客创造价值，为员工创造机会，为股东创造效益，为社会承担责任”以及“诚信尽责、公平公正、知行合一、整体至上”。今天回过头去看它的愿景、使命和价值观，在当时企业连年巨额亏损、大规模裁撤海外员工的背景下，这样的表述是不可能起到聚拢人心的作用的。对于原汤姆逊的外籍员工来说，首先必须是企业获得转机，个人工作获得保证，在这些基本诉求都没法保证的条件下，上述企业文化是不可能被人接受的，甚至可能适得其反。

2. 环境整合

（1）价值链整合。

并购以后，TCL创建了统一的全球采购平台，逐步地精减了采购人员，取得了一定的成本优势。在营销渠道整合上，TCL走了弯路，最初由于希望借用汤姆逊的渠道帮助TCL品牌开拓市场，规避贸易壁垒措施，对汤姆逊的营销渠道大部分加以原状保留。后来，由于欧洲业务中心持续大幅亏损，到2007年末，TCL又对TCL多媒体欧洲业务进行了重组，彻底取消了原来的欧洲业务中心，建立起全新的欧洲业务平台，引入了“无边界集中”的经营模式。重组后的欧洲业务平台在一个简单的商业模式下运行，大幅减轻了欧洲业务持续亏损的问题，同时保留了整个集团在欧洲市场上的通道，为后来欧洲业务的恢复增长创造了条件。

（2）外部环境的整合。

外部环境整合是TCL整合汤姆逊彩电业务过程中遇到的最大障碍。李东生曾经说过，在欧洲和工会谈判实在是太艰难，TCL花了两年时间都没有和工会达成一致意见，到2006年5月时仍然无法控制局面，十分被动、代价高昂。2011年，法国南特商业法庭于3月10日对TTE（TCL与法国汤姆逊集团成立的合资公司）欧洲公司重组诉讼案中做出初审判决，要求TCL集团、TCL多媒体及其四家全资子公司向TTE欧洲公司的法定清盘人赔偿2310万欧元（约合人民币2.11亿元）。

（五）抑制型的整合后管理

1. 员工整合措施

由于TCL和汤姆逊之间并没有特别大的战略互补性，并购以后获得的战略利益有限，要想盈利就必须减员增效。这就导致TCL拿不出很好的员工整合措施，能做的都是以前汤姆逊自己不愿意做的。TCL并购以后除了裁员就没有其他方面，但是汤姆逊作为法国本土企业都一直没敢裁员。收购以后没多久，TCL就宣布裁减一部分高薪金的欧美管理人员。在研发环节，TTE重新分配研发资源，采用双向交流的管理办法。

这些举措都是明显利己的，引起外籍员工的反感和抗议就是必然的了。正是由于TCL采取了与员工针锋相对的整合措施，对抗情绪高涨，导致一些正常的生产经营活动也无法开展，最终导致了欧洲业务运转的停牌，属于典型的抑制型整合后管理。

2. 员工反应

总而言之，TCL在整合过程中的人力资源和企业文化等方面没有创新，员工没有受益，只有受损。所以汤姆逊的老员工普遍出现了角色模糊感增加、信任水平下降和自我保护意识增强等状况，对新企业的组织承诺严重不足。并购后汤姆逊的员工反应总体来说，只有经济人属性十分明显，组织承诺属性很低，民族属性和自然人属性方面没有特别的表现（见图7－1）。

（六）并购绩效

并购汤姆逊彩电业务让TCL迅速完成了国际化布局，彩电产量一跃成为世界冠军，可是这次并购也让TCL陷入了亏损的泥潭。2005年、2006年接连两年TCL都出现了接近20亿元的亏损，TCL在过去20年中创造的全部利润都被消耗殆尽。

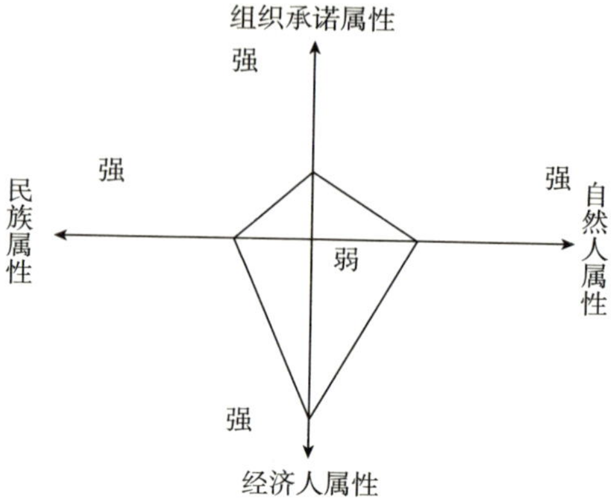

图 7－1　汤姆逊员工的属性

可以说，这是中国制造企业在全球化时代为了成长为世界级企业或者说为了获得核心竞争力所付出的代价。从 TCL 集团角度来说，如果没有收购汤姆逊的彩电业务，那么它就不会出现那么大的困难，它就会有极其雄厚的资金和良好的现金流支持企业在研发上投入更多。

理论界和企业界对 TCL 并购汤姆逊彩电业务的认识几乎是完全一致的，尤其在其欧洲业务进行重组后，人们一致认为 TCL 的本次跨国并购是失败的。

三、小结

TCL 并购汤姆逊在中国企业国际化进程中是个标志性事件，既是中国企业第一次通过并购成为全球行业第一，也是中国企业第一次改变一个为世人关注的行业的产业格局。为国人广泛关注的联想和中海油等海外并购案例都发生在本次并购之后，是否受到了本次并购的鼓舞不得而知。与该项并购的重大影响一样，本项并购的教训也是无比深刻的。“这些都是往事，但教训无比深刻”，这是李东生在接受《法人》记者访谈时的原话。

TCL 并购汤姆逊彩电业务可以说是割裂并购交易与并购后整合的一个典型案例。并购成本包括交易成本和整合成本。交易成本易于测算；整合成本不易测算，但变数很大，有可能十分巨大。因为整合包括组织整合和环境整合，牵涉品牌、人力资源、文化和法律等因素。只有充分考虑到整合过程中可能面临的各种问题，才可能对整合的成本有一个相对可靠的估计。但是当时的 TCL 既不熟悉国外的法律制度，又不具备国际企业管理经验，对于整合过程中会遇到什么样的问题近乎一无所知。但是，以李东生为首的 TCL 就是凭着勇气和把企业做大做强的良好愿望在对整合毫无准备的情况下买下了汤姆逊彩电业务。最终导致整合极其不顺利，迟迟不能正常经营，不但耗费了巨额的整合成本，还产生了巨大的经营损失。

第八章　上汽集团并购韩国双龙汽车案例研究

随着世界汽车巨头全线进入中国市场，中国出现了汽车工业全球化、国内市场国际化的现象，国内汽车企业之间的竞争日趋白热化。尽管国内汽车企业之间竞争激烈，但是中国的汽车行业总体上仍然处于发展阶段，水平较低。首先，中国汽车企业整体的自主开发能力都很弱，引进多、模仿多，拥有的自主知识产权少。目前，中国汽车企业生产的汽车大部分都是“戴着洋帽子的中国造”。尽管中国已经连续两年成为世界第一的汽车产销大国，但是同美国、日本和德国等国家相比，我国不是汽车强国。严格意义上讲，中国的汽车产业只是世界汽车强国和汽车巨头的组装车间，市场格局完全是由国际巨头主导和操纵的。其次，中国的汽车企业规模小，生产成本相对较高。中国的汽车总产量已经连续两年排名世界第一，但是产量最大的上汽集团也只有 400 万辆的规模，勉强达到世界第一方阵的通用汽车和丰田汽车的一半。这就足以说明中国汽车行业的现状是厂家多、企业规模小。此外，由于中国的运输系统效率偏低，汽车企业的运输成本和库存成本都较高。关键原材料及零部件进口、运输低效率和小规模生产这三个因素共同导致目前中国汽车工业的单位成本比先进国家高出 15% 以上。

上汽集团并购双龙汽车就是在这种背景下发生的。可以说，本次并购事件是中国汽车企业试图改变不利的竞争格局，寻求自强之路的一个典型代表。上汽集团为自己的国际化道路交出了高昂的学费，但是中国汽车企业都从中学到了很多东西，有证据表明李书福的吉利集团在整合沃尔沃过程中就是以之为鉴的。上汽集团并购双龙汽车的概况如表 8 - 1 所示。

表 8－1 上汽集团并购案例概况

工作进程	主要工作	指标
并购前	结合潜力评估：上汽集团方面没有意识到双龙的技术即将没落，高估了双龙的战略价值，对组织匹配性和环境许可性则近乎彻底忽视	战略匹配性：双龙汽车的技术对上汽集团有一定的意义，但是有限；上汽集团帮助双龙汽车开辟中国市场的能力被事实证明十分有限 组织匹配性：双龙原社长苏镇琯为首的管理层有牺牲企业利益谋私利的传统，员工有通过罢工谋求过高福利的传统，双方不匹配 环境许可性：韩国人的民族情绪极强，对上汽集团转移技术的目的完全不能容忍
并购谈判	并购谈判和交易方案设计：由于价值高估，本次交易被韩国国内认为是一桩“卖得好”的交易。认为得到了双方政府的支持，实际上韩国方面从个人到政府都对技术转移处处防范	交易价格：总计 5 亿美元的价格，收购双龙汽车 48.92% 支付方式：现金支付 整合设想：降低成本、开拓中国市场，同时把技术引进中国
并购后整合	全方位整合	组织整合：制度方面有所改变，文化上尽力迁就，都没有得到配合和回应，资源上因阻挠而无实质整合 环境整合：与工会的关系始终没有理顺，当地社区关系也不融洽
整合后管理	员工关系管理	抑制型：韩国人的民族情绪以及工会支持下的经济诉求导致劳资双方的关系从来没有真正融洽过，不停地换人也不起作用
并购绩效		彻底退出，计提损失 43 亿元人民币

一、资料来源

上汽集团并购案例与其他案例一样，需要按照第四章确定的案例分析框架进行分析。所以同样需要调研五个方面的内容，分别为：上汽集团当时的并购需求；双龙汽车被出售的原因；并购过程；整合过程（含本书提出的整合后管理阶段）以及并购绩效。

最早知道上汽集团要并购双龙汽车的时候，并购协议还没有签署。当时，笔者与蓝星集团投资部的朋友一起吃饭，听他发牢骚说，上汽集团横刀夺爱，他们4500亿韩元谈好的生意被上汽集团5500亿韩元抢走了。这一点在后来再次访谈时得到了这位朋友的确认，却与上汽集团披露的蓝星集团把价格抬到了5500亿韩元相矛盾，不管怎样，这能够说明上汽集团在此次并购前的准备不充分，决策很匆忙，也没有顾得上协调国内的竞争者。

上汽集团并购案例一度被当作中国汽车企业成功国际化的典范，收集的二手资料中有很多矛盾的地方。2008年之前的研究论文给予正面评价的很多，2008年之后则给予负面评价的居多。由于上汽集团已经彻底退出了双龙汽车，亏损较大，相关的主要高层人员不愿意接受访谈，只访谈到了几位没有直接参加本次并购的中层。为了做好本案例，笔者访谈了国家工信部产业政策司一位参与了本次并购审批并一直关注此事件的调研员，并通过他联系到了中国汽车工业协会的一位工作人员，通过他们二人获得了一些有用的信息。本案例主要访谈对象如表8-2所示。

表8-2 上汽集团案例主要访谈对象

调研对象	职位	人数	访谈形式
蓝星集团	投资部	2	面谈
上汽集团	经济运行部	1	电话访谈
上汽集团	董秘办	1	邮件
工信部产业政策司	调研员	1	面谈
汽车工业协会	工作人员	1	面谈

二、并购过程

（一）并购需求

胡茂元担任上汽集团总裁以后，为了提高企业的竞争力，推动了四大工程。其中的两大工程分别是全面创新工程和全球经营工程，正是这两大工程直接导致上汽集团在并购双龙汽车前具有很强的海外并购动机。胡茂元把上汽集团的创新解释为技术创新、管理创新和机制创新的有机统一。按照国家对大企业集团建设的要求，上汽集团提出了超前开发、联合开发和自主开发的技术开发思路。全球经营工程是指上汽集团要“走出去”与“引进来”并举，实现出海跨洋发展。“出海”就是要走出“上海”、走出“上汽”、走出生产制造领域，实施跨地域、跨行业、跨所有制的联合重组和战略合作；“跨洋”就是要实施全球经营，实现国内市场向国际市场扩张、国产化向国际化转换、单一制造向多元化转变，还要实现整车出口批量化、零部件出口规模化和海外公司建设本地化的三大突破。

并购韩国双龙汽车就是在这种背景下实施的。并购的动因是实现上汽集团的全球战略目标，获取战略性资源、技术以及拓展海外市场。按照上汽的计划，通过并购，既可以把双龙的产品推广到中国市场获得利润，还可以借助双龙的技术迅速提升自己的技术，增加上汽集团在国际汽车市场上的竞争力。可以这么说，上汽集团固然在意双龙汽车在韩国以及欧洲市场的地位和作用，但它更在意通过双龙汽车使自己的自主品牌获得提升。

（二）并购前阶段

1. 双方的战略匹配性

上汽集团派驻双龙汽车的第二任总裁墨斐曾经说过，“我们将充分发挥双龙汽车和上汽集团在产品设计、零部件采购和营销网络等方面的协同效应，开拓国际市场，共同提升国际竞争力”。他的这句话充分说明两者之间是存在一定的战略匹配性的。

上汽集团第一批派往韩国的中方管理层代表之一张海涛认为：“以 SUV 和 MPV 产品为主的双龙汽车与上汽集团的自主品牌以及上汽的两个合资品牌在产品线上是互补的；产品开发体系也能为上汽集团自主品牌所用；此外，由于双龙汽车的一半产品出口欧洲，将有助于上汽集团学习其国际经营的方式，营销网络也能为上汽集团所用。”对双龙汽车而言，上汽集团不但能够为其带来急需的资金，还能够帮助它打开庞大的中国市场。

客观地讲，上汽集团与双龙汽车之间确实有一定的战略互补性，只是由于双龙汽车的核心技术本身不符合汽车产业发展的大趋势，利用价值大打折扣，所以两者的战略匹配程度最多只能算是中等。

2. 双方的组织匹配性

亚洲金融危机前的 10 年中，韩国经济的高速发展让韩国国民拥有稳定的工作，福利和工资收入都处于一个较高的水平。目前，韩国是全球第十大经济体，国内百万富翁人数占总人口的比例也居世界前列。因此，韩国员工对薪金的期望值普遍较高。2004 年前后，由于经济发展速度放缓，企业薪金已经接连几年基本没有增长。但是，韩国工人无视他们的工资水平基础很高而且企业效益确实不佳的现实，开始不满和抱怨。就雇主而言，即使从国际标准来看，他们支付的薪酬水平都是相对很高的，他们现在已无力给工人提供更高的薪金。这就导致劳资双方经常对立甚至冲突，冲突的结果就是罢工。这就使这几年的夏天都有韩国各大企业的工人走上街头进行罢工，被称为“夏斗”。其规模和强度都非常之大，工会代表甚至把坦克开进工厂，自杀爆炸事件也屡见不鲜。

双龙汽车工会隶属的“金属工会”，在韩国国内以激进闻名。2003 年底，为阻止一家意向收购者进厂调查，双龙汽车工会曾经组织过“敢死队”加以阻挡。2004 年 7 月，上汽集团被双龙汽车的债权团选中为优先谈判对象，双龙工会也掀起过罢工风潮，造成的直接损失超过 5000 万美元。

除了强大而且敌对的工会，双龙汽车的高管团队受韩国行商文化的影响太深，也是上汽集团成功整合双龙汽车的一个大障碍。并购前后，双龙汽车的总裁苏镇琯都满足于供应商给他的好处而无意压低成本，不愿意进行大刀阔斧的改革。他还曾经利用公司机密信息用夫人等家人名义事先购进土地，然后租赁给企业谋取私利。员工层面，双龙汽车的韩国员工对中国企业的认同感偏低。

通过以上分析我们可以发现，双龙汽车受外部环境的影响，从企业文化到管理风格都不适合上汽集团，两者之间的组织匹配程度很低。

3. 环境许可性

韩国是个有着浓烈的工会主义传统的国家，尤其在 1997 年亚洲金融危机以后，韩国的工会和劳工组织的力量一直在不停地加强，反对外来资本的情绪也日益高涨，并且得到了政治势力的保护。此前有过几次欧美企业并购韩国企业的案例，其中包括美国通用汽车并购韩国大宇集团的案例，都进行得很不顺利。正是由于上述原因，韩国的劳资关系和外商投资环境对国家竞争力的影响都排在 OECD 组织国家的最后一位。韩国人从民族感情上也不接受自己的企业被中国企业并购。所有上述因素决定了上汽集团并购双龙汽车的环境许可性是很低的。

4. 管理层认知

上汽集团董事长胡茂元曾经说过“收购双龙汽车是上汽集团正在推进的‘全球化经营’战略的一个环节。我非常期待韩国国际水平的汽车技术和中国对经济发展的意志结合在一起，发挥巨大的乘数效果”。他的这番话说明上汽集团管理层认为可以通过控股双龙汽车获得其品牌和制造技术，并且与上汽集团的低成本优势相结合，从而获得很大的协同效应。

对于韩国强大的工会力量问题，上汽集团管理层认为，双龙汽车是上市公司，而且上至中韩政府下至咨询中介机构，都给予积极信号，所以是可以解决的。对于双龙汽车员工的抵制，按照张海涛的说法，“动荡的历史导致他们对历任股东都不信任，上汽集团一上来就赢得他们的信任不太可能，需要一个过程。韩国的文化是眼见为实，只有让他们实实在在看到一些东西，才能打消怀疑”。

对于双龙管理层来说，他们认定中国车厂和欧美车厂是不一样的。他们认为，欧美车厂收购韩国车厂的商业逻辑是将产能和部分研发转移到韩国；而中国车厂收购韩国车厂的商业逻辑是习得其技术，然后将产能转移至中国，因为中国显然要比韩国更具成本优势。对双龙汽车的产业工人及管理层来说，上汽集团就是一个时刻准备过河拆桥的外来者，一旦其实现目标便会将自己抛弃。

可见韩方管理层和员工的认知都是不利于上汽集团去并购双龙汽车的，只是由于债权团想要出售股权收回贷款，他们无力改变结果而已。上汽集团的管理层则显然不了解韩国的工会和文化，对韩国国内复杂的法律环境和劳资纠纷认识不足，对自身管理能力又过于自信。

双方的认识都与实际不符，这就导致当时不应该成交的并购变成了现实。

（三）交易方案

2004 年 7 月，上汽集团中标，以每股 1 万韩元，总计 5 亿美元的价格，收购双龙汽车 48.92% 的股权。尽管遭遇了双龙工会的罢工抵制，双方还是于 2004 年 10 月正式签订了成交协议。2005 年，上汽又增持双龙股份至 51.33%，成为其绝对控股的大股东。

本次并购在中韩两国都引人注目，不过两国的兴奋点截然相反。在中国，它被视为汽车企业告别学徒生涯，走上国际舞台的初次亮相，被寄予厚望；在韩国，它被视为一个成功的企业出售案例，双龙债权团获得了较高的溢价。

上汽集团购买双龙汽车的股权就很匆忙，在成交前基本上就没有完整的整合方案。这一点从它后来不断地更换思路，不断地换人就可以看出来。他们某种程度上相信以自己雄厚的资本实力和中国庞大的市场为后盾，降低成本、规范生产就可以让双龙汽车取得比并购前更好的经营绩效。

（四）并购后整合

1. 组织整合

（1）程序整合。

上汽集团对双龙汽车的整合有亮点也有遗憾，可谓一波三折，按照一些业内人士的说法是“交够了学费”。首先，上汽集团在入驻双龙的第一时间就成功取消了一些原有的不合理福利制度，包括：职工的父母 60 岁生日时，职工不仅可以获得休假，还能领到钱；职工退休后，子女可以顶替进厂等。这在韩国工会历史上是从未有过的奇迹，工人不但没有通过罢工获得涨工资，反倒做出了一定的让步。不过，这个奇迹极为短暂，此后劳资双方一系列剧烈的冲突和对抗是否与这个奇迹密切相关谁也无法说清楚。

并购以后双龙汽车的人事安排一直在变化，往往一种人事安排代表了上汽集团的一种整合态度。最初，为了消除员工的疑虑，赢得信任，以原社长苏镇琯为首的管理层几乎全部留任，上汽集团只派过去蒋志伟（代表理事）、张海涛（副社长）、朱宪（负责财务）和沈建平（负责采购）有限的几个人，同时实行双总裁制，蒋志伟与苏镇琯一起被任命为代表理事。

后来，上汽集团发现苏镇琯以权谋私的问题成了双龙汽车进行进一步结构性调整的障碍。为了使双龙汽车在成本上具有竞争力以便开拓国际市场，上汽集团决定和苏镇琯“摊牌”。2005 年 11 月 5 日，双龙汽车董事会罢免苏镇琯。随后，上汽集团又陆续炒掉了 20 多位苏镇琯的亲信高管，并先后在财务、采购、营销、人事等部门派驻中方管理人员。不久，上汽集团又在双龙汽车实行了三总裁制，由蒋志伟负责公司战略，张海涛和原双龙汽车韩方副社长崔罄铎协同管理具体事务。后来，又因为罢工事件难以平息而把蒋志伟换成了国际企业工作经验丰富的美国人墨斐。

（2）有形整合。

上汽集团并购双龙汽车后对产品和品牌方面的整合寄予很大期望，有过不少设想，最终基本上都未能够落实。最初，上汽集团计划将双龙汽车的主打 RV 车在造型修改后引入中国生产，使用上汽品牌销售。该计划还没来得及公开就被双龙汽车员工风闻，然后在工会的罢工威胁下被迫取消。

接下来，上汽集团又制订了旨在中国生产双龙汽车的“S100”计划。该计划同样因为双龙汽车工会的抵制和罢工威胁而流产。工会抵制的理由是“可能面临核心技术和人才的流失，地方供应商和地区经济利益受损”。

后来，上汽集团又先后有个裁员和帮助双龙汽车推出新车型的计划，但是都因为劳资双方的摩擦而未能有实质性进展。

（3）文化整合。

上汽集团为了做好和双龙汽车的文化整合工作，下了很大的功夫。为了让在韩国的工作团队尽快融入双龙汽车，上汽集团给他们每人都发了一本《漫画韩国》的小册子，以帮助了解韩国文化和韩国人。韩国盛行送礼文化，他们就专门设立了一个送礼基金。中方团队成员也是尽可能地入乡随俗，例如，上汽集团派驻双龙汽车的最高管理者蒋志伟则以极力展现自己的亲和力，每次与韩方高管见面时，他总是与人紧紧握手，说“拜托了”，以至于韩国媒体都称他为“刘备式”CEO；但凡韩籍员工家里办婚典、丧礼，副社长张海涛都会尽量参加，在员工家人的灵堂前，都按照当地习俗下跪祭拜，做足姿态；张海涛在中国搞市场多年，从不喝酒，但在韩国陪员工喝酒；副社长沈剑平每次从中国回首尔都要带上几幅中国画赠给韩国同事。

考虑到韩国人坚硬的民族性，上汽集团没有要求调整双龙汽车的愿景和价值观。按照张海涛的说法是，“我们对双龙的愿景从来没变过，就是把它打造成为韩国一流的、具有国际竞争力的汽车制造商”。

双龙汽车方面，一度对上汽集团的善意有所回应，高层集中学习中文。不过，他们的回应仅此而已，甚至都没有兴趣了解上汽集团到底如何规划双龙汽车的将来。

2. 环境整合

上汽集团并购双龙汽车以后无论是对价值链还是对外部环境的整合都基本没有任何成果。在价值链方面，双龙汽车的产品无法和上汽集团的产品在平台共享上产生协同效应；双龙汽车一年十五六万辆的量在与供应商谈判时也无讨价还价的余地，因此也就无法实现采购的协同性。在外部环境方面，在上汽集团入驻双龙汽车的五年时间内，工会罢工从来没有停止过，是并购失败的直接原因；诸如韩国市民团体投机资本监视中心之类的韩国政府和非政府机构也对上汽集团的整合措施施加了巨大的不良影响。上汽集团意在获得核心技术的“L—工程”项目就是因为韩国市民团体投机资本监视中心的控告而流产的。

（五）抑制型整合后管理

1. 员工整合措施

上汽集团并购双龙汽车，一开始就遭到双龙汽车员工的反对，并且是以罢工这种极端形式表现出来的。并购后，上汽集团很快就对当初反应过激者予以了严厉的打压。这种“以牙还牙”的举措本意可能是杀鸡儆猴，可结果却是引起了反对者和双龙工会的强烈反弹，他们变得更加激进、更加团结。在双龙汽车宣告破产前的三年时间内，劳资双方的内讧就一直没有停歇过。

在这个过程中，上汽集团也不是一味地与双龙汽车的员工对着干，也希望照顾韩国员工的感受，希望取得他们的信任与合作。例如，在苏镇琯的接班人人选上，上汽集团一度钟情于曾在大宇汽车工作过、后来成为双龙汽车外部董事的金胜彦，但是为了照顾双龙汽车员工的情绪，最终还是选择了从内部提拔崔馨铎。这样的人事安排连崔馨铎自己都觉得有点出乎意料。

2. 员工反应

面对突如其来的中国资本，双龙工人的心态颇为复杂：他们既希望上汽能够拯救双龙于水火，但对突然崛起的中国东家，民族自尊心甚强的他们还会有一种发自内心的本能抗拒和恐惧。

上汽集团并购双龙汽车，一开始就遭到了大部分员工和工会的反对。加上上汽集团入驻双龙汽车后又打击报复了当初激烈反对并购的人士，这就导致双龙汽车的员工自始至终都视上汽集团为“共同的敌人”，对并购后的双龙汽车无任何组织承诺可言。

总之，并购以后双龙汽车的员工表现出了较强的民族属性和经济人属性。组织承诺属性和自然人属性都很低（见图8－1）。

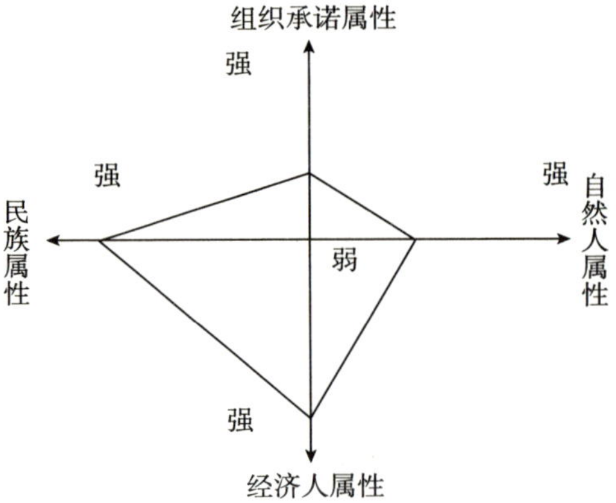

图8－1　双龙汽车员工的属性

（六）并购绩效

上汽集团入驻双龙汽车后，立即实施“全面振兴计划”，采取了包括整顿生产秩序、建立精益化生产体系和实行质量控制等一系列措施，当年就实现了主营业务盈利。2007年，更是在韩国政府取消柴油车补贴的不利情况下取得了整体扭亏增盈的业绩。上述成绩说明上汽集团的整合措施在初期取得了一定的成效。

另外，自上汽集团入驻双龙汽车的第一天开始，双龙工人的罢工就未曾真正停止过。即使有过和好，也十分短暂，总体来说是罢工不断。上汽集团有过各种整合设想，但是从来就没有机会认真执行。2009年2月6日，韩国法院宣布双龙汽车进入破产重组程序，上汽集团永远失去了对双龙汽车的控制权。2010年，上汽集团已经彻底抛售全部双龙汽车的股权，计提损失43亿元人民币。

上汽集团并购双龙汽车可以说是彻头彻尾的失败，付出了几十亿元的资金和大量人力、物力，结果却一无所获。表面上看，双龙汽车这么快就走向破产是因为金融危机的影响，但是我们必须承认双龙汽车内部的问题才是其走向破产的根本原因，金融危机最多起到了催化剂的作用而已。

三、小结

上汽集团并购双龙汽车可以算得上是不考虑结合潜力而盲目收购的典型。并购的根本目的是整合以便消化和吸收，不是买下来就可以的。整合不但有成本问题，还有能力问题和环境制约问题。后来的整合事实表明，上汽集团即使不计成本也没有能力整合双龙汽车。

上汽集团的失误主要表现在以下几个方面：首先，双龙汽车的技术其实是不符合汽车产业的发展方向的，迟早要走向没落，是不值得去并购的，所以它选择并购双龙汽车就是一个战略失误；其次，对韩国的文化和国民心态缺乏了解，过于相信自身的整合能力；最后，对企业可能发生的危机情况缺乏应对策略，危机发生后又缺乏沟通的技巧。

上汽集团并购双龙汽车的经验表明，中国企业不是有钱就能“走出去”的，“走出去”之前必须确认自身的管理团队、文化制度以及危机管理能力等都有足够的水准，抄底心态更是切不可有。

第九章　跨案例比较研究

多案例研究与单案例研究的主要区别就是可以实现复制，既可能是差别复制，也可能是逐项复制。如果所有的案例都与理论假设相符，那么这些案例合在一起就能极大地提高理论假设的可信度。如果案例之间相互矛盾，那么就应该检讨最初的理论假设，或修改理论假设，或做出合理的解释。本章主要进行跨案例分析，并对结果进行讨论。根据一定的事实材料和理论知识，对于研究对象的未知性质及其原因或规律的某种推测性的说明，是一种将认识由已知推向未知，进而变未知为已知的一种思维方法。命题是指一个判断（陈述）的语义（实际表达的概念），这个概念是可以被定义并观察的现象。

一、跨案例分析框架及案例总结

多案例研究采用跨案例对比寻求复制的研究方法对研究问题和提出的假设进行验证。因此，从研究框架来说，多案例分析的研究框架同单案例研究时是一致的（见表9－1）。由于案例研究多用于探索性的理论发现和全新视角的理论研究，对于说明存在某种理论现象有较高的效度，但是对于验证假设来说力度有限，因次本章对通过案例研究证实存在的假设称作命题，以区别于严格的假设验证。

表9－1　案例总结与对比分析

理论维度		中联重科	金风科技	TCL	上汽集团
结合潜力	战略匹配性	很高	很高	一般	较差
	组织匹配性	高	很高	差	很差
	环境许可性	高	高	一般	很差

续表

理论维度		中联重科	金风科技	TCL	上汽集团
全方位整合	组织整合	很好	很好	很差	很差
	环境整合	很好	很好	差	很差
并购团队的认知		较全面、准确	全面、准确	极其有限	严重低估困难
整合后管理	耐受型	√	√		
	抑制型			√	√
并购绩效		较好	很好	很差	很差

（一）绩效显著型案例研究

本书把中联重科并购意大利 CIFA 和金风科技并购德国 VENSYS 作为两个取得较好绩效的中国制造企业海外并购典型案例，研究为什么目标企业比我们中国企业先进，但是中联重科和金风科技不但成功地收购了对方而且整合以后的并购绩效也很好？本书试图通过对这两个案例的分析，从正面验证在理论构建中提出的部分命题。

按照本书基于组织免疫理论提出的并购模型，并购分为并购前结合潜力评估、并购谈判和交易方案设计、并购后整合和整合后管理四个阶段。中联重科并购 CIFA 之所以成功，是因为它在这四个环节基本上都做得很好。由于结合潜力不但决定了并购创造价值的潜力，还决定了合适的整合方式和整合后管理方式。误判结合潜力，要么错误地报价，要么选择错误的整合方式和整合后管理方式，就不可能取得好的并购绩效，所以正确地评价结合潜力是整个并购的决定性环节。中联重科并购 CIFA 案例中，中联重科的高管团队除了在对双方产品通用性的认识上略有不足（后来引起了一点小问题）外，对相关问题的认识基本上都是正确。在正确认识的基础上，中联重科在后续的交易环节、整合环节和整合后管理环节中都采取了正确的行动。尤其是引进意大利本土的曼达林基金作为联合投资者的决策被事后的经验证明是极其正确的。曼达林基金对于促成本次并购交易和成功整合都起到了意想不到的正面作用。

中联重科并购 CIFA 和金风科技并购 VENSYS 都取得了显著的绩效，而且从并购交易开始的全过程都很成功。2011 年，德国 VENSYS 一年的利润就达到了当初金风科技收购它时出价的一半以上就足以说明金风科技并购 VENSYS 这桩并购案有多成功。事实上，金风科技通过并购 VENSY 获得的战略利益远远超出了 VENSYS 直接贡献的利润。当然，金风科技并购德国 VENSYS 很成功有一定的特殊性，有些因素是其他想进行海外并购的中国制造企业无法复制的。因为它们两家公司有十年之久的紧密合作历史，VENSYS 的直驱永磁技术实现产业化都是通过金风科技实现的。但是，金风科技并购 VENSYS 成功的逻辑还是值得中国制造企业学习的。由于金风科技对 VENSYS 极其熟悉，所以结合潜力评估、交易方案设计、并购后整合以及耐受型的整合后管理等全部环节都近乎完美，取得显著的并购绩效也就极其合理了。拿这两个案例进行对比（见表 9-2），不难发现两者在并购动机和并购整合模型的关键变量上都具有高度的相似性。

表 9-2 绩效显著的整合案例对比分析

变量名	中联重科案例	金风科技案例	两案例是否相似
并购动机	获取技术、市场和品牌	获取核心技术	是
战略匹配程度	高	高	是
组织匹配度	高	高	是
环境许可度	高	高	是
管理层认知	与实际相符	与实际相符	是
组织整合效果	好	好	是
环境整合效果	好	好	是
整合后管理方式	耐受型	耐受型	是
实现的协同效应	大	大	是

第一，中联重科和金风科技海外并购都不是以获取海外市场为主要目标，而是以获取技术和品牌为主要目标，是战略能力导向的。第二，这两起并购案在战略匹配程度、组织匹配程度以及环境许可度方面都很高。因此结合潜力都很高。第三，两起并购案中，双方的高层都对对方和并购事件有正确的认识，既看到了双方的结合潜力，也看到了需要克服的障碍。第四，这两起并购案的内外部整合程度都很高，效果都很好。第五，这两起并购案中的中方并购企业最高管理者都在并购整合过程中倾注了大量心血，都做出了主动适应对方的姿态，最后的结果也都比较理想，尽管整合程度高，但是内外部整合的效果都很好。第六，整合后管理阶段两个企业都采用了耐受型的管理方式，两个目标企业的员工组织承诺属性和自然人属性都明显高于民族属性和经济人属性。第七，这两起并购案从过程到结果都称得上成功。

通过仔细分析中联重科和金风科技这两个并购案例，本书发现它们之间不但在各理论维度方面高度相似，反映了极好的逐项复制特性；在成功的逻辑上都极其相似。它们成功的逻辑都是对相关问题有正确的认识，各环节都做了正确的事情，因为某种原因而具有亲和性，实现了免疫耐受。从这两个案例看，在第三章提出的十个理论假设中，部分得到了印证，部分没有反映，没有明显不成立的。

（二）绩效欠佳型案例研究

本书把 TCL 并购法国汤姆逊彩电业务和上汽集团并购韩国双龙汽车作为两个绩效欠佳的中国制造企业海外并购典型案例，研究为什么一度管理者信心满满，大家寄予厚望的大手笔并购最后却以惨淡收场？本书试图通过对这两个案例的分析，从反面验证理论构建中提出的部分命题。

TCL 并购汤姆逊彩电业务和上汽集团并购双龙汽车这两个案例都具有一定的典型性和里程碑意义，都会在中国企业国际化的历史上留下重重的一笔。对这两个案例加以比较不难发现，两者之间在各方面都具有很高的相似性（见表 9－3）。

表 9－3　成交但是整合失败的并购案例对比分析

变量名	TCL 案例	上海汽车案例	两案例是否相似
并购动机	获取技术、品牌和营销渠道	获取技术和品牌	是
战略匹配程度	低	中等	是
组织匹配度	低	低	是
环境许可性	低	低	是
管理层认知	对问题认识不足	对问题认识不足	是
组织整合效果	差	差	是
环境整合效果	差	差	是
整合后管理方式	抑制型	抑制型	是
实现的协同效应	小	小	是

第一，从并购动机看，TCL 的目标是汤姆逊的专利技术、品牌和营销渠道，上汽集团的主要目标是双龙汽车的技术，其次是品牌，两者并无本质的区别。第二，TCL 和上汽集团都存在战略误判问题，并购对象的技术都是没有前途的技术，是不值得花大价钱买过来的。第三，正是由于误判了对方技术的价值，高估了双方的战略匹配性，TCL 和上汽集团都忽视了自己和目标企业组织匹配程度低以及环境许可度低的问题，错误地认为自己与目标企业的结合潜力还可以。第四，TCL 和上汽集团都根据错误的认知决策与对方达成了并购交易，对双方的结合潜力抱有不切实际的期望，对需要克服的障碍也认识不足。第五，这两起并购案的整合效果都不好。第六，这两起并购案中的中方并购企业都缺乏国际并购经验，也没有专门的并购管理团队，人事安排有点混乱，主

动适应对方的姿态有限。第七，整合以后，都采用抑制型管理办法，目标企业员工的经济人属性特别明显，民族属性也多于组织承诺属性和自然人属性，因此对抗和冲撞较多。第八，这两起并购案都没有实现多少协同效应，可以算得上是彻底的失败。

TCL 并购案例中，汤姆逊彩电业务本身连年亏损，汤姆逊集团急于出手，但是在全球范围内都找不到感兴趣的买家。并购交易前，TCL 方面并没有认真地评价自己与对方的结合潜力，管理层内部对本次并购的态度也不统一，对于并购后的整合也只限于十分粗浅的市场整合设想，对环境、制度和文化方面的差异几乎没有考虑。由于对战略匹配性、组织匹配性和环境许可性都没有清醒的认识，导致并购后的整合极其不顺利，最终放弃了对欧洲业务的整合，发生巨额亏损，还陷入了无休止的法律纠纷之中。

上汽集团并购双龙汽车案例中，双龙汽车同样已经连年亏损，债权团急于变现。上汽集团对于结合潜力的三个维度都有一定的认识，经过评估以后认为值得实施并购，文化和环境方面的障碍可以解决，有点“明知山有虎偏向虎山行”的色彩。上汽集团在整合的初期也取得过不错的成绩，只是最后随着时间的推移，双龙汽车的技术属于没落技术的问题暴露了出来，没有了价值来源，和各方面的矛盾激化自然就在所难免。

从这两个案例看，在第三章提出的十个理论假设中，部分从反面得到了印证，部分没有反映，没有明显不成立的；从反面得到证实的假设，与上一章绩效显著的两个案例形成了差异复制。

这两个绩效欠佳的并购案例对中国企业的海外并购而言还具备如下一些启示意义。第一，参与国际并购不仅是掏钱的事情，国外劳工制度与国内截然不同，工会组织的势力也比国内强大，中国企业要比外国企业更加难以适应。第二，如果目标企业是亏损企业，那么并购的难点不在于达成交易协议，而是如何整合使两个企业产生协同效应，这就需要先掂量自己的管理和整合能力。第三，企业收购不是买设备、买厂房和买技术，完全有可能企业买下来了，想要的东西却得不到。第四，国际并购前的尽职调查和咨询服务非常重要，通过聘请高水平的中介机构进行尽职调查和咨询服务，可以提高决策者的认知水平，提高决策的科学性。

TCL 和上汽集团的并购案例告诉我们，中国制造企业在并购亏损的海外企业之前必须三思而后行，我们为什么能够比人家做得更好？我们习惯于认为自己有资金优势、成本优势和市场优势，其实未必如此。客观存在的优势未必能够转变为现实，对技术价值的判断别人也许更精明。

二、跨案例比较分析

（一）结合潜力

根据本书的定义，结合潜力是并购企业双方之间的战略匹配性、组织匹配性以及环境许可性共同决定的两个企业进行合并的最大前景。其中，战略匹配性指并购企业双方之间在运营过程中存在的能够实现双方共赢的战略相似性和战略互补性；组织匹配性指两家企业在程序上、资源上以及文化上的相容性；环境许可性指环境支持企业并购以后正常生产经营的特性，包括宏观和微观两个层面。

这四个案例中，中联重科与CIFA，金风科技与VENSYS之间的战略匹配性是客观存在的，事后的经验也证明了这一点。TCL与汤姆逊彩电业务之间的战略匹配性以当时的眼光静态地看，是比较大的，汤姆逊彩电业务在传统彩电技术领域有三万多项专利，在欧洲和北美都有高端的品牌，而TCL有广大的中国市场却没有核心技术。但是，如果以动态的眼光审视两者的战略匹配性问题就会发现，两者的战略匹配性很低，因为从2003年开始，彩电技术已经转向液晶和背投方向发展，当时的趋势已经十分明显，并购以后恰恰是并购前还盈利的欧洲业务巨额亏损就是这个原因。上汽集团并购双龙汽车案例也存在和TCL案例类似的问题，忽视了产业技术发展趋势的问题，对已经没有发展前景的技术给予了较高的估值。

组织匹配性问题在这四个中国制造企业的海外并购案例中的直接影响相对较小，因为它们都采取了保持目标企业相对独立的整合方式。除了中联重科出现了双方产品标准不一致的问题，略微影响了协同效应的发挥以外，其他企业都基本没有因为组织匹配性产生较大的问题，因为它们和目标企业在文化上和程序上都是隔离的，也是基本独立的。不过，目标企业员工整合以后表现出来的各种属性很大程度上受民族文化和企业文化以及政治经济环境的影响，需要在组织匹配性评价时予以考虑，并在制定整合方案和整合后管理方案时考虑这些因素。TCL和上汽集团并购后的员工关系处理表明它们对目标企业的员工特性认识不足。

环境许可性方面，四家中国企业都面临一定的压力，都受到了制约，只是程度不同而已。中联重科和金风科技由于各自和对方的战略匹配性都较高，对方原来也没有亏损，所以没有很高的降低成本的压力，所以基本上没有去触动企业原有的利益格局，所以这方面的影响没有显现。TCL和上汽集团由于都计划通过降低成本来实现扭亏为盈，所以都必须面对裁员和降低员工福利的问题，所以这方面的问题都集中暴露了出来。

（二）并购团队

本书把并购团队与器官移植手术的大夫相类比，所以它们对并购绩效的影响主要通过两方面的因素起作用，这两方面的因素分别为它们的认知水平和它们的重视程度，也就是它们对这个事情的态度。同医生一样，并购团队如果水平不够，误判结合潜力，那么就可能要么错过好的机会，要么并购结果差强人意。如果不够重视，草率行事或者分心走神，也肯定得不到好的结果。

中联重科以詹纯新为首的管理团队显然对并购有足够的重视，这一点通过他经常与弘毅投资的赵令欢研讨相关问题，并以身作则做好整合过程中的一些细节问题就可以看出来。引入意大利本土的曼达林基金作为联合投资者则反映他们对结合潜力的评估很细致，认识也很准确。后来的事实表明，正是曼达林基金多达意大利本土身份帮他们解决了环境许可和组织匹配的问题，否则可能 CIFA 会花落别人家。尽管没有得到金风科技相关人士的正面回应，但是我们还是认为以武钢为首的金风科技对 VENSYS 觊觎已久。这一点从武钢的谈话中多次出现“不计代价”“不考虑成本”这样的字眼就可以看出他对并购而且管理好 VENSYS 的决心。正是由于和 VENSYS 之间长期的共生关系，金风科技对 VENSYS 的方方面面都极其了解，不惜代价地解决组织匹配性和环境许可性方面的障碍，金风科技最终得到了 VENSYS 内部人士的鼎力相助，才有了成功的并购和整合。

TCL 并购汤姆逊彩电业务过程中，李东生正处于国内成功的亢奋之中，觉得什么都有可能，就没有需要评估结合潜力的认识。基本逻辑是把国内的成功经验搬到汤姆逊去就可以实现盈利，而且还可以成为世界第一。李东生事后评价自己当时的决策过于匆忙就可以反映这一点。正如评论人士所言，如果当时 TCL 多问几个简单的为什么，可能就会有完全不同的结果。TCL 当时连“为什么汤姆逊彩电业务全球叫卖无人响应?”“为什么汤姆逊彩电业务会亏钱?”以及“自己能不能让汤姆逊彩电业务赚钱?”这样最基本的问题都没有问，也没有答。应该说，这样的并购不失败才是不正常的。

与 TCL 不同，上汽集团对与双龙汽车的结合潜力是有所评估的。只不过对战略匹配性的评估是错误的；对组织匹配性和环境许可性的评估则很粗浅，重视程度不够。双龙汽车的 SUV 车型都是采用大排量的柴油机技术，随着原油价格上升，节能环保意识增强，类似车型在世界范围内都逐渐被淘汰，悍马和路虎的结局足以说明问题。即使没有韩国人强烈的防范意识，让双龙的技术顺利转移到中国，结果也只是上汽集团投资更多，亏损更多。上汽集团对韩国人的民族意识和工会传统有所察觉，但是觉得政府大力支持，所以不成问题，也就没有做认真的调查和准备。事实上，上汽集团和TCL所犯错误的本质是一样的，都是认为把自己在国内行之有效的一套经验搬过去就可以获利。其实，海外并购的背景下，不但员工不同于中国人，外部环境也不同于国内。

（三）全方位整合

并购后的整合一定要组织整合和环境整合同时进行，两者同等重要，也会互相影响。中国企业进入国际竞争舞台的时间不长，缺乏海外经营的经验和人才，容易犯假设相似性的错误，错误地直接把国内的成功经验搬到国外去，所以相比于组织整合，环境整合做得更差，犯的错误和遭遇的损失也更大。

中联重科与CIFA之间的整合程度很高，效果也很好。就组织整合来说，双方实行了“厂中厂”和技术转移；就环境整合来说，双方实现了采购和销售的整合，而且并购以后的CIFA积极承担社会责任，赢得了意大利政府的高度评价。金风科技并购VENSYS以后通过“掺沙子”的方式加大了技术转移的力度，其他方面则基本维持了原样。

TCL并购汤姆逊彩电业务以后的组织整合程度相当大，首先在发展中国家以TCL的渠道全部取代了汤姆逊的原有渠道。其次在北美大刀阔斧地整顿供应链和工厂，降低成本。最后整合欧洲的营销渠道，试图降低成本。在这些组织整合措施中，前两项基本成功，但是主战场欧洲业务的整合彻底失败，于2006年进行了关停，然后从零开始新建了一套系统。环境整合方面，TCL在供应商和客户整合方面取得了一定的绩效，但是在和工会及政府关系方面，整合彻底失败，直接导致企业无法正常经营，而且付出了很高的成本。

上汽集团整合双龙汽车明显存在两个阶段，前一阶段相对成功，后一阶段则彻底失败。这两个阶段的“分水岭”就是国际原油价格高涨的那段时期。究其根源，其实是双龙汽车的技术彻底落伍，受外部环境的激化而最终显现的结果。在此之前，油料价格不高，双龙大排量的柴油车还有足够的销量，产生的现金流还能够消化巨大的人工成本。一旦销量下降，没有了收入的增长，所有的问题都无法继续掩盖，劳资双方的矛盾激化就是很自然的事情。受外部环境和组织内部的双重制约，上汽集团从来就没能够如愿获得双龙汽车的任何技术，和韩国员工、当地社区以及韩国工会之间的关系从来就没有真正融洽过。

（四）整合后管理

企业并购以后，经过一段时间的调整和整合就应该进入相对稳定的阶段，不能太长时间让员工及利益相关者处于不确定性之中。这种相对稳定的阶段不同于整合阶段，也不同于没有发生并购前的正常状态，类似于器官移植手术病人出院以后的状态，接近于正常人，但是又必须控制免疫排斥反应。企业也一样，整合后管理阶段的企业必须注意管理好目标企业员工的“免疫原性”，以免企业对他们发生“排斥反应”。

与医学上控制排斥反应的方法相对应，本书第三章定义“组织免疫抑制”为“企业为了特定目的，对自身的组织免疫系统施加影响，使其整体的免疫机能下降，或者对特定组织异己的免疫能力下降的行为”；定义组织免疫耐受为“企业为了特定目的，采取某种手段使自身的免疫系统对某一类组织异己不反应或者使该组织异己丧失免疫原性，从而不产生免疫应答，同时，其他的组织免疫功能全部保留的状态”。

中联重科并购案例和金风科技并购案例有一些共同的特点，包括：并购前由于不同的原因都和对方有某种亲近的关系，并购后都让对方管理层在企业占有一定的股份，以及从企业“一把手”开始自上往下全体中国员工对对方的尊重等。另外，中联重科和金风科技都没有因为对方而调整自己或者目标企业的管理制度，企业的免疫系统处于完全正常的状态。与组织免疫抑制和组织免疫耐受的概念对比就可以发现，这两家企业采用的都是典型的耐受型整合后管理。

TCL 并购案例和上汽集团并购案例也有一些共同的特点，包括：并购前双方都没有很深的交往和了解，所有者急于把企业卖掉，作为买方的中国企业都不是目标企业管理层和员工满意的东家，中方都组织了整合和接管团队，但是人员不稳定，“一把手”没参加，事先的整合方案没有经过认真论证、执行以后遇到很大的阻力，遇到阻力以后又立即换人，为了笼络人心，刻意忍让而且违背原则。总之，这两家企业的并购后管理有两个特点。一个就是让企业持续地处于整合之中，没有进入相对稳定的整合后管理阶段，动荡和不安定影响了人心和员工稳定，使企业元气大伤；再有就是采用了组织免疫抑制的办法来应对目标企业员工的反应，企业牺牲了原则，但是也没有得到好的回应。

三、比较分析的结果

前文提到过，为区别于严格的假设验证，本书把通过案例研究证实存在的理论关系称作命题。第三章通过与器官移植类比得到了 10 个假设，与之对应，本章把它们作为 10 个命题进行讨论，看它们是否得到了案例的证实（见表 9－4）。

表 9-4 本书命题小结

全书命题小结		
1. 由移植物选择得到的类比假设		
命题 1	并购双方的结合潜力越大，越有可能取得好的并购绩效。	√
命题 2	双方战略匹配是两个企业具有结合潜力的前提，战略匹配性不高的两家企业之间发生的并购，不可能取得好的并购绩效。	√
命题 3	组织匹配性和环境许可性是战略匹配性发挥作用的基础和保证，如果组织匹配性或者环境许可性不高，战略匹配性转化为协同效应的程度小，难度大。	√
命题 4	两家企业之间的结合潜力不是固定不变的，战略匹配性发挥作用的程度受并购后整合和整合后管理工作的影响。	√
2. 由外科手术得到的类比假设		
命题 5a	并购团队的经验、认知水平和态度能够对最终的并购绩效产生很大影响。	√
命题 5b	准确研判结合潜力是做好并购谈判、并购后整合以及整合后管理的前提和基础。	√
命题 6	并购后整合工作做得越好，结合潜力转化为实现的协同效应的程度越高。	√
命题 7	并购后整合工作受双方组织匹配性和环境许可性的制约。	√
3. 由抗排斥反应得到的类比假设		
命题 8	耐受型整合后管理比抑制型整合后管理更有可能取得好的并购绩效。	√
命题 9	组织匹配性影响并购整合后管理方式的选择。	?
命题 10	在并购之前有较多接触、相互熟悉或者通过其他方式建立有联系的两个企业，有可能相互免疫耐受，从而在整合后实行耐受型管理，获得好的并购绩效。	√

命题 1：并购双方的结合潜力越大，越有可能取得好的并购绩效。

中联重科案例和金风科技案例的结合潜力明显大于 TCL 案例和上汽集团案例，前者的并购绩效也明显好于后者，所以本书支持命题 1。

命题 2：双方战略匹配是两个企业具有结合潜力的前提，战略匹配性不高的两家企业之间发生的并购，不可能取得好的并购绩效。

中联重科和 CIFA 之间以及金风科技和 VENSYS 之间的战略匹配性都很高，TCL 和汤姆逊彩电业务之间以及上汽集团和双龙汽车之间的实际战略匹配性都不高，前两家企业的并购绩效明显好于后两家，所以命题 2 也得到了本书的支持。

命题 3：组织匹配性和环境许可性是战略匹配性发挥作用的基础和保证，如果组织匹配性或者环境许可性不高，战略匹配性转化为协同效应的程度小，难度大。

TCL 并购汤姆逊彩电业务以后在发展中国家和北美顺利整合，扭亏为盈，但是在欧洲整合失败。上汽集团并购双龙汽车以后初期由于和双龙管理层、员工以及工会的矛盾没有激化，一度取得十年中第一次的扭亏为盈，说明组织匹配性和环境许可性确实制约战略匹配性发挥作用的程度。所以命题 3 也得到了本书的支持。

命题 4：两家企业之间的结合潜力不是固定不变的，战略匹配性发挥作用的程度受并购后整合和整合后管理工作的影响。

与命题 3 相同的理由也支持了命题 4。

命题 5a：并购团队的经验、认知水平和态度能够对最终的并购绩效产生很大影响。

命题 5b：准确研判结合潜力是做好并购谈判、并购后整合以及整合后管理的前提和基础。

中联重科以詹纯新为首的管理团队在并购 CIFA 之前已经经历了 10 次以上的并购，国内并购和国外并购的经验都有。为了确保成功，还引进了弘毅投资和曼达林基金这样的专业投资机构。可以说，中联重科为首的投资组合并购经验丰富、对问题有正确把握而且对并购高度重视。金风科技以武钢为首的管理团队在并购 VENSYS 之前没有国际并购的经验，但是十年以上的合作经验让他们彼此十分了解和认可，武钢对并购和整合的重视连企业之外的方方都能够感觉到而且印象深刻。反观 TCL 和上汽集团，李东生事后自己都总结“当初决策过于匆忙”；上汽集团则是出现了战略、组织和环境三方面的因素并购后都明显与当初决策时的假设相违的情况。中联重科和金风科技交易价格合理、整合顺利而且并购绩效显著，但是 TCL 和上汽集团则是国外公认的“卖得好”、整合一波三折、并购绩效则明显欠佳。所以，命题 5a 和命题 5b 也得到了支持。

命题 6：并购后整合工作做得越好，结合潜力转化为实现的协同效应的程度越高。

本命题只能通过个案自身的比较来体现，中联重科案例和金风科技案例这两个案例中都不能体现这一点。但是，汤姆逊彩电北美业务扭亏为盈，欧洲业务由盈转亏以及双龙汽车 2004 年到 2007 年扭亏为盈，此后又大幅亏损，最终破产的事实说明本命题所述现象是存在的。

命题 7：并购后整合工作受双方组织匹配性和环境许可性的制约。

中联重科和金风科技顺利整合目标企业，但是 TCL 和上汽集团由于员工抵制和工会反对而彻底退出的事实都支持了本命题。

命题 8：耐受型整合后管理比抑制型整合后管理更有可能取得好的并购绩效。

中联重科和金风科技实行耐受型整合后管理，取得了很好的并购绩效；TCL 和上汽集团实行抑制型整合后管理，并购绩效欠佳。本书的四个案例支持本命题。

命题 9：组织匹配性影响并购整合后管理方式的选择。

中联重科案例和金风科技案例中都是采用耐受型整合后管理；TCL 案例和上汽集团案例中都是采用抑制型整合后管理。中联重科与 CIFA 之间的组织匹配性不同于金风科技和 VENSYS 之间的组织匹配性。TCL 与汤姆逊彩电业务之间的组织匹配性和上汽集团与沙龙汽车之间的组织匹配性也不尽相同。前两家企业采用耐受型整合后管理的原因更多的是因为曼达林基金或者长期合作的渊源；后两家企业采用抑制型整合后管理的原因更多地表现为工会力量对员工经济利益的维护，没有明显表现为组织匹配性的原因。所以本命题没有得到案例的支持。

做进一步的分析，也许是因为组织匹配性的范围比较大，员工“异己”属性只是组织匹配性中很小的一部分的原因。从 TCL 和上汽集团遇到问题的共性来看，目标企业员工的经济人属性是关键影响变量之一，也许还有民族属性。

命题 10：在并购之前有较多接触、相互熟悉或者通过其他方式建立有联系的两个企业，有可能相互免疫耐受，从而在整合后实行耐受型管理，获得好的并购绩效。

中联重科通过引入意大利本土的曼达林基金，不但在并购过程中得到了身份认同，整合后还吸引了 CIFA 高管和原股东的重新入股，双方都成了主人，完全没有异己属性。金风科技由于长达十年的合作和共生关系，对方高管也保留了 30% 的股份，也完全没有异己属性。它们都实现了耐受型的整合后管理。匆忙上阵的 TCL 和上汽集团都不得不采用了抑制型的整合后管理。这些现象说明命题 10 在本书四个案例中是成立的。

第十章　研究结论与创新

本章主要对研究成果进行总结和讨论，并探讨本书的理论创新、局限性、理论意义和实践意义。最后，本章还分析了未来的研究方向，为后续研究奠定了基础。

一、结论及启示

（一）主要结论

本书基于企业并购是企业间的“器官移植”的类比假设，借鉴医学器官移植免疫和组织免疫的知识，对企业并购的并购前结合潜力评估、并购谈判和交易、并购后整合以及整合后管理四个阶段进行了系统性地全面研究。

通过理论分析以及四个中国制造企业海外并购案例的印证，本书研究发现企业并购与器官移植不但具有很多一一对应的表象，在许多不那么明显的深层次机理和特性方面也十分相似。因此，本书基于组织免疫的视角，采用与器官移植类比的办法对企业并购相关问题进行的研究取得了较多的研究成果和结论。

本书第三章提出的十个假设中，除了假设 9 没有得到案例的明显支持外，其他假设都得到了所选择的四个案例的支持。即便是没有得到支持的假设 9 也没有被任何一个案例所明显否定。尽管受案例研究方法本身的局限性制约，不能说其他九个假设都得到了证实，只能说存在上述理论现象，也只能叫命题，但是本书研究还是取得了一些有用的研究结论。本书的主要结论可以总结如下：

（1）从医学免疫和组织免疫出发，使用类比研究方法寻求对并购理论研究的启发是可行的。

本书提出的十个假设中，尽管有一部分可以在原有理论研究的基础上通过逻辑推演得到，但是全部都能够很自然地通过与医学器官移植类比得出，并且最终大部分得到了案例的印证支持。

（2）影响结合潜力的战略匹配性、组织匹配性和环境许可性三要素中，战略匹配性的作用相对更突出。

如果能够获得“1 +1 =4 或者 5”的效果，拿出一部分超额收益来用于安慰员工和外部相关人士，取得他们的支持后，企业还能够有不错的收益。过去的研究把多数失败的中国企业整合案例归咎于所在国的社会、政治和经济环境的制约，但是从本书的几个案例看，同样并购西欧国家的企业，中联重科和金风科技就能整合成功，TCL 就失败了。究其根源，前者存在真实的战略匹配性，管理者可以拿出更多的钱让员工觉得比并购前还好，企业也轻松获利；后者则由于没有什么实质性的战略价值提升而不得不采取裁员节流的措施来应对收回成本的巨大压力，所以矛盾激化，并购绩效欠佳。

（3）双方管理层对结合潜力及相关问题的认识严重影响并购的绩效，并购企业管理层由于扮演更主动的角色，所以其影响大于目标企业管理层的认知影响。

并购企业管理层不但要正确评价双方的结合潜力，还必须正确判断对方管理层怎么看待己方的并购。并购企业管理层拒绝好的并购对象只会错过商机，实施没有结合潜力或者对方严重抵制的并购则会后患无穷。只有管理层的认识与实际一致，推动结合潜力大的并购成交才有可能取得好的并购绩效。现阶段的中国企业国际经营和跨国并购的经验相对缺乏，借用外脑，聘请高水平的咨询服务机构，帮助提高自身的认识水平的意义重大。

（4）战略匹配性不会自动实现，甚至有很大一部分最终也不可能变成现实，即便是实现的战略匹配性也是有成本的。

原因在于并购后整合阶段企业必须克服组织匹配性和环境许可性方面的障碍才能把这种战略匹配性变为现实，这是需要付出成本的。管理者在并购决策前必须掌握的基本原则是：“并购后获得的利益≥交易成本 + 整合成本”。这就要求管理者事先对整合的各个环节有预案，有成本估算。

（5）把并购交易以后的工作区分为整合阶段和整合后管理阶段符合企业并购的实践，具有较高的理论意义和实践意义。

整合可以与器官移植手术阶段类比，这个阶段终究是非常时期，病人无法接受长期处于手术的状态，企业也不能长期处于大调整、大动荡的状态。病人在手术后通过控制排斥反应而实现正常的生活，移植的器官也得以发挥其功能。被并购的企业也只有在进入整合后管理阶段后，才能恢复正常的生产生活，人心稳定，效率提升。

（6）整合后管理可以分为抑制型和耐受型。

耐受型整合后管理有望取得比抑制型整合后管理更好的绩效，但是实施这种管理方式必须具备一定的条件。与医学上发生免疫耐受的条件相似，企业之间也可以通过某种方式去除相互的免疫原性，实现免疫耐受，包括长期融洽的合作、获得某种亲缘关系等。

（7）并购后整合及整合后管理是中国制造企业海外并购过程中最薄弱的环节，最高领导者的重视和参与，以及降低身段主动适应对方有助于取得好的绩效。

本书中的案例足以说明一个问题，那就是目标企业的员工是否表现出很强的"免疫原性"（民族情绪或者不管企业死活地计较个人利益）与目标企业所在的国度无关。

（二）管理启示

本书是一个从新视角对传统理论问题进行研究的研究。相比于原有各学科的研究，本书是一个整合的研究，传统经济学、金融学、组织理论、战略管理和人力资源管理的内容都有所涉及。与传统的三阶段并购模型不同，本书认为，并购先后经历了并购前评估、交易谈判和方案设计、并购后整合以及整合后管理四个阶段，其中整合后管理阶段是本书研究在与医学免疫类比的基础上结合企业并购实践的实际情况首次提出的。

并购前评估结合潜力时，需要进行战略匹配性、组织匹配性和环境许可性三方面的评价，牵涉经济学、战略管理、组织理论和人力资源管理对并购的传统研究。交易方案设计则涉及金融学的相关知识。整合和整合后管理则都牵涉组织理论和人力资源理论。与这些传统的研究不同，本书通过与器官移植过程中的免疫排斥反应类比，认为并购绩效不是由其中任何单一的环节决定的。这四个环节是在并购过程中先后发生的，属于链条式的结构，任何一个环节出了问题都不可能获得好的并购绩效。从这个意义讲，传统并购研究单独拿出其中的某一个或者两个环节进行研究，寻找它们对并购绩效的影响关系是不可取的，得出的结论也是不具有说服力的。

本书认为，并购从开始到结束实际是企业实施的一个项目，所以可以用项目流程图来表示这个过程。项目实施过程中有无数的决策点，但是本书基于组织免疫的并购模型中提出了两个控制性的决策节点，分别为并购前评估以后和交易谈判及方案设计以后。第一个决策节点的重要意义在于可以让企业及早退出那些明显不可能的竞购行动，避免不必要的资源浪费和企业形象损失。例如，北汽集团参与竞购欧宝汽车就属于这类不应该开展的竞购行为。欧宝汽车作为在欧洲市场占有率一度超过20%的国际大品牌，通用汽车出于发展自身的美国品牌汽车的战略需要一直不愿意让它在中国市场出现，连销售都不积极。一旦该品牌和相关技术落入中国企业的手里，通用汽车在中国的市场就会面临严重危机，而中国市场现在是它在全球范围内的重中之重，事关企业的生死存亡。很显然，如果北汽集团认真地进行了战略匹配性评估就没有必要去竞购欧宝汽车，成为通用汽车和其他潜在买家谈判时的筹码，浪费时间、金钱，还遭遇各种非议，损害企业形象。

第二个决策节点则是关于并购为什么会成交以及怎样成交的。关于为什么能够达成并购交易，最全面的传统研究也只认为是公司治理相关的因素、与被并购企业自身特征相关的因素和与收购行为相关的因素这三方面的因素决定的。仔细观察这些传统研究，可以发现它们都是强调双方的客观因素。事实上，管理层的认知完全可能与客观实际不一致，而他们是根据自己的认知决策的。管理层否决“好”项目的影响相对要小，如果通过了“差”项目，影响就会深远而且巨大。因为管理层通过“差”项目说明他们对结合潜力的认知出了问题，然后再根据这些错误的认知决定以后的整合和整合后管理方案，后果自然是致命的。本书中的TCL并购案例和上汽集团并购案例都属于这种类型。

在本书文献综述的时候曾经提到过，Rikard 和 Sydney（1999）曾经提出过一个整合模型，被 Eisenhardt 评价为“令人激动的、可以成为并购研究领域决定性的研究”。在此，本书就基于组织免疫的并购模型与 Rikard 和 Sydney 模型的异同做一个大概的分析。

Rikard 和 Sydney 模型最大的贡献在于突出对各学科的整合，第一次明确提出只有跨学科整合才有可能实现并购研究的突破，单一学科视角的并购绩效影响因素研究都是不全面的。该模型通过研究“结合潜力”是怎样通过组织整合实现的这样一个问题把不同领域的并购研究联系到了一起。在 Rikard 和 Sydney 模型中，并购绩效（以实现的协同效应衡量）是结合潜力、组织整合和员工关系的函数。其中，协同效应是指通过并购双方的相互作用而创造的净利益，既可以是成本的减少，也可以是收入的增加；并购的结合潜力指并购企业双方之间在运营过程中的战略相似性和战略互补性；组织整合是指并购相关的两家企业之间的相互作用和协调的程度。这四个变量分别对应于以前金融学和经济学、经济学和战略管理、组织理论以及人力资源管理理论对并购的研究范畴。可见，该模型的重点确实是对各学科的整合。

本书的出发点并不是寻求对各学科的整合，而是通过与器官移植类比，运用组织免疫理论对企业并购进行一个全新视角的研究。通过与器官移植类比，本书认为，企业并购是一个先后经历并购前评估、交易谈判和方案设计、并购后整合以及整合后管理四个阶段的项目实施过程。本书提出的基于组织免疫视角的企业并购模型在类比的基础上认为，并购绩效是结合潜力、管理层认知决策、组织整合及环境整合和整合后管理的函数。相比于 Rikard 和 Sydney 模型，增加了管理层认知决策、环境整合和整合后管理三个变量的影响。此外，本书研究并购模型中的结合潜力相比于 Rikard 和 Sydney 模型也有巨大的区别。该模型认为结合潜力是并购企业双方之间在运营过程中的战略相似性和战略互补性。本模型定义结合潜力为“并购企业双方之间的战略匹配性、组织匹配性以及环境许可性共同决定的两个企业进行合并的最大前景”。其中，战略匹配性为并购企业双方之间在运营过程中存在的能够实现双方共赢的战略相似性和战略互补性；组织匹配性指“两家企业在程序上、资源上以及文化上的相容性”；环境许可性指环境支持企业并购以后正常生产经营的特性，包括宏观和微观两个层面。可见，Rikard 和 Sydney 模型中的结合潜力只相当于本模型中的战略匹配性概念，不过稍微存在一点区别，本模型的战略匹配性还强调双方能够实现共赢。

在结合潜力评估中强调组织匹配性和环境许可性是本书根据类比研究得出的新发现，尤其环境许可性是本书研究第一次着重指出的。此外，本书中的组织匹配性也不同于传统的组织匹配性“影响两家企业并购后融合难度的因素”（Datta et al.，1992）的定义。

在整合战略管理、经济学、金融学、组织理论和人力资源管理等多学科对企业并购的研究这方面，本模型同 Rikard 和 Sydney 模型一样，不过实现这种整合的途径和方式不一样。Rikard 和 Sydney 模型是从整合上述学科的目的出发，经过一系列的理论推演实现最终整合的；基于组织免疫的企业并购模型则不是为了整合各学科而进行的研究，最终的理论整合结果是通过类比提出命题以后自然产生的结果。

关于并购后整合，Rikard 和 Sydney 模型只考虑两个企业之间的组织整合问题；本模型在强调组织整合的同时，要求并购企业必然重视价值链上其他活动和外部环境的影响，做好环境整合。再者，Rikard 和 Sydney 模型用员工抵制来衡量整合以后目标企业的员工反应。本书不但把并购后整合区分为整合和整合后管理两个阶段，而且建议尽可能用耐受型整合后管理来管理整合后的员工关系。

二、理论创新及局限性

（一）理论创新

长期以来，中国企业海外并购的思路似乎一直停留在买资源、买设备、买技术的阶段，对被收购方背后的经营环境和整合以及整合后管理的重要性认识不足。人们关注的热点也仅限于以签订收购协议为标准的收购成功，并购以后的事情除非出了特别大的事故，否则鲜有人关心。

中国企业，尤其中国的制造企业对待海外并购容易犯一种很普遍的经验性错误，那就是认为中国有庞大的市场和充裕的资金，什么样的国外企业我们买过来都能够盈利。本书通过理论构建和案例研究表明，中国企业海外并购也接受基本规律的制约，首先必须选择具有结合潜力的并购对象，其次必须做好并购后整合和整合后管理工作。

中国制造企业是国际投资市场尤其是国际并购市场上的新来者，经验和实力都不如西方发达国家的企业。在此条件下，我们需要多问自己几个为什么，尤其对于那些亏损的目标企业，一定要确信“它为什么亏损?”和“我为什么能够使它盈利?”这样一些基本的问题的答案令人信服。

本书把企业并购与器官移植类比，为并购实践者提供了一个直观的参照对象，较浅层次的应用可以提醒管理者自己在做什么，下一步该做什么；较深层次的应用则可以探讨怎样才能把每一步的并购工作做好，各阶段需要特别重视的工作有哪些。

本书的理论意义首先在于第一次运用组织免疫的理论工具分析具体的企业管理实际问题。本书的主要框架和理论假设都是在继承和发展组织免疫理论的基础上，运用类比的研究方法，把企业并购与生物医学的器官移植相类比得出的，为企业并购理论的跨学科研究提供了一个崭新的视角。

其次，本书丰富发展了组织免疫理论。首次提出了环境许可性、组织免疫耐受、组织免疫抑制、耐受型整合后管理和抑制型整合后管理等新概念。

最后，本书研究拓宽了企业并购研究的视野。在组织免疫理论的基础上，通过与医学器官移植类比，对并购研究领域重要的结合潜力和整合等问题进行了重新论证，重新定义了战略匹配性、组织匹配性和结合潜力等概念。本书还首次把整合后管理从并购后整合中区分开来，并提出了耐受型整合后管理和抑制型整合后管理的分类。

总之，本书的理论创新包括以下几个方面：

（1）继承和发展组织免疫理论，通过与医学器官移植类比，从一个全新的视角研究企业并购问题。

很长时间以来，企业并购问题一直是管理学和经济学各学科研究的热点问题之一，成果汗牛充栋。但是，在研究者和研究成果众多的另一面却是企业并购实践的成功率一直没有实质性提高。这就说明传统的并购研究存在系统性的问题，需要有人打破常规，本书就是这样一种打破常规的尝试。

（2）打破了把并购分为并购前、谈判和交易方案设计以及并购后整合三个阶段的传统，增加了整合后管理阶段，把并购后整合和整合后管理区分开来。

（3）首次提出要从战略匹配性、组织匹配性和环境许可性三方面出发评价并购项目的结合潜力。

战略匹配性实际上决定了并购效应的理论最大值，组织匹配性和环境许可性则是实现战略匹配性利益的客观约束。其中，组织匹配性对应双方企业内部限制战略匹配性实现的因素；环境许可性则对应企业外部影响战略匹配性实现的因素。

（4）丰富和发展了战略匹配性以及组织匹配性的概念，首次提出了环境许可性的概念。

传统的战略匹配性概念强调战略的相似性或者互补性，不涉及价值创造方面的内容，本书研究认为并购本质上也是企业之间的一种交易行为，所以必须在概念中加进价值创造方面的含义。本书的组织匹配性概念则是通过与免疫类比得来的，与传统概念相比，突出了“相容”的特性。环境许可性也是本书研究类比得到的产物，中国企业海外并购过程中不断传出的政治干涉、社区冲突和工会反对问题都说明企业并购过程中的环境许可性问题是客观存在的。

（5）强调了企业组织整合和环境整合相结合的概念。

在很早的并购研究中，曾经有人提出过内部整合和外部整合相结合的问题，稍近一段时间的并购研究又都只强调组织整合的概念，而且明确是企业内部程序、实物和文化的整合，本书再次提出组织整合和环境整合不可偏废的主张。事实上，中国制造企业的海外并购经验表明，问题往往不是出在企业内部，而是因为外部环境的约束导致组织整合也无法顺利完成。

（6）对本书首次提出的整合后管理的最佳方式进行了尝试性的探讨。

为此，本书首先定义了组织免疫耐受和组织免疫抑制的概念，并在此基础上提出了耐受型整合后管理和抑制型整合后管理的概念。通过案例研究和逻辑分析，笔者认为，在可能的情况下实施耐受型整合后管理有望取得较好的并购绩效。分析后不难发现，传统的用员工抵制来概括并购后目标企业员工态度的方法与抑制型整合后管理的思路一致，从本质上是假设双方对立的。事实上，员工完全可能不抵制，但是也不积极，所以从这种思路出发的并购后管理思路不利于取得较好的并购绩效。耐受型管理可以从弱化员工的“异己”感出发，获得他们的支持，让他们产生对新企业的组织承诺，从而获得好的并购绩效。本书研究还提出，在跨国并购的背景下可以从民族属性、自然人属性、经济人属性和组织承诺属性四个维度来衡量员工的“免疫原性”。整合管理者如果能够引导员工更多地表现为组织人和自然人，淡化民族人和经济人角色，就有望收到更好的整合效果。

（7）耐受型整合后管理必须具备一定的条件。

从本书的案例来看，双方长期的融洽合作关系或者邀请有某种亲缘关系的组织成为共同投资者有助于获得这种效果。这种现象在中国化工并购法国安迪苏公司的时候也发生过。

（二）研究局限

本书的局限性主要来自研究方法产生的一些局限性。

首先，由于受案例收集能力的制约，全部案例都是中国制造企业的海外并购案例，所以本书书名就成了基于组织免疫视角的中国制造企业海外并购研究。从组织免疫和医学免疫类比的角度讲，是可以对所有类型的企业并购进行研究的。

其次，由于是使用案例研究验证假设，只能证明假设关系的存在与否，不能区分假设关系的强弱。这就导致研究成果的实践指导意义大打折扣，因为管理实践需要根据关系的强弱决定资源的分配。

再次，案例性质决定了理论的适用范围，严重影响了研究成果的理论价值。本书研究提出的很多成果从理论推演的角度讲是具有广泛的适用范围的，但是由于只是使用了中国制造企业的海外并购案例加以证明，目前还不能说这些理论对其他类型的并购也适用。

最后，类比方法限制了研究的范围。类比方法的基础是类比源和本体理论，受制于本体理论的发展程度，一些热点的企业并购问题本书没有涉及。

参考文献

[1] Achrol R. S. . Evolution of the Marketing Organization: New Forms for Turbulent Environments [J]. Journal of Marketing, 1990 (55): 77 -93.

[2] Afsaneh Nahavandi, Ali R. Malekzadeh. Acculturation in Mergers and Acquisitions [J]. Academy of Management Review, 1988, 13 (1): 79 -90.

[3] Alexandra Reed Lajoux. The Art of M&A Integration [M]. New York: Mcgraw - Hill Press, 1998.

[4] Allen N. J. , Meyer J. P. . The Measurement and Antecedents of Affective Continuance and Normative Commitment to the Organization [J]. Journal of Occupational Psychology, 1990 (63): 1 -18.

[5] Amy L. Pablo. Determinants of Acquisition Integration Level: A Decision - making Perspective [J]. The Academy of Management Journal, 1994, 37 (4): 803 - 836.

[6] Anand M. Goel, Anjan V. Thakor. Do Envious CEOs Cause Merger Waves? [J]. The Review of Financial Studies, 2010, 23 (2): 487 -517.

[7] Anand J. , Singh H. . Asset Redeployment, Acquisitions and Corporate Strategy in Declining Industries [J]. Strategic Management Journal, 1997, (18): 99 - 118.

[8] Andrei Shleifer, Robert W. Vishny. Stock Market Driven Acquisitions [J]. Journal of Financial Economics, 2003, 70 (3): 295 -311.

[9] Ang J. S. , Cheng Y. . Direct Evidence on the Market - driven Acquisition Theory [J]. Journal of Financial Research, 2006, 29 (2): 199 -216.

[10] Anju Seth. Sources of Value Creation in Acquisitions: An Empirical Investigation [J]. Strategic Management Journal, 1990, 11 (6): 431 -446.

[11] Ansoff H. Igor. Acquisition Behavior of U. S. Manufacturing Firms [Z]. 1946 -1965, 1971.

[12] Anup Agrawal, Jeffrey F. Jaffe. The Post – merger Performance Puzzle [J]. Advances in Mergers and Acquisitions, 2000 (1): 119 – 156.

[13] Arthony F. Buono and James L. . Bowditch. The Human Side of Mergers and Acquisitions [J]. Human Resource Management, 1989, 28 (2): 301 – 304.

[14] Astrachan J. H. . Mergers, Acquisitions, and Employee Anxiety: A Study of Separation Anxiety in a Corporate Context [Z] . 1990.

[15] Bacharach S. B. . Organizational Theories: Some Criteria for Evaluation [J]. Academy of Management Review, 1989, 14 (4): 496 – 515.

[16] Barnett C. K. , Pratt M. G. . From Threat – rigidity to Flexibility – Toward a Learning Model of Autogenic Crisis in Organizations [J] . Journal of Organizational Change Management, 1988, 13 (1): 74 – 88.

[17] Barney J. B. . Firm Resources and Sustained Competitive Advantages [J]. Journal of Management, 1991 (17): 99 – 120.

[18] Baron J. and Kreps D. . Consistent Human Resource Practices [J]. California Management Review, 1999, 41 (3): 29 – 53.

[19] Baumol W. . Economic Theory and Operations Analysis. Fourth Edition [M] . Englewood Cliffs: Prentice – Hall, Inc. , 1977.

[20] Bekier M. M. , Shelton M. J. . Keeping Your Sales Force after the Merger [J] . Mckinsey Quarterly, 2002, 4 (4): 106 – 115.

[21] Blake R. R. , Mouton J. S. . The Managerial Grid III: The Key to Leadership Excellence [M] . Houston: Gulf Publishing. 1985.

[22] Bodenhorn H. . State Banking in Early America: A New Economic History [M] . New York: Oxford University Press, 2003.

[23] Bowman E. H. , Constance E. Helfat. Does Corporate Strategy Matter? [J] . Strategic Management Journal, 2001, 22 (1): 1 – 23.

[24] Boyan Jovanovic and Peter L. Rousseau. The Q – Theory of Mergers [Z]. NBER Working Paper No. 8740 Issued in January 2002, NBER Program (s): AP CF EFG PR.

[25] Callahan J. P. . Chemistry: How Mismatched Managements Can Kill a Deal [J]. Mergers and Acquisitions, 1986, 20 (4): 47 – 53.

[26] Capron L. , Mitchell W. and Swaminathan A. . Asset Divestiture Following Horizontal Acquisitions: A Dynamic View [J]. Strategic Management Journal, 2001 (2): 817 – 844.

[27] Carla Hayn. Tax Attributes as Determinants of Shareholder Gains in Corpo-

rate Acquisitions [J]. Journal of Financial Economics, 1989, 23 (1): 121 – 153.

[28] Cartwright S. C., Cary L.. Mergers and Acquisitions: The Human Factor [M]. Oxford: Butterworth – Heinemann Ltd., 1992.

[29] Cartwright S., Schoenberg R.. Thirty Years of Mergers and Acquisitions Research: Recent Advances and Future Opportunities [J]. British Journal of Management, 2006 (17): S1 – S5.

[30] Cavis R. D.. Takeovers and Economic Efficiency: Foresight vs Hindsight [J]. International Journal of Industrial Organization, 1989, (7): 151 – 174.

[31] Chang S. J., Singh H.. Corporate and Industry Effects on Business Unit Competitive Position [J]. Strategic Management Journal, 2000, 21 (7): 739 – 752.

[32] Chatterjee S., Lubatkin M. H., Schweiger D. M. and Weber Y.. Cultural Differences and Shareholder Value in Related Mergers: Linking Equity and Human Capital [J]. Strategic Management Journal, 1992 (13): 319 – 334.

[33] Christa H. S. Bouwman, Kathleen Fuller and Amrita S. Nain. Market Valuation and Acquisition Quality: Empirical Evidence [J]. The Review of Financial Studies, 2009, 22 (2): 633 – 679.

[34] Christian Homburg, Matthias Bucerius. Is Speed of Integration Really a Success Factor of Merger and Acquisitions? An Analysis of the Role of Internal and External Relatedness [J]. Strategic Management Journal, 2006 (27): 347 – 367.

[35] Clemente M. N., Greenspan D. S.. Keeping Customers Satisfied While the Deal Proceeds [J]. Mergers & Acquisitions: The Dealermaker' s Journal, Thomson Financial Partners, 1997.

[36] Coase R. H.. The Nature of the Firm [J]. Economica, 1937, 4 (16): 386 – 405.

[37] Collis D. J., Montgomery C. A.. Creating Corporate Advantage [J]. Harvard Business Review, 1998, 76 (3): 70 – 83.

[38] Colquitt J. A., Conlon D. E., Wesson M. J., Porter Colh and Ng K. Y.. Justice at the Millennium: A Metaanalytic Review of 25 Years of Organizational Justice Research [J]. Journal of Applied Psychology, 2001, 86 (3): 425 – 445.

[39] Cornelissen J. P.. Beyond Compare: Metaphor in Organization Theory [J]. Academy of Management Review, 2005, 30 (4): 751 – 764.

[40] Cornelissen J. P., Oswick C., Christensen L. T. and Phillips N.. Metaphor in Organizational Research: Context, Modalities and Implications for Research – Intro-

duction [J]. Organization Studies, 2008, 29 (1): 7 – 22.

[41] David J.. Organization Theory: Tension and Change [M]. Boston: McGraw Hill, 2001.

[42] David M. Schweiger, Angelo S. Denisi. Communication with Employees Following a Merger: A Longitudinal Field Experiment [J]. Academy of Management Journal, 1991, 34 (1): 110 – 135.

[43] David M. Schweiger, John M. Ivancevich and Frank R. Power . Executive Actions for Managing Human Resources Before and after Acquisition [J]. Academy of Management Executive, 1987, 1 (2): 127 – 138.

[44] Davis G. F. , Stout S. K.. Organization Theory and the Market for Corporate Control: A Dynamic Analysis of the Characteristics of Large Takeover Targets, 1980 – 1990 [J]. Administrative Science Quarterly, 1992, 37 (4): 605 – 633.

[45] De Geus A.. The Living Company: Habits for Survival in a Turbulent Business Environment [M]. Boston, M. A. : Harvard Business School Press, 1997.

[46] Deepak K. Datta, George E. Pinches and V. K. Narayanan. Factors Influencing Wealth Creation from Mergers and Acquisitions: A Meta – analysis [J]. Strategic Management Journal, 1992, 13 (1): 67 – 84.

[47] Deepak K. Datta. Organizational Fit and Acquisition Performance: Effects of Post – acquisition Integration [J]. Strategic Management Journal, 1991 (12): 281 – 297.

[48] Deng P.. Outward Investment by Chinese MNCs: Motivations and Implications [J] . Business Horizons, 2004, 47 (3): 8 – 16.

[49] Donald C. Hambrick, Albert A. Cannella Jr.. Relative Standing: A Framework for Understanding Departures of Acquired Executives [J]. The Academy of Management Journal, 1993, 36 (4): 733 – 762.

[50] Eisenhardt K. M. , Graebner M. E.. Theory Building from Cases: Opportunities and Challenges [J]. Academy of Management Journal, 2007 (50): 25 – 32.

[51] Eisenhardt K. M.. Building Theories from Case Study Research [J]. Academy of Management Review, 1989, 14 (4): 532 – 550.

[52] Eun C. S. , Kolodny R. and Scheraga C.. Cross – border Acquisitions and Shareholder Wealth: Test of the Synergy and Internalization Hypothesis [J]. Journal of Banking and Finance, 1996 (20): 1559 – 1582.

[53] Faccio M. , Masulis R. W.. The Choice of Payment Method in European Mergers and Acquisitions [J]. The Journal of Finance, 2005 (60): 1345 – 1388.

[54] Ferracone R.. Blending Compensation Plans of Combining Firms [J]. Mergers and Acquisitions, 1987, 21 (5): 57 -62.

[55] Franco Modigliani, Merton H. Miller. The Cost of Capital, Corporation Finance and the Theory of Investment [J]. The American Economic Review, 1958, 48 (3): 261 -297.

[56] Galosy J. R.. The Truth about Mergers [N]. Management Today, May 11th, 1990.

[57] Gautam Ahuja, Riitta Katila. Technological Acquisitions and the Innovation Performance of Acquiring Firms: A Longitudinal Study [J]. Strategic Management Journal, 2001, 22 (1): 197 -220.

[58] Gordon A. Walter, Jay B. Barney. Research Notes and Communications Management Objectives in Mergers and Acquisitions [J]. Strategic Management Journal, 1990, 11 (1): 79 -86.

[59] Govindarajan V. J., Gupta A. K.. Linking Control Systems to Business Unit Strategy: Impact on Performance [J]. Accounting Organizations & Society, 1985, 10 (1): 51 -66.

[60] Grant E. B.. International Transfer of Manufacturing: Linking Content and Process [Z]. Doctoral Dissertation, University of Cambridge, 1997.

[61] Gregg A. Jarrell, James A. Brickley and Jeffry M. Netter. The Market for Corporate Control: The Empirical Evidence Since 1980 [J]. The Journal of Economic Perspectives, 1988, 2 (2): 49 -68.

[62] Gulati R., Nitin Nohria, Akbar Zaheer. Strategic Networks [J]. Strategic Management Journal, 2000 (21): 203 -215.

[63] Günter K. Stahl, Andreas Voigt. Do Cultural Differences Matter in Mergers and Acquisitions? A Tentative Model and Examination[J]. Organization Science January/February, 2008, 19 (1): 160 -176.

[64] Harris D., Helfat C.. Specificity of CEO Human Capital and Compensation [J]. Strategic Management Journal, 1997, 18 (11): 895 -920.

[65] Harrison J. S., Ernest H. Hall Jr and R. Nargundkar. Resource Allocation as an Outcropping of Strategic Consistency: Performance Implications [J]. Academy of Management Journal, 1993, 36 (5): 1026 -1051.

[66] Haspeslagh P. C., Jemison D. B.. The Challenge of Renewal Through Acquisitions [J]. Strategy & Leadership, 1991, 19 (2): 27 -30.

[67] Haspeslagh P. C., Jemison D. B.. Managing Acquisitions: Creating Value

Through Corporate Renewal [Z]. Cambridge: The Free Press, 1991.

[68] Haunschild P. R., Sullivan B. N.. Learning from Complexity: Effects of Prior Accidents and Incidents on Airlines Learning [J]. Administrative Science Quarterly, 2002, 47 (4): 609 – 643.

[69] Haunschild P. R., Miner A. S.. Modes of Interorganizational Imitation: The Effects of Outcome Salience and Uncertainty [J]. Administrative Science Quarterly, 1997, 42 (3): 472.

[70] Helfat C. E., Peteraf M. A.. The Dynamic Resource – based View: Capability Lifecycles [J]. Strategic Management Journal, 2003, 24 (10): 997 – 1010.

[71] Henderson R. M., Kim B. Clark. Special Issue: Technology, Organizations, and Innovation [A]. Tushman M, Nelson R.. Architectural Innovation: The Reconfiguration of Existing Product Technologies and the Failure of Established Firms [C]. Administrative Science Quarterly, 1990, 35 (1): 9 – 30.

[72] Hirshleifer David, Titman Sheridan. Share Tendering Strategies and the Success of Hostile Takeover Bids [J]. Journal of Political Economy, 1990, 98 (2): 295 – 324.

[73] Hitt M. A., Harrison J. S. and Ireland R. D.. Mergers and Acquisitions: A Guide to Creating Value for Stakeholders [M]. New York: Oxford University Press, 2001.

[74] Holak S., Tang E.. Advertising's Effect on the Product Life Cycle [J]. Journal of Marketing, 1990 (7): 16 – 29.

[75] Holyoak K. J., Thagard P.. Mental Leaps: Analogy in Creative Thought [M]. Cambridge, MA: MIT Press, 1995.

[76] Homburg C., Bucerius M.. A Marketing Perspective on Mergers and Acquisitions: How Marketing Integration Affects Post – merger Performance [J]. Journal of Marketing, 2005 (69): 95 – 113.

[77] Hoskisson A. J. D., Busenitz R. E.. Managerial Agents Watching other Agents: Multiple Agency Conflicts Regarding Underpricing in IPO Firms [J]. Academy of Management Journal, 2002, 51 (2): 277 – 294.

[78] Hotchkiss E. S., Qian J. and Song W. H.. Holdups, Renegotiation, and Deal Protection in Mergers [EB/OL]. Available at SSRN: http://ssrn.com/abstract=705365 or http://dx.doi.org/10.2139/ssrn.705365, July 2005.

[79] Huaichuan Rui, George S. Yip. Foreign Acquisitions by Chinese Firms: A Strategic Intent Perspective [J]. Journal of World Business, 2008 (43): 213 – 226.

[80] Hunsaker P. L. , Coombs M. W. . Mergers and Acquisitions: Managing the Emotional Issues [J] . Personnel Journal, 1988 (67): 56 –78.

[81] Hunsaker P. L. , Michael W. Coombs. Mergers and Acquisitions: Managing the Emotional Issues [J]. Personnel, 1998 (67): 56 –63.

[82] Hunt John W. . Hidden Extras: How People Get Overlooked in Takeovers [J]. Personnel Management, 1987, 11 (9): 24 –44.

[83] Hunt J. W. . Changing Pattern of Acquisition Behavior in Takeovers and Consequences for Acquisition Processes [J]. Strategic Management Journal, 1990 (11): 69 –77.

[84] Hunt S. D. , Menon A. . Metaphors and Competitive Advantage: Evaluating the Use of Metaphors in Theories of Competitive Strategy [J]. Journal of Business Research, 1995 (33): 81 –90.

[85] H. Igor Ansoff, Jay Avner, Richard G. Brandenburg. Does Planning Pay? The Effect of Planning on Success of Acquisitions in American Firms [J] . Long Range Planning, 1971, 3 (2): 2 –7.

[86] Inkpen A. C. . Strategies of Co – Operation: Managing Alliances, Networks, and Joint Venturesby John Child; David Faulkner [J] . Administrative Science Quarterly, 2000, 45 (2): 404 –406.

[87] Ivancevich J. M. , D. M. Schweiger and F. R. Power. Strategies for Managing Human Resources During Mergers and Acquisitions [J]. Human Resources Planning, 1987, 10 (1): 19 –35.

[88] James S. Ang, Yingmei Cheng. Direct Evidence on the Market – Driven Acquisition Theory [J]. Journal of Financial Research, 2006, 29 (2): 199 –216.

[89] James W. Wansley, William R. Lane and Ho C. Yang. Abnormal Returns to Acquired Firms by Type of Acquisition and Method of Payment [J]. Financial Management , 1983, 12 (3): 194 –210.

[90] Jamison D. , Sitkin S. . Corporate Acquisitions: A Process Perspective [J]. Academy of Management Review, 1996, 11 (1): 145 –163.

[91] Jick T. D. . Mixing Qualitative and Quantitative Methods: Triangulation in Action [J]. Administrative Science Quarterly, 1979, 24 (4): 602 –611.

[92] John G. Matsusaka. Takeover Motives During the Conglomerate Merger Wave [J]. The Rand Journal of Economics, 1993, 24 (3): 357 –379.

[93] Jovanovic Boyan and Peter L. Rousseau. The Q – theory of Mergers [J]. American Economic Review, 2002, 92 (2): 198 –204.

[94] Julian Birkinshaw, Henrik Bresman and Lars Hankanson. Managing the Post – acquisition Integration Process: How the Human Integration and Task Integration Processes Interact to Foster Value Creation [J]. Journal of Management Studies, 2000 (37): 395 –425.

[95] Julian Franks, Colin Mayer. Ownership and Control of German Corporations [J]. Review of Financial Studies, 2001, 14 (4): 943 –977.

[96] J. F., Mitchell M. L. and Mulherin, J. H.. Takeovers, Restructuring and Corporate Governance, Weston, Upper Saddle River [M]. NJ: Pearson Prentice Hall, 2004.

[97] J. A. Davy, A. Kinicki and J. Kilroy. After the Merger: Dealing with People's Uncertainty [J]. Training and Development Journal, 1988.

[98] J. P. Walsh. Top Management Turnover Following Mergers and Acquisitions [J]. Strategic Management Journal, 1988 (3): 207 –224.

[99] J. R. Galosy. The Human Factor in Mergers and Acquisitions [J]. Training and Development Journal, 1990, 44 (4): 90 –95.

[100] Karim S., Mitchell W.. Path – Dependent and Path – Breaking Change: Reconfiguring Business Resources Following Acquisitions in the U. S. Medical Sector, 1978 – 1995 [J]. Strategic Management Journal, 2010, 21 (10 – 11): 1061 – 1081.

[101] Kathleen R. Conner, C. K. Prahalad. A Resource – based Theory of the Firm: Knowledge Versus Opportunism [J]. Organization Science, 1996, 7 (5): 477 –501.

[102] Keith D. Brouthers, Paul van Hastenburg and Joran van den Ven. If Most Mergers Fail Why Are They So Popular? [J]. Long Range Planning, 1998, 31 (3): 347 –353.

[103] Keith D. Brouthersa, Paul van Hastenburgb and Joran van den Venc. If Most Mergers Fail Why Are They So Popular? [J]. Long Range Planning, 1998, 31 (3): 347 –353.

[104] Kerr J., Slocum J. W.. Managing Corporate Culture Through Reward Systems [J]. Academy of Management Executive, 2005, 19 (4): 130 –138.

[105] Kimberly M. Ellis, Taco H. Reus, and Bruce T. Lamont. The Effects of Procedureal and Informational Justice in the Integration of Related Acquisitions [J]. Strategic Management Journal, 2009 (30): 137 –161.

[106] King D. Dalton, D. R. Daily C. M., et al.. Meta – Analyses of Post – Ac-

quisition Performance: Indications of Unidentified Moderators [J]. Strategic Management Journal, 2004 (25): 187 -200.

[107] Krishnan H. A., Alex Miller, William Q. Judge. Diversification and Top Management Team Complementarity: Is Performance Improved by Merging Similar or Dissimilar Teams? [J]. Strategic Management Journal, 1997, 18 (5): 361 -374.

[108] Krishnan R. A., Satish Joshi and Hema Krishnan. The Influence of Merges on Firms' Product - mix Strategies [J]. Strategic Management Journal, 2004, 25 (6): 587 -611.

[109] Kyung - Hwan Kim. Determinants of Successful Acquisition Processes in the US Lodging Industry [J]. International Journal of Hospitality Management, 1999, 7 (1): 76 -88.

[110] Laurence Capron, Pierre Dussauge and Will Mitchell. Resource Redeployment Following Horizontal Acquisitions in Europe and North America, 1988 - 1992 [J]. Strategic Management Journal, 1998 (19): 631 -661.

[111] Leslie E. Palich, Laura B. Cardinal and C. Chet Miller. Curvilinearity in the Diversification - performance Linkage: An Examination of Over Three Decades of Research [J]. Strategic Management Journal, 2000 (21): 155 -174.

[112] Lihua Wang, Edward J. Zajac. Alliance or Acquisition? A Dyadic Perspective on Interfirm Resource Combinations [J]. Strategic Management Journal, 2007, 28 (13): 1291 -1317.

[113] Lind E. A., Tyler T. R.. The Social Psychology of Procedural Justice [M]. New York: Plenum Press, 1988.

[114] Lorsch J. W. and S. A. Allen. Managing Diversity and Interdependence: An Organizational Study of Multidivisional Firms, Division of Research, Graduate School of Businiess Administration [M]. Boston: Harvard University, 1973.

[115] Lubatkin M.. Mergers and the Performance of the Acquiring Firm [J]. Academy of Management Review, 1983 (8): 218 -225.

[116] Mara Faccio, Ronald W. Masulis. The Choice of Payment Method in European Mergers and Acquisitions [J]. The Journal of Finance, 2005, 60 (3): 1345 - 1388.

[117] March, James G.. Understanding Organisational Adaptation [J]. Society & Economy, 1999, 25 (1): 1 -10.

[118] Margaret A. Peteraf. The Cornerstones of Competitive Advantage: A Resource - based View [J]. Strategic Management Journal, 1993, 14 (3): 179 -191.

[119] Marks M. L. , Mirvis P. H. . Merger Syndrome: Stress and Uncertainty [J] . Psychology Today, 1986, 20 (2): 50 -55.

[120] Matthew Rhodes - Kropf and S. Viswanathan. Market Valuation and Merger Waves [J]. The Journal of Finance, 2004, 59 (6): 2685 -2718.

[121] Maurizio Zollo, Degenhard Meier. What is M&A Performance? [J]. Academy of Management, 2008 (22): 55 -77.

[122] Medawar P. B. . Experimental Work: The Experimental Study of Skin Grafts [J] . British Medical Bulletin, 1945, 3(4 -5): 79 -81.

[123] Michael C. Jensen, Richard S. Ruback. The Market for Corporate Control: The Scientific Evidence [J]. Journal of Financial Economics, 1983 (11): 5 -50.

[124] Michael Lubatkin . Merger Strategies and Stockholder Value [J]. Strategic Management Journal, 1987, 8 (1): 39 -53.

[125] Milgrom P. , John Roberts. Complementarities and Fit: Strategy, Structure, and Organizational Change in Manufacturing [J] . Journal of Accounting & Economics, 1995, 19 (2 -3): 179 -208.

[126] Miller D. , Shamsie J. . The Resource - Based View of the Firm in Two Environments: The Hollywood Film Studios From 1936 to 1965 [J] . Academy of Management Journal, 1996, 39 (3): 519 -543.

[127] Miller M. H. . Debt and Taxes [J] . Journal of Finance, 1977, 32 (2): 261 -275.

[128] Mirowski P. . How Not to do Things with Metaphors: Paul Samuelson and the Science of Neoclassical Economics [J]. Studies in the History and Philosophy of Science, 1989, 20 (2): 175 -191.

[129] Morck R. , Shleifer A. and Vishny R. W. . Do Managerial Objectives Drive Bad Acquisitions? [J]. Journal of Finance, 1990 (45): 31 -48.

[130] Morgan G. . Images of Organization [M]. Thousand Oaks, California: Sage Publications, 1997.

[131] Morgan G. . More on Metaphor: Why We Cannot Control Tropes in Administrative Science [J]. Administrative Science Quarterly, 1983, 28 (4): 601 -607.

[132] Morgan G. . Paradigms, Metaphors and Puzzle Solving in Organization Theory [J]. Administrative Science Quarterly, 1980, 25 (4): 605 -622.

[133] Mowery D. C. , Oxley J. E. , Silverman B. S. . Strategic Alliances and Interfirm Knowledge Transfer [J] . Strategic Management Journal, 1998, 17 (S2):

77 -91.

[134] Mueller D. C.. A Theory of Conglomerate Mergers [J]. Quarterly Journal of Economics, 1969, 83 (4): 643 -659.

[135] Nahavandi, Malekzadeh. Acculturation in Mergers and Acquisitions [J]. Academy of Management Review, 1988, 13 (1): 79 -90.

[136] Napier N. K., Schweiger D. M. and Kosglow J. J.. Managing Organizational Diversity: Observations from Cross - Border Acquisitions [J]. Human Resource Management, 1993 (4): 505 -523.

[137] Nelson R. R., Winter S. G.. An Evolutionary Theory of Economic Change [M]. Cambridge: Belknap Press, 1982.

[138] Oswick C., Keenoy T. and Grant D.. Metaphor and Analogical Reasoning in Organization Theory: Beyond Orthodox [J]. Academy of Management Review, 2002, 27 (2): 294 -303.

[139] Paul Asquith, E. Han Kim. The Impact of Merger Bids on the Participating Firms' Security Holders [J]. The Journal of Finance, 1982, 37 (5): 1209 -1228.

[140] Paul Shrivastava. Postmerger Integration [J]. The Journal of Business Strategy, 1986 (2): 65 -77.

[141] Penrose. The Theory of the Growth of the Firm [M]. New York: John Wiley and Sons, Inc., 1959.

[142] Philippe Haspeslagh, David E. Jemison. Managing Acquisitions: Creating Value for Corporate Renewal Business Administration [Z]. Miscellaneous Papers, 1991.

[143] Porac J. F., James B. Wade and Timothy G. Pollock. Industry Categories and the Politics of the Comparable Firm in CEO Compensation [J]. Administrative Science Quarterly, 1999, 44 (1): 112 -144.

[144] Raad E., Ryan R.. Capital Structure and Ownership Distribution of Tender Offer Targets: An Empirical Study [J]. Financial Management, 1995, 24 (1): 46 -56.

[145] Ranft A. L., Lord M. D.. Acquiring New Technologies and Capabilities: A Grounded Model of Acquisition Implementation [J]. Organization Science, 2002, 13 (4): 420 -441.

[146] Ravenscraft D. J., Scherer F. M.. Mergers, Sell - Offs, and Economic Efficiency [C]. Brookings Institution, 1987.

[147] Rhodes - Kropf, S. Viswanathan. Market Valuation and Merger Waves

[J]. The Journal of Finance, 2004, 59 (6): 2685 –2718.

[148] Rhodes – Kropf M. , S. Viswanathan. Market Valuation and Merger Waves [J] . The Journal of Finance, 2000, 59 (6): 2685 –2718.

[149] Richard L. Oliver, Roland T. Rust and Sajeev Varki. Customer Delight: Foundations, Findings, and Managerial Insight [J]. Journal of Retailing, 1997, 73 (3): 311 –336.

[150] Rikard L. and Sydney F.. Integrating Strategic, Organizational, and Human Resource Perspectives on Mergers and Acquisitions: A Case Survey of Synergy Realization [J]. Organization Science, 1999, 10 (1): 1 –26.

[151] Robins J. and Wiersema M. F.. A Resource – based Approach to the Multibusiness Firm: Empirical Analysis of Portfolio Interrelationships and Corporate Financial Performance [J]. Strategic Management Journal, 1995 (16): 277 –299.

[152] Romanelli E. , Khessina O. M.. Regional Industrial Identity: Cluster Configurations and Economic Development [J] . Organization Science, 2005, 16 (4): 344 –358.

[153] Ronald J. Gilson, Myron S. Scholes and Mark A. Wolfson. Taxation and the Dynamics of Corporate Control: The Uncertain Case for Tax – Motivated Acquisitions, Knights, Raiders, and Targets: The Impact of the Hostile Takeover [Z]. 1988.

[154] Rosnow R. L.. Rumor as Communication: A Contextualist Approach[J]. Journal of Communication, 1988, 38 (1): 12 –28.

[155] Schon D. E.. Generative Metaphor: A Prospective on Problem Setting in Social Policy [A]//Ortony A.. Metaphor and Thought [C]. Cambridge: Cambridge University Press, 1993: 135 –161.

[156] Schultz M. , Hatch M. J. Living with Multiple Paradigms: The Case of Paradigm Interplay in Organization Culture Studies [J]. Academy of Management Review, 1996, 21 (2): 529 –557.

[157] Schweiger David L. and John M. Ivancevich: Human Resources: The Forgotten Factor in Mergers and Acquisitions [J]. Personnel Administrator, 1985 (30): 47 –61.

[158] Schweiger D. and J. Walsh. Mergers and Acquisitions: An Interdisciplinary View [J] . Research in Personnel and Human Resources Management, 1990(8): 42 –108.

[159] Soyland A. J.. Psychology as Metaphor [M]. London: Sage, 1994.

[160] Spender, J. –C.. Making Knowledge the Basis of a Dynamic Theory of the

Firm [J] . Strategic Management Journal, 1996, 17 (S2): 45 –62.

[161] Stahl G. , Mendenhall M. and Weber Y. . Mergers and Acquisitions: Managing Culture and Human Resources [M]. San Francisco: Stanford University Press, 2005.

[162] Steensma H. , van Milligen F. . Bases of Power, Procedural Justice Outcomes of Mergers: The Push and Pull Factors of Influence Tactics [J]. Journal of Collective Negotiations, 2003, 30 (2): 113 –134.

[163] Stephan A. Jansen. Mergers & Acquisitions: Untemehmensb Akquisitionen Und –kooperationen [R]. Aufl. , Wiesbaden, 2001.

[164] Steven Kaplan, Michael S. Weisbach. The Success of Acquisitions: Evidence From Disvestitures [R]. NBER Working Paper No. 3484 (Also Reprint No. r1742) Issued in August 1992 NBER Program (s): ME.

[165] Suan Cartwright, Richard Schoenberg. Thirty Years of Mergers and Acquisitions Research: Recent Advances and Future Opportunities [J] . British Journal of Management, 2006 (1): S1 –S5.

[166] Sylvia DeVoge, Jeffrey Shiraki. People Factors: The Missing Link in Merger Success [J]. Compensation and Benefits Management, 2000, 16 (1): 26 –32.

[167] S. Cartwright and J. A. Cooper. Managing Mergers, Acquisitions and Strategic Alliances: Integrating People and Cultures [M]. Jordan Hill, Oxford: Butterworth –Heinemann Linacre House, 1996.

[168] Teece D. . Profiting from Technological Innovation: Implications for Integration, Collaboration, Licensing and Public Policy [J], Research Policy , 1986 (15): 285 –305.

[169] Terrence E. Deal and B. Allan A. Kennedy. Corporate Cultures: The Rites and Rituals of Corporate Life [M]. Massachusetts: Addison – Wesley Publishing, 1982.

[170] Thomas A. DiPrete. Industrial Restructuring and the Mobility Response of American Workers in the 1980s [J]. American Sociological Review, 1993, 59 (1): 74 –96.

[171] Thornton P. H. Personal Versus Market Logics of Control: A Historically Contingent Theory of the Risk of Acquisition [J]. Organization Science, 2001, 12 (3): 294 –311.

[172] Toby J. Tetenbaum. Beating the Odds of Merger & Acquisition Failure: Seven Key Practices That Improve the Chance for Expected Integration and Synergies

[A]//Organizational Dynamics [C]. Elsevier Science Publishing Company, Inc., 1999, 28 (2): 22-35.

[173] Trautwein F.. Merger Motives and Prescriptions [J]. Strategic Management Journal, 1990 (11): 283-295.

[174] Tripsas M.. Surviving Radical Technological Change Through Dynamic Capability: Evidence from the Typesetter Industry [J]. Industrial & Corporate Change, 1997, 6 (2): 341-377.

[175] Tsoukas H.. The Missing Link: A Transformational View of Metaphors in Organizational Science [J]. Academy of Management Review, 1991, 16 (3): 566-585.

[176] Urban D. J., Pratt M. D.. Perceptions of Banking Services in the Wake of Bank Mergers: An Empirical Study [J]. Journal of Services Marketing, 2000, 14 (2): 118-131.

[177] Walsh J. P.. Top Management Turnover Following Mergers and Acquisitions [J]. Strategic Management Journal, 1988 (9): 173-183.

[178] Weber Y., Shenkar O. and Raven A.. National and Corporate Cultural Fit in Mergers & Acquisitions: An Exploratory Study [J]. Management Science, 1996 (42): 1215-1227.

[179] Weick K. E.. Sensemaking in Organization [M]. Thousand Oaks, CA: Sage Publications, 1995.

[180] Weick K. E.. Theory Construction as Disciplined Imagination [J]. Academy of Management Review, 1989, 14 (4): 516-531.

[181] Wernerfelt B.. General Equilibrium with Real Time Search in Labor and Product Markets [J]. Journal of Political Economy, 1988, 96 (4): 821-831.

[182] Weston, J. F., Mitchell, M. L. and Mulherin, J. H.. Takeovers, Restructuring and Corporate Governance [M]. Upper Saddle River, NJ: Pearson Prentice Hall, 2004.

[183] Yaakov Weber, Israel Drori. The Linkages Between Cultural Differences, Psychological States, and Performance in International Mergers and Acquisitions [M]. Emerald Group Publishing Limited, 2008.

[184] Young S., Huang C. H. and McDermott. Internationalization and Chinese Multinational Enterprises [J]. Management International Review, 1996, 36 (4): 295-314.

[185] Y. Weber. National and Corporate Cultural Fit in Mergers/Acquisitions: An

Exploratory Study [J]. Management Science, 1996, 42 (8): 1215 –1227.

[186] Zollo M., Singh H.. Deliberate Learning in Corporate Acquisitions: Post – acquisition Strategies and Integration Capability in U. S. Bank Mergers [J]. Strategic Management Journal, 2004, 25 (13): 1233 –1256.

[187] [美] 罗伯特·K. 殷. 案例研究：设计与方法 [M]. 周海涛主译. 重庆：重庆大学出版社，2004.

[188] [美] 彭罗斯. 企业成长理论 [M]. 赵晓译. 上海：三联书店，2007.

[189] [英] 利迪亚德. 免疫学 [M]. 惠兰，范杰译. 北京：科学出版社，2001.

[190] 高晓丹. 内部控制及其在大型企业中的免疫作用 [D]. 北京：清华大学 MBA 论文，2010.

[191] 龚非力. 医学免疫学 [M]. 北京：科学出版社，2003.

[192] 黄新颖，吴天乐. 中国企业海外并购的特点及成因分析 [J]. 改革与战略，2008 (9): 148 –150.

[193] 李大金. 临床免疫学 [M]. 上海：复旦大学出版社，2005.

[194] 李东红，李蕾，王凤彬. 组织信心对并购的影响及并购方的对策研究——基于北一并购科堡的案例分析 [J]. 中国软科学，2009 (6): 138 –146.

[195] 李广明. 中国制造企业跨国并购后整合模式的研究 [J]. 国际经贸探索，2006 (3): 56 –61.

[196] 李广明. 中国制造企业跨国并购后整合模式的有效性研究 [J]. 科学学与科学技术管理，2006 (8): 117 –120.

[197] 李俊. 我国制造业企业逆向跨国并购研究 [J]. 国际经贸探索，2009 (5): 31 –34.

[198] 李之政. 工程管理中的组织免疫计划与控制 [D]. 北京：清华大学 MBA 论文，2010.

[199] 吕萍. 组织免疫机制研究 [D]. 北京：清华大学博士学位论文，2008.

[200] 马金城，王磊. 所有者弱控制环境下跨国并购整合效率的缺失——以上汽并购双龙为例 [D]. 中国企业并购年度优秀论文，2009.

[201] 毛基业，李晓燕. 理论在案例研究中的作用——中国企业管理案例论坛 (2010) 综述与范文分析 [J]. 管理世界，2010 (2): 106 –113.

[202] 钱学森等. 论人体科学 [M]. 北京：人民军医出版社，1988.

[203] 孙海法，朱莹楚. 案例研究法的理论与应用 [J]. 科学管理研究，2004, 22 (1): 116 –120.

［204］唐炎钊，唐蓉．中国企业跨国并购文化整合模式多案例研究［J］．管理案例研究与评论，2010（6）：225－235.

［205］唐炎钊，柳娟．中国企业跨国并购文化整合模式的动态选择研究——基于企业文化整合的视角［J］．比较管理，2010（1）：3－26.

［206］王其辉．中国企业对外直接投资：优势、特点与问题［J］．国际经济合作，2004（3）：4－7.

［207］王以华，吕萍等．组织免疫研究初探［J］．科学学与科学技术管理，2006（6）：133－139.

［208］王志乐．“全球公司”的启示［J］．中国企业家，2007(13)：34－36.

［209］魏江．基于核心能力的企业购并后整合管理［J］．科学管理研究，2002（1）：31－36.

［210］许晖纪，春礼等．基于组织免疫视角的科技型中小企业风险应对机理研究［J］．管理世界，2011（2）：42－54.

［211］杨黎青．免疫学基础与病原生物学［M］．北京：中国中医药出版社，2003.

［212］杨震宁．组织健康捍卫机制研究［D］．北京：清华大学博士学位论文，2009.

［213］于桂琴．论中国企业跨国并购的动因、特点与发展趋势［J］．贵州财经学院学报，2006，5（124）：61－64.

［214］张红梅．我国企业并购的特征、动因与存在的问题［J］．宁夏社会科学，2006（6）：38－40.

［215］张建红，卫新江，海柯·艾伯斯．决定中国企业海外收购成败的因素分析［J］．管理世界，2010（3）：97－107.

［216］赵东安．海外并购、反向并购与中国企业进入国际市场［J］．对外经贸实务，2003（8）：31－33.

［217］赵剑波．组织认知对免疫行为和组织健康影响机制的研究［D］．北京：清华大学博士学位论文，2011.

［218］周煊．中国企业海外并购的动因、特点及挑战［J］．改革，2005（9）：92－96.

后　记

今年是我和春来博士生入学的第十二年，十二年是一轮，又是一纪。

十二年前我和春来一起考入清华大学经济管理学院攻读博士学位，师从王以华教授。当年面试的情景还历历在目，如同昨日。王老师为人谦逊，善于循循诱导，尤其对于像我这样的跨专业学生，总是给予循序渐进的启发，而不是雷厉风行的教导。我那时候总是羞于表达，不敢敞开心扉，但是，王老师总能坦诚待人，向我们传递她对于理想的坚定，向我们讲述她不凡的青春，向我们倾诉她所经历的磨难，向我们展示她依然轻快的苏式舞步……与她相处，不一定完全是愉快，但永远是真诚。今年的端午节是王老师去世五周年的日子，她的离世对于所有的同学来说都是重大损失，我们就此少了一位导师，少了一位挚友。

德斌是师兄，也是我和春来最好的朋友。求学的时候我们一起调研，一起讨论，一起发表论文。这部著作也是基于我们此前共同完成的一些相关研究，春来出力最多，我们仨也共同或者各自完成过相关的论文。此次出版这部著作，是为了缅怀王以华老师，也是为了见证我们之间的友谊。

师门的同学毕业后各自忙于生计，大家渐行渐远。很庆幸我们仨还能经常聚在一起，或见面坐坐，或一起旅行。愿友谊长存！

赵剑波

2019 年国庆